도시의 미래

현상과 전망 그리고 처방

윤대식

머리말

인류 역사를 통해 인간은 도시를 만들었고, 인간이 만든 도시에서 민주주의의 싹이 트고, 역사를 바꾼 새로운 발명과 혁신, 그리고 문화예술이 꽃피기도 했다. 고대 그리스의 아테네와 도시국가 로마는 민주적 정치체제를 싹틔우는 실험장이었고, 중세 도시국가 피렌체는 르네상스의 꽃을 피우기도 했다. 그리고 산업혁명 이후 도시는 인간에게 풍요를 선사한 산업생산의 장(場)이기도 했다. 이처럼 도시가 인류문명의 성장엔진 역할을 해 온 것은 누구도 부정할 수 없다.

다른 한편으로 도시는 재난과 위기의 진원지이기도 했다. 도시국가 로마는 민주적 정치체제의 실험을 통해 오랜 기간 번영했지만, 부패와 쾌락주의로 인한 국가 시스템 붕괴로 치달아 멸망했다. 그리고 중세 유럽을 휩쓴 흑사병과 산업혁명기에 창궐한 결핵, 콜레라, 장티푸스와 같은 전염병은 도시를 재앙의 진원지로 만들었다.

오늘날의 도시는 과거부터 현재까지 인간의 활동과 성취가 차곡차곡 쌓여 축적된 공간이다. 오늘의 도시는 우리들의 선조들이 살았고, 현세대도 살고 있고, 미래 세대도 살 것이다. 세계적인 문화유산을 간직하고 있는 파리와 로마는 조상들의 성취를 바탕으로 후손들이 경제활동을 하면서 살아가고 있다. 도시를 하루아침에 부수고 새로운 도시를 만들 수는 없다. 세계 곳곳에서 신도시들이 만들어지고 있지만, 기존의 도시를 모두 허물고 금방 새로운 도시를 건설하는 것은 현실적으로 어렵다. 도시는 유기체이면서 다른 한편으로 구조물이다. 이런 이유로 도시의 토지이용과 인프라는 한번 고착되면 되돌리기 어려운 특성이 있다. 도시공간을 어떻게 만들 것인가는 현세대가 결정해야 하지만, 미래 세대를 고려해야 하는 것도 이러한 이유 때문이다.

우리는 역사를 통해 도시의 흥망성쇠를 보아왔다. 그리고 번영을 거듭해 온 도시들도 많지만, 이들 도시에 사는 시민들도 번영을 함께 했는지, 그들의 '삶의 질'도 건강하면서 풍요로운지 되돌아볼 필요가 있다. 역사적으로 보면 도시에 대한 부정적인 인식은 유럽에서 산업혁명을 거치면서 본격적으로 나타나기 시작했다. 산업혁명은 증기기관의 발명과 같은 과학기술의 혁신을 통해 대량생산의 길을 열면서 인류에게 풍요를 선사했지만, 애덤 스미스(Adam Smith)의 사상적 영향으로 자본주의 시장경제원리가 작동하면서 산업혁명기 도시는 어두운 그림자를 남기기도 했다. 당시 산업도시들은 부동산 투기와 부실 공사, 노동자 주택의 슬럼화, 상하수도 등 도시 인프라의 미흡으로 각종 전염병이 창궐하면서 자본주의 위기의 진원지가 되기도 했다. 이런 영향으로 사회주의 사상이 싹트기 시작했고, 전원도시 운동도 나타났다.

살기 좋은 도시에 대한 염원은 과거나 현재, 그리고 미래 모두 마찬가지일 것이다. 현재 우리는 자본주의 시장경제체제에서 살고 있다. 시장경제원리가 작동하는 국가에서 도시개발은 공공, 민간 개발사업자, 시민 등 각기 다른 이해관계자들 간의 게임처럼 굴러가고 있는 것이 현실이다. 특히 민간 개발사업자와 시민들은 모두가 함께 살아가는 도시보다는 자산으로서 부동산을 먼저 생각한다. 따라서 현세대와 미래 세대가 모두 살고 싶은 도시를 만드는 것은 꿈같은 이야기일지도 모른다. 왜냐하면 시장경제원리는 도시공간의 공공성과 미래 세대를 고려하는 데 한계가 있기 때문이다. 이런 이유로 도시공간의 계획적 관리가 필요하고, 이는 공공이 해야 할 몫이다.

오늘날은 세계 곳곳에서 하루가 다르게 새로운 과학혁명과 기술혁신이 일어나고 있다. 그리고 과학혁명과 기술혁신은 시장경제원리에 따라 빠르게 상용화로 연결되면서 긍정적 효과 못지않게 사회적 부작용도 우려되고 있다. 예컨대 인공지능(AI)과 로봇 기술의 발달은 고용 없는 성장을 초래할 수도 있고, 노동의 소멸과 인간 존엄성의 문제로까지 확대될 수도 있다. 다른 한편으로는 인간의 탐욕과 자원의 남용으로 인류의 생존을 위협하는 환경위기도 계속되고 있다.

20세기 도시의 실패도 경험했다. 미국을 비롯한 선진국에서 먼저 시작된 자동차의 대량 보급과 도시의 교외화는 통행 거리의 확대와 에너지의 낭비를 초래했고, 우리나라도 예외가 아니다. 대규모 아파트단지의 건설과 휴먼스케일을 무시한 도시개발은 인간을 도시의 콘크리트 속에 갇힌 외로운 존재로 만들었다. 여기에다 도시 간 경제적 격차, 도시 내 소득 양극화와 계층 간 공간 분리, 시민들의 삶의 질도 문제로 떠오르고 있다. 최근에는 코로나 팬데믹으로 도시적 생활양식과 인간의 정주(定住) 형태에 대한 근본적인 의문을 제기하기도 한다. 그래서 도시의 생존과 회복력이 새로운 화두로 떠오르고 있다.

우리 인류는 불확실성의 시대에 살고 있고, 도시도 기회와 위기를 함께 맞이하고 있다. 이 책은 도시에서 일어나는 현상을 조망하고, 미래를 전망하기 위해 집필되었다. 아울러 이 책은 바람직한 도시의 미래를 준비하기 위한 방향을 모색하고, 미래의 도시를 어떻게 만들 것인지 논의할 것이다.

이 책은 과학기술의 혁신이 도시를 어떻게 변화시킬 것이지, 그리고 20세기 도시의 실패와 도시의 새로운 위기를 어떻게 극복할 것인지 논의한다. 이 책의 전반부와 중반부는 도시의 변화와 새로운 미래의 가능성을 분야별로 살펴보고, 후반부는 도시의 미래를 어떻게 계획하고 준비할 것인지 논의한다.

도시의 미래는 앞으로도 꾸준히 많은 전문가와 일반인의 관심사가 될 것이다. 그리고 시간이 지나면서 다가오는 도시의 미래는 오늘의 관점이 아닌 당시의 관점에서 다시 조망되어야 할 수도 있다. 이러한 점을 감안하여 이 책의 내용은 일정 기간이 지나면 수정·보완할 예정이다.

이 책이 나오기까지 소중한 도움을 주신 분들이 있다. 한국교통연구원과 대구경북연구원에 근무했던 이상용 박사님은 이 책의 초고 전부를 꼼꼼히 읽고, 귀중한 조언과 함께 수정·보완이 필요한 부분에 대해 폭넓은 의견을 주셨다. 그리고 정치학을 전공한 권무혁 박사님은 이 책의 일부 원고를 읽고 논리의 흐름과 표현에 대해 귀중한 조언을 해주셨다. 이 두 분께 깊은 감사를 드린다. 끝으로 출판시장의 어려운 여건에도 불구하고 이 책의 출판을 마다하지 않고 여러모로 힘써 주신 박영사의 안종만 회장님, 편집부 양수정 선생님, 그리고 장규식 차장님께 고마운 마음을 전한다.

2023년 10월

저자 씀

목 차

제 1 부
도시는 무엇으로 움직이는가

제 1 장 도시란 무엇인가

제 2 장 도시의 흥망성쇠

제 2 부
도시 부문별 현상과 전망, 그리고 방향

제 3 장 도시공간의 변화와 미래

제 4 장 주택의 진화와 주거공간의 미래

제 8 장 교통정책, 어떻게 변해야 하나

제 9 장 모빌리티 혁신의 미래

제 10 장 도시, 새로운 기회를 만들어야

제 3 부
도시의 미래, 어디로 갈 것인가

제 11 장 도시의 진화

제1부

도시는 무엇으로 움직이는가

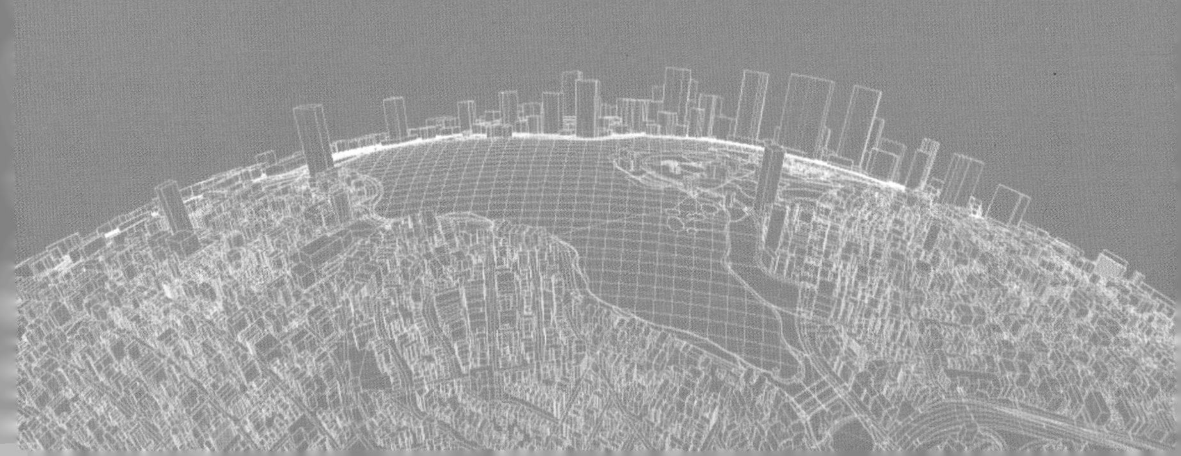

제1장

도시란 무엇인가

도시, 유기체인가, 구조물인가

도시는 보는 관점에 따라 다양하게 정의될 수 있다. 도시에 대한 다양한 개념 정의는 그 나름대로 유용성이 있다. 도시에 대한 다양한 개념 정의에도 불구하고, 일반적으로 도시는 인구규모 또는 인구밀도를 기준으로 정의된다. 일정한 지리적 공간상에 인구가 밀집된 정주지(定住地)가 도시를 형성하는 출발점이 되고, 여기에 양적인 의미가 부가되어 규모의 측면에서 대취락(大聚落)을 형성하여 대규모의 일체적 정주(定住)를 나타내는 것이 바로 도시가 된다.

도시학의 창시자 혹은 도시계획의 아버지로 불리는 패트릭 게데스(Patrick Geddes: 1854~1932)는 도시에서 나타나는 현상을 과학적으로 이해하기 위해서는 진화론적 사회이론에 입각해서 분석해야 한다고 보았다. 스코틀랜드에서 태어나 대학에서 생물학을 공부하고 생물학 교수를 했던 그는 훗날 여러 나라의 도시에서 일어나는 현상에 대한 분석과 도시문제 해결을 위한 연구에 참여하였다. 그는 도시연구에 매진하며, 도시 이론가이자 사상가로 이름을 남기게 되었다. 그는 도시를 경제, 사회, 지리, 문화적 요소의 상호작용을 통해 진화해 가는 유기체적 존재라고 보았다. 그는 도시의 기원, 발전과정, 구조, 기능 등에 대한 총체적인 이해가 결여된 문제진단은 마치 박제된 표본을 해부하여 생명 현상의 본질을 이해할 수 없는 것과 같다고 보았다(강홍빈, 1995, pp. 74-76).

이런 이유로 패트릭 게데스는 도시 연구의 방법론으로 지역조사와 역사조사의 중요성을 강조했다. 그는 도시와 농촌은 생명체와 환경처럼 서로 분리될 수 없는 존재이며, 진정한 생태적 단위는 도시와 농촌으로 구분된 단위가 아니라, 이들을 포괄하는 지역으로 보았다. 따라서 지역조사는 포괄적인 공간을 대상으로 하면서 도시의 구조와 기능을 파악하는 것이라고 보았다. 그리고 역사조사는 시간의 축을 따라 문명의 발달과 도시 진화의 상호작용 속에서 도시의 성격과 역할을 규명해야 한다고 보았다(강홍빈, 1995, pp. 76-77).

패트릭 게데스는 도시의 구조물, 문화예술, 관습, 제도를 매개로 과거 세대의 성취가 현재 세대로 전달되며, 현재 세대는 그 위에 자신의 자취를 덧붙여 미래 세대에게 넘긴다고 보았다. 그는 인류 역사의 전개 방향이 환경에 의해 결정되는가, 아니면 사람들이 창조적으로 움직여 가는가의 문제에 대한 해답을 도시에서 찾았다. 도시를 매개로 환경과 인간 자율 의지의 통합이 가능하다고 본 것이다. 사람이 도시를 만들지만, 그렇게 만들어진 도시는 거꾸로 사람을 만들고, 문명은 도시에 집적된 성과를 각인하지만, 도시는 그것을 통해서 사람들의 삶을 교화하고 문명화시킨다고 보았다. 패트릭 게데스는 삶과 도시, 도시 역사와 인간 진화는 분리할 수 없는 것으로 보았다. 패트릭 게데스의 사상이 독창적이거나 체계적인 것은 아니더라도 도시를 유기체(有機體)의 관점에서 조망한 것은 그가 처음이다(강홍빈, 1995, pp. 77-79).

이제 20세기 미국을 대표하는 도시 이론가 루이스 멈포드(Lewis Mumford: 1895~1990)의 도시관(都市觀)을 살펴보자. 루이스 멈포드는 미국에서 태어나 대학에서 생물학을 공부하면서 패트릭 게데스와 전원도시 운동의 선구자인 에베네저 하워드(Ebenezer Howard: 1850~1928)의 사상적 영향을 받았다. 루이스 멈포드는 <도시의 문화>(The Culture of Cities, 1938), <역사 속의 도시>(The City in History, 1960), <기술과 문명>(Technics and Civilization, 1914)과 같이 그의 도시관과 세계관(世界觀)을 살펴볼 수 있는 저술 외에도 건축, 기술, 문명, 예술 등 다양한 분야에 걸쳐 수많은 저서를 세상에 내놓았다. 그의 저술을 통해 나타난 그의 사상을 전체적으로 보면 사회(기술) 유기체론과 진화론으로 요약된다(김선범, 1995, pp. 85-88).

루이스 멈포드의 사상은 그의 많은 저서에서 나타나는데, 먼저 그의 기술 유기체론을 살펴보자. 루이스 멈포드는 시계가 인간의 활동을 제어하는 기계장치로서 기계적 이데올로기를 확산시키는 데 기여했다고 주장한다. 그는 서구 자본주의가 기계식 시계의 산물이라고 주장한다. 사실 기계식 시계는 네덜란드의 과학자 크리스티안 하위헌스(Christiaan Huygens: 1629~1695)가 1600년대 중반 시계의 추를 이용한 진자시계(pendulum clock)를 발명하면서 발전하기 시작했다. 루이스 멈포드는 시계가 처음에는 시간을 지키기 위해 발명되었으나, 인간의 활동을 통제하는 수단이 되어 인간이 '기계의 규칙적인 집단 리듬과 박자'에 따라 일과를 진행하게 되었다고 보았다. 시계의 보급이 확대되면서 원래의 의도와는 달리 시계는 시간을 지키는 것 외에 '시간에 따라 일하기, 시간 계산하기, 시간 할당하기' 등에 활용되고, 인간의 노동행위를 표준화하고 제어하는 기능을 갖게 되었다고 주장했다. 그는 시계를 도시의 생활양식과 노동의 리듬을 구축하는 도구로 보았으며, 이런 이유로 노동의 대가도 시간 단위로 계산하게 되었다고 주장했다. 그리고 그는 인간의 활동은 인위적이고 기계적인 것에서 벗어나 유기적인 것으로 돌아갈 필요가 있다고 보았다.

그의 생각은 도시에도 그대로 적용된다. 루이스 멈포드는 도시를 사회·경제·정치적 기능이 축약된 용기(容器)로 간주했다. 그는 도시를 다양한 활동과 기능이 한 인체 내에서 모두 일어나고 이것이 질서정연하게 조직되어 있는 유기체에 비유했다.

루이스 멈포드는 도시와 건축 형태를 문명의 목적에 맞게 구축된 물질체계(material system)로 보았다. 그리고 루이스 멈포드는 그의 생물학적 혹은 진화론적 도시관을 반영하듯 도시의 탄생, 쇠퇴, 소멸의 단계를 그리스어의 기원을 통해 다음과 같이 설명한다. 도시는 작은 마을인 에오폴리스(Eopolis)를 시작으로 도시인 폴리스(Polis)가 된 다음, 메트로폴리스(Metropolis)로 성장하고, 파라시토폴리스(Parasitopolis)가 되고, 다음에는 파토폴리스(Pathopolis), 티라노폴리스(Tyrannopolis), 그리고 마지막으로 네크로폴리스(Necropolis)가 되어 소멸한다고 설명한다.

이 가운데 마지막 단계인 네크로폴리스(Necropolis)의 단계에 이르면 도시는 형태만 남고, 정신은 사라진다고 보았다. 따라서 이 단계에서는 선정적이며 허세와 쾌락으로 가득 차서 유기체로서의 생명력을 잃게 된다고 보았다. 그리고 그 사례로 극단적인 쾌락주의로 치달아 멸망한 도시국가 로마를 들었다. 아울러 그는 소비지향적이고 자동차 중심의 사회가 되고, 질(質)보다 양(量), 그리고 빠른 속도 위주로 흐르고, 개인주의, 물질만능주의, 생태계 파괴, 비인간적 도시 디자인 등으로 치닫게 되면 탈역사적 사회(도시)로 전락할 것이라고 경고했다. 그리고 이를 피하기 위해서는 휴먼스케일에 맞는 도시와 기술의 개발과 균형 잡힌 사회적 규율의 정착을 통해 건강한 유기체로 도시가 거듭나는 길밖에 없다고 강조했다(김선범, 1995, pp. 89－90).

근현대 대표적인 도시 이론가이자 사상가인 패트릭 게데스와 루이스 멈포드의 도시관(都市觀)은 도시 유기체론으로 집약될 수 있다. 이들에 의하면, 도시의 인공환경과 구조물은 문명의 목적에 따라 만들어진 물리적 형태(physical form)에 불과하다. 아울러 도시는 생명체와 마찬가지로 진화하며, 도시가 유기체임을 망각하고 기술과 물질문명 위주로 치닫게 되면 생명력을 잃게 된다는 것이다. 따라서 도시는 유기체일 수밖에 없고, 겉으로 보이는 구조물은 경제·사회·문화적 산물이라고 볼 수 있다.

한편 20세기 중후반 이후 정치경제학적 공간이론에 관한 수많은 저술로 독보적인 데이비드 하비(David Harvey)는 도시는 자본주의적 생산과 소비 양식이 만들어낸 산물이라고 보았다. 데이비드 하비의 도시관은 그의 수많은 저서 중에서 상대적으로 최근에 저술한 <반란의 도시>(Rebel Cities, 2012)에 잘 나타나 있다. 데이비드 하비에 의하면 도시는 원래 잉여생산물이 사회적, 지리적으로 집적되는 과정에서 발생했다는 것이다. 그리고 잉여가치(이윤)의 영속적 추구가 자본주의의 토대가 되며, 이러한 잉여가치를 만들어내려면 자본가는 잉여생산물을 생산하지 않으면 안 된다는 것이다. 이러한 이유로 자본주의 발전과 도시화는 뗄 수 없는 관계가 형성된다고 보았다(한상연 옮김, 2014, pp. 28－29).

데이비드 하비는 자본주의는 과잉자본을 생산하고 흡수하기 위해 이윤을 확보할 영역을 끊임없이 발견해야 한다는 것이다. 데이비드 하비는 19세기 중반 프랑스 파리의 시장이었던 오스망(Haussmann)이 파리의 도시기반시설에 대한 대개조 사업을 추진한 것도, 그리고 제2차 세계대전 이후 미국의 대대적인 고속도로 건설과 도시의 교외화도 과잉자본을 처리하기 위해 추진되었다는 것이다. 그러나 도시의 교외화는 도심 공동화를 초래해 1960년대 미국 도시의 위기를 불러 왔다는 것이다. 그는 역사적으로 보면 도시의 형성과정이 자본주의를 구원하는 역할을 하였다고 설명한다(한상연 옮김, 2014, pp. 29－37).

아울러 데이비드 하비는 도시를 변화시켜 과잉자본을 생산하고 흡수하는 과정, 예컨대 기반시설 확충과 도시개발 과정에서 배제와 약탈이 본질적으로 존재한다고 많은 나라의 사례를 들어 설명한다. 그리고 이러한 이유로 많은 국가와 도시에서 폭동과 소요, 그리고 새로운 사회운동이 일어났다는 것이다.

이처럼 데이비드 하비는 자본주의적 생산과 소비 양식이 도시를 만들고, 이렇게 만들어진 도시에서 자본주의의 위기가 발생한다고 보았다. 이런 이유로 그는 도시를 자본주의 위기의 진원지로 보았다. 도시의 형성과 발전이 자본의 논리로 이루어진다는 데이비드 하비의 설명은 도시를 바라보는 또 다른 관점을 제시했다는 점에 의의가 있다.

도시의 미래, 유토피아일까, 디스토피아일까

역사를 통해 도시는 문명의 발전과 함께 끊임없이 진화해 왔다. 도시는 시대가 처했던 정치 및 사회 환경을 바탕으로, 그리고 다른 한편으로 인간의 생활을 바꾸어온 기술혁신에 힘입어 진화를 거듭해 왔다. 그리고 앞으로도 진화를 거듭할 것이다. 그럼 이러한 역사의 여정 속에서 도시는 유토피아로 변했는가, 아니면 디스토피아로 가고 있는가.

실제로 산업혁명이 일어나기 전 농경사회에서는 정치행정 도시와 교역을 위주로 하는 상업 도시가 주종을 이루면서 도시문제나 도시에 대한 부정적 인식도 별로 없었다. 그러나 유럽에서 시작된 산업혁명은 인간의 생활양식과 정주(定住) 형태에 획기적인 변화를 초래하면서 산업도시들이 출현하는 계기를 마련했다. 그리고 도시의 문제는 산업혁명기 도시들에서 크게 나타나기 시작했다.

산업혁명기 도시의 가장 큰 문제는 농촌지역에서 대량 이주해 들어오기 시작한 도시 노동자들의 불량한 주거환경으로부터 시작되었다. 자본주의적 생산양식에 기반을 둔 산업혁명은 대량생산과 대량소비를 통해 인류에게 풍요로운 삶을 선사했지만, 다른 한편으로 노동자들의 불량한 주거환경과 이와 무관치 않은 전염병의 발생과 전파와 같은 새로운 문제를 초래하였다.

도시가 갖추어야 할 인프라도 채 갖추어지지 않았고 근대적인 도시계획도 실현되지 못한 상태에서 일어난 유럽의 산업혁명은 처참한 결과를 초래했다. 전염병의 대유행이 일어난 것이다. 18~19세기 유럽을 강타했던 결핵, 콜레라, 장티푸스와 같은 전염병은 특히 도시 노동자들에게 큰 피해를 남겼다. 당시 공장 주변 노동자들의 주택은 과밀과 부실공사로 인해 슬럼을 초래하여 처참했고, 여기에 전염병의 유행으로 수많은 노동자가 희생되는 결과를 낳았다. 당시는 상하수도가 매우 취약했고, 연료 또한 석탄에 의존하던 시기여서 수인성(水因性) 전염병과 호흡기 질환에 취약할 수밖에 없었다. 그리고 당시 토지가격 상승과 부동산 투기도 심각해서 이 역시 과밀과 혼잡을 부추기는 요인이 되었다(Gallion, Arthur B. and Simon Eisner, 1975, p. 82).

이처럼 산업혁명기 도시에서 나타난 문제들을 해결하기 위해 주거지역과 공업지역을 구분하는 용도지역제(zoning)의 필요성이 제기되었고, 불량주택과 상하수도 정비의 중요성이 부각되었다. 그리고 이를 위한 법과 제도의 정비가 이루어지기 시작했다. 예컨대 영국의 구빈법(救貧法, 1834)이나 공중위생법(Public Health Act, 1848) 등의 보건 및 위생 관련 입법들은 상하수도, 도로포장 등에 관한 규정들을 포함함으로써 근대적 도시계획 입법의 선도적 역할을 하였다. 그리고 다른 한편으로 전원도시 운동이 일어나는 계기가 되었다.

20세기에 들어와서도 수많은 기술혁명을 거치면서 도시는 진화를 거듭해 왔다. 비행기의 발명, 자동차의 대량 보급, 포드주의(Fordism) 대량 생산방식의 출현, IT 혁명으로 인한 디지털 전환, AI(인공지능)의 발달 등 끝을 알 수 없는 기술혁신과 사회변화가 오늘도 일어나고 있다.

그럼 오늘날의 도시는 성공했는가, 그리고 도시는 인간의 삶을 풍요롭게 하고 있는가. ＜미국 대도시의 죽음과 삶＞(The Death and Life of Great American Cities, 1993)의 저자인 제인 제이콥스(Jane Jacobs)는 인류는 세상에서 도시를 건설한 유일한 생물이고, 도시 역시 자연의 생태계임에도 불구하고, 지난날의 대도시들은 여러 가지 이유로 심각한 결함과 실패를 낳았다고 지적한다. 저널리스트이자 사회운동가였던 제인 제이콥스(Jane Jacobs: 1916~2006)는 전원도시 운동의 선구자였던 에베네저 하워드(Ebenezer Howard: 1850~1928)부터 미국의 도시개발 관련 법률까지 모두 도시 내에서 일어나는 활동과 이들의 상호작용을 무시한 생각이거나 제도일 뿐이라고 주장했다. 도시공간은 존중받지도 못한 채 일회성 소모품으로 사용되고, 희생되고 있다는 것이다.

제인 제이콥스는 도시를 이해하기 위해서는 따로 분리된 용도가 아니라 여러 용도의 결합이나 혼합을 본질적인 현상으로 철저하게 다루어야 함을 강조한다. 그는 도시가 자신의 문명을 지탱하기 위해서 여러 용도의 충분한 혼합을 어떻게 만들어 낼 것인지에 관심을 쏟아야 하는데, 지난날의 미국 도시들은 그런 점에서 실패했다는 것이다. 또한 도시에서 오래된 건물과 현대식 건물이 지구 내에서 섞여 있어야 한다는 것이다. 그리고 20세기 중반 이후 나타난 미국 대도시들의 공간확산과 교외화는 자본의 논리에 따라 일어난 현상으로, 이 역시 실패한 사례 중의 하나로 보았다. 예컨대 1930년대 미국에서 특별히 교외주택건설을 장려하기 위해 시행한 전국적인 담보대출 확대가 대도시들의 공간확산과 교외화에 중요한 영향을 미쳤다는 것이다(유강은 옮김, 2010, p. 410). 그래서 그는 도시의 시민들이 모여 살고 활동할 수 있도록 집중의 필요성과 작은 블록의 필요성을 강조하였다. 휴먼스케일에 입각한 도시공간구조의 중요성을 강조한 것이다.

1960년대에 있었던 제인 제이콥스와 루이스 멈포드 간 도시의 고밀도 개발에 대한 논쟁은 흥미롭다. 제인 제이콥스는 고밀도 개발에 반대한 루이스 멈포드와 달리 고밀도 개발이 저밀도 개발보다 편리성, 효율성, 다양성을 증대시키고, 환경적인 측면에서도 훨씬 바람직하다고 주장했다. 그리고 제인 제이콥스는 고밀(high densities)이 문제가 아니라, 과밀(overcrowding)이 문제라고 주장했다.

한편 <도시의 승리>(Triumph of the City, 2011)의 저자인 에드워드 글레이저(Edward Glaeser)는 고급인재들이 함께 모여 일하면서 새로운 아이디어와 혁신을 창출할 수 있는 장소로서 도시의 유용성을 강조한다. 도시는 고대 그리스의 플라톤과 소크라테스가 아테네 시장에서 논쟁을 벌이던 시기부터 혁신의 엔진 역할을 했다는 것이다. 이탈리아 피렌체의 거리는 우리 인류에게 르네상스를 선물했고, 영국 버밍엄의 거리는 인류에게 산업혁명을 가져다주었다는 것이다. 여기에다 오늘날 영국 런던, 인도 방갈로르(인도의 실리콘밸리), 일본 도쿄가 이룩한 번영은 새로운 아이디어를 생산할 수 있는 능력에서 비롯되었음을 강조한다(이진원 옮김, 2011, pp. 13–14).

그리고 에드워드 글레이저는 부유한 서방 국가들에서 도시는 격동적인 산업화 시대가 종말을 고한 후에도 살아남았고, 지금은 과거 어느 때보다 더 부유하고 더 건강하며, 더 매력적으로 변했다고 주장한다. 그래서 그가 쓴 책 제목처럼 지금까지 도시는 승리했다는 것이다. 그러나 도시에 사는 시민들은 자주 실패를 경험해 왔다는 점은 인정한다. 예컨대 미국 도시에서 일어난 폭동, 대도시 빈민가의 발생과 확대 등이 바로 그것이다. 이처럼 종종 일어났던 도시민의 실패에도 불구하고 그는 도시화는 번영과 행복의 열쇠라고 주장한다(이진원 옮김, 2011, pp. 14–26).

리처드 플로리다(Richard Florida)는 그의 저서 <도시는 왜 불평등한가>(The New Urban Crisis, 2017)에서 21세기 도시가 맞은 새로운 위기를 다음과 같이 다섯 가지 핵심 내용으로 정리했다(안종희 옮김, 2018, pp. 29–33).

첫째, 뉴욕, 런던, 홍콩, 로스앤젤레스, 파리, 그리고 샌프란시스코와 주변 도시, 워싱턴 D.C, 보스턴, 시애틀을 포함한 선도적 기술 및 지식 중심지와 같은 소수의 슈퍼스타 도시들과 그 외 세계의 다른 도시 간에 경제적 격차가 확대되고 있다. 이러한 승자 독식 도시화는 도시 간에 새로운 형태의 불평등을 초래한다.

두 번째 위기는 슈퍼스타 도시의 성공에 따른 위기다. 이 도시들은 감당할 수 없을 만큼 비싼 주택가격과 매우 높은 불평등에 직면해 있다. 이런 지역에서 젠트리피케이션(gentrification)은 이른바 '금권 도시화'(plutocratization)로 발전한다. 그래서 도시의 가장 활기차고 혁신적인 지역 중 일부는 승자들의 영역으로 바뀐다. 그리고 대부분의 사람들은 여기서 밀려나서 적절한 통근 거리 내에서 살 수 없게 된다. 그렇게 되면 결국에는 도시의 경제 기능은 유지되기 어렵다.

세 번째 도시의 위기는 사실상 모든 도시에서 공통적으로 발생하는 불평등과 공간 분리, 그리고 계층화이다. 많은 도시에서 중산층의 감소와 중산층 거주지역의 소멸이 나타나고 있다. 결과적으로 부자들이 사는 좁은 지역과 가난한 사람들이 사는 넓은 지역의 공간 분리가 심화되고 있는 것이다. 그리고 과거와는 양상이 다른 도시 내 공간 분리 현상도 나타나고 있다. 과거에는 부자들은 교외 지역에 살고 가난한 사람들은 도심 부근에 살았지만, 최근에는 도심 부근과 교외 지역 모두 똑같이 부자들과 가난한 사람들의 주거지역이 공간적으로 분리되고 있다. 이른바 모자이크 대도시(patchwork metropolis)가 나타나고 있다.

네 번째 도시의 위기는 교외 지역에서 새로이 나타나는 위기다. 한때 미국의 고소득층이 살았던 대도시의 교외 지역은 최근 들어 저소득층의 비중이 가파르게 증가하고 있다. 이런 이유로 교외 지역에서 불평등이 증가하고 있다.

다섯 번째 도시의 위기는 개발도상국에서 나타나는 도시화의 위기다. 낙관론자들은 개발도상국의 도시화가 중산층의 증가와 함께 시민들의 '삶의 질'도 개선할 것으로 기대하고 있지만, 개인의 경제적 성장과 '삶의 질' 향상과 연결되지 않는 도시화가 일어나고 있는 것이 현실이다.

도시에 대한 제인 제이콥스, 에드워드 글레이저, 리처드 플로리다의 생각이 다른 것은 관점의 차이에서 비롯된다. 제인 제이콥스가 지적한 20세기 도시의 많은 문제점과 실패에도 불구하고 에드워드 글레이저는 도시는 여전히 혁신성장이 가능한 공간이라는 사실을 강조한다. 에드워드 글레이저에 의하면, 도시는 오랜 역사를 통해 인류문명의 성장엔진으로서 역할을 해 왔고, 지금도 그렇게 진행되고 있다는 것이다. 한편 리처드 플로리다는 최근 도시에서 일어나고 있는 다양한 불평등 현상을 미시적으로 조망하고 있다는 점에서 시사하는 바가 크다.

도시가 인류문명의 성장엔진 역할을 해 온 것은 분명한 사실이다. 인류의 역사를 바꾸어온 많은 과학적 발명과 혁신은 사람들이 모여 사는 도시에서 일어났다. 그러나 다른 한편으로 우리는 도시의 흥망성쇠도 보아왔다. 그리고 번영을 거듭한 도시의 경우에도 시민들도 번영을 함께 했는지, 그들의 '삶의 질'도 개선되었는지 다시 돌아볼 필요가 있다.

특히 자본주의 시장경제원리가 작동하는 국가에서 이상적(理想的) 도시를 만드는 것은 꿈같은 이야기일지도 모른다. 기본적으로 시장경제원리가 작동하는 국가에서 도시개발은 공공, 민간 개발사업자, 시민 등 각기 다른 이해관계자들 간의 일종의 게임으로 굴러가고 있는 것이 현실이다. 특히 민간 개발사업자와 시민들은 모두가 함께 살아가는 도시보다는 자산으로서 부동산을 먼저 생각하는 경우가 대부분이다.

인류문명을 획기적으로 바꿀 새로운 과학혁명과 기술혁신이 끊임없이 일어나고 있고, 다른 한편으로는 인류의 생존을 위협하는 환경위기도 계속되고 있다. 우리 인류는 불확실성의 시대에 살고 있고, 도시도 기회와 위기를 함께 맞이하고 있다.

도시의 과거와 현재, 그리고 미래는 연결되어 있다. 그리고 과학혁명과 기술혁신은 새로운 모습으로 우리에게 어김없이 다가올 것이다. 이 책은 어김없이 다가올 과학기술의 미래를 도시가 어떻게 품을 것이지, 그리고 제인 제이콥스가 신랄하게 비판한 20세기 도시의 실패와 리차드 플로리다가 지적한 도시의 새로운 위기를 어떻게 극복할 것인지 논의할 것이다.

이 책은 3부로 구성되어 있다. 제1부는 도시는 무엇으로 움직이는지 논의할 것이다. 여기서는 도시를 어떻게 볼 것인지, 그리고 도시의 흥망성쇠는 왜 초래되었는지 사례를 중심으로 살펴본다. 제2부는 도시 부문별 현상과 전망, 그리고 방향을 다룬다. 여기서는 도시의 변화와 미래의 가능성을 분야별로 살펴보고, 새로운 방향을 제시한다. 제3부는 도시의 역사적 진화를 살펴보고, 도시의 미래를 어떻게 계획하고 준비할 것인지 논의할 것이다.

제2장

도시의 흥망성쇠

도시의 흥망성쇠

한 도시의 성장과 발전은 그 도시가 가진 산업의 성장과 불가분의 관계에 있다. 만약 어떤 도시가 쇠퇴하는 산업을 주종산업으로 할 경우 그 도시는 쇠퇴할 수밖에 없다는 사실을 역사를 통해 보아왔다. 그 예로서 우리나라의 경우 과거 농경사회에서 산업사회로의 전환기에 공업화를 소홀히 했던 지역은 인구의 감소와 지역의 쇠퇴 과정을 겪었고, 과거에 번창했던 탄광도시들이 탄광산업의 쇠퇴와 함께 쇠퇴 과정을 겪었음은 잘 알려진 사실이다. 외국의 예로서 1950~1960년대 철강산업으로 번영을 누렸던 미국의 피츠버그나 클리블랜드는 일본과 신흥공업국들의 도전으로 철강산업의 국제경쟁력을 상실하고 침체를 겪다가, 1980년대 이후 관민 파트너십(public－private partnerships)으로 첨단산업을 유치해서 도시의 활력을 되찾았다.

8.15해방 이후 우리나라 도시들의 부침(浮沈)을 살펴보면 매우 흥미롭다. 해방 직후 남한에서 가장 인구가 많은 도시는 행정중심지였던 수도 서울이었고, 다음은 대구가 2대 도시였으며, 그다음에 부산이 3대 도시에 포함되었다. 당시 대구가 2대 도시였던 중요한 이유는 일제 식민시대를 거치면서 농업이 주요

산업이면서 외국과 교역이 거의 없었으며, 영남지방에서 대구가 교육과 행정의 중심지 기능을 담당했던 것과 무관치 않다.

그 후 6.25사변을 거치면서 부산에 피난민들이 모이고, 전쟁이 끝난 후에도 피난민들이 일부 부산에 정착하면서 대구는 부산에 2대 도시의 지위를 넘겨주게 되었다. 그리고 6.26사변 이후부터 추진된 근대화와 경제개발정책에 힘입어 중화학공업 위주의 제조업이 성장하면서 수출입 물류를 처리하기 쉬운 항만도시들의 성장이 두드러지게 나타났다. 이러한 이유로 1950년대 이후 서울, 부산, 대구의 순으로 만들어진 도시 계층구조가 거의 50년 동안 고착하게 되었다.

그러던 것이 2001년 인천공항의 개항 이후 인천에 인구와 산업이 집중하면서 대구는 3대 도시에서도 밀려나게 되었다. 국제물류를 처리해야 하는 많은 첨단산업이 인천공항 주변에 둥지를 틀게 되는 것은 당연한 이치이다. 중화학공업이 국가의 기간산업이었던 시기에는 중화학공업의 원료와 완제품들의 수출입 물류를 처리하기 위해 항만도시들이 성장할 수밖에 없었지만, 산업구조가 경박단소(輕薄短小)한 제품을 생산하는 첨단산업의 비중이 증가하면서 주변에 좋은 관문공항을 가진 도시가 성장할 수밖에 없게 된 것이다.

이제 20세기 초중반 이후 미국 도시들의 부침(浮沈)을 보자. 20세기 초중반 이후 미국은 전통적인 중공업 도시들이 산업도시로서의 면모를 갖추면서 성장하였다. 이들 전통적인 산업도시들은 디트로이트, 피츠버그, 클리블랜드, 시카고, 미니애폴리스 등이 대표적이다. 스노우 벨트(Snow Belt) 혹은 러스트 벨트(Rust Belt)로 불리기도 하는 지역에 있는 이들 도시는 20세기 초반 이후 미국에서 급속히 성장하기 시작한 철강산업과 자동차산업을 바탕으로 미국경제를 주도하다시피 하였으나, 1970년대 들어 철강을 비롯한 소재산업과 자동차산업의 국제경쟁력이 약화되면서 도시의 실업률이 증가하고 인구가 감소하는 등 쇠퇴기에 빠져들었다. 그러나 이들 도시 가운데 일부는 1980년대 이후 새로운 첨단산업의 유치, 첨단산업과 전통적 제조업의 결합 등을 통해 새로운 도약과 도시의 재건을 추진해 왔다.

예컨대 세계적인 철강도시였던 피츠버그는 명문 카네기멜론대학(Carnegie

Mellon University)과의 관민 파트너십을 통해 컴퓨터 관련 산업을 육성하여 도시의 재도약을 추진했고, 클리블랜드는 철강산업이 쇠퇴한 후 전기 및 기계산업과 헬스케어산업을 육성하여 새로운 도약을 추진하였다. 클리블랜드의 경우 세계적인 병원인 클리블랜드 클리닉(Cleveland Clinic), 명문 케이스웨스턴리저브대학(Case Western Reserve University) 등의 연구개발(R&D) 역량이 결합되어 첨단산업이 싹트기 시작했다. 이처럼 성공적인 도시의 재건을 이룬 도시도 있지만, 전통적인 산업도시들 가운데 일부는 여전히 깊은 침체의 수렁에 빠져 있다.

한편 미국의 서부와 남부에 위치한 신흥도시들은 1970년대 이전에는 비교적 산업화가 부진했으나, 1970년대 이후 첨단기술의 산업화로 급속한 성장을 이루었다. 이들 도시가 새로운 첨단산업기지로 떠오른 주요 이유는 첨단산업의 입지 조건이 전통적인 제조업의 입지 조건과 크게 다르기 때문이다. 전통적인 제조업은 시장 혹은 원료공급지에 근접해 있어야 하지만, 경박단소한 제품의 특성으로 인해 수송비가 적게 드는 첨단산업은 시장 혹은 원료공급지에의 접근성이 그다지 중요한 입지 조건으로 간주되지 않는다.

따라서 캘리포니아주 북부의 실리콘밸리와 같이 날씨도 좋고 주변 환경이 좋은 지역뿐만 아니라, 남부의 선 벨트(Sun Belt) 지역에 속하는 피닉스, 덴버, 엘파소, 오스틴 등의 내륙도시들도 첨단산업화의 물결 속에 새로운 성장도시로 떠오르게 되었다. 이러한 도시들은 인접 지역에 첨단기술의 연구개발을 담당하는 국립연구소나 대학들이 있어서 다양한 형태의 협력을 통해 시너지를 창출하고, 항공교통이 잘 발달되어 있는 특징이 있다.

도시의 흥망성쇠에 대한 지난 한 세기의 역사적 경험은 많은 시사점을 준다. 중진국에서 선진국으로 넘어갈수록 4차 산업의 비중이 증가하고 있다. 이들 4차 산업들은 대부분 원료와 제품의 수송비용이 거의 혹은 많이 들지 않는 특징이 있다. 대신에 고급인력을 필요로 하고, 해외교류가 필수적인 만큼 육상교통보다는 항공교통이 필수적이다. 따라서 도시의 성장을 위해 '반듯한' 공항의 건설이 필수적이고, 고급인력의 정주환경 조성, 연구개발 환경의 조성과 관련기관과의 파트너십 구축 등이 무엇보다 중요하다. 특히 최근에는 4차 산업 시대의 도래와 함께 자유입지형 산업(foot-loose industry)이 증가하고 있다. 이제 우리나라 도시들도 자유입지형 산업의 유치와 육성을 위해 무엇을 해야 할지 지혜를 모아야 한다.

출처: opportunityforum.info/category/postgraduate/

출처: Carnegie Mellon University Libraries

카네기멜론대학교 전경

출처: WIKIMAPIA(wikimapia.org)

출처: Cleveland Clinic(my.clevelandclinic.org)

클리블랜드 크리닉 전경

출처: Univerity Review(universityreview.org)

출처: Case Western Reserve University(case.edu/thinkagain)

케이스웨스턴리저브대학교 전경

도시의 경쟁력

도시는 인간의 삶과 경제활동을 담는 그릇이다. 도시의 인구규모는 도시가 먹여 살릴 수 있는 경제력에 의해 좌우된다. 따라서 도시공간은 그 도시의 산업생산을 효율적으로 뒷받침할 수 있어야 한다. 산업생산을 위한 도시공간의 조성에서 가장 핵심적으로 고려해야 할 요소는 집적경제(agglomeration economies)의 효율성을 높이는 것이다. 유사한 업종이나 산업 연관관계가 높은 업종을 인접한 공간에 집적시켜 시너지 효과를 내는 것이 핵심이다. 이를 위해 개별 도시마다 특화산업의 클러스터(cluster)를 만들고, 클러스터 내에서 전문화된 지식과 기술을 쉽게 획득할 수 있으면서 협력과 경쟁, 그리고 혁신이 함께 일어날 수 있도록 생태계를 만들어야 한다.

한편 삶의 공간으로서 도시가 경쟁력을 갖기 위해서는 시민들의 활동(activity)에 통행시간과 통행비용이 적게 드는 도시공간을 만드는 것이 무엇보다 중요하다. 2014년 파리시장에 취임한 안 이달고(Anne Hidalgo)는 파리시민들의 '15분 도시' 실현을 정책공약으로 제시하고, 자신의 공약을 실현하기 위해 주거지와 인접한 곳에 문화·체육·의료·상업시설의 배치를 추진하였고 2020년 재선에 성공하였다. 그만큼 효율적인 도시공간의 조성이 현실적으로도 중요한 과제임을 알 수 있다. 따라서 효율적인 도시공간을 만들기 위해 직주근접, 혼합적 토지이용, 압축도시(compact city) 개발, 다핵분산도시(多核分散都市) 전환, 대중교통지향형 개발(TOD: Transit-Oriented Development)의 구체적 방안을 모색해야 한다. 이러한 노력을 통해 시민들의 통행시간과 통행비용을 줄이고, 궁극적으로는 에너지 소비를 줄이는 도시공간구조와 교통 시스템을 구축하는 것이 도시의 경쟁력을 높이는 길이다.

최근 들어 지방도시의 쇠퇴와 인구유출이 심각한 문제로 대두되고 있다. 지방도시 스스로가 도시의 경쟁력을 키우기 위해 구체적이고 지속적인 노력을 해야 하는 이유가 바로 여기에 있다. 왜냐하면 중앙정부의 국가균형발전에 대한 정책의지가 다소 영향을 미칠 수는 있겠지만, 기본적으로 시장경제원리가 작동하는 상황에서 기업의 입지와 인구이동을 국가가 강제할 수 없는 한계가 있기 때문이다.

도시의 경쟁력 향상에 필요한 가장 중요한 인프라는 역시 교통 인프라이다. 공항, 항만, 철도, 도로가 바로 그것이다. 이 가운데 요즘은 역시 공항이 핵심이다. 왜냐하면 우리 경제와 산업이 외국과의 교역과 인적 교류에 의존하고 있고, 여객과 화물의 항공수요가 가파르게 증가하고 있기 때문이다.

우리나라의 국제 항공수요는 동아시아 국가들의 가파른 경제성장, 저비용 항공사들의 급격한 성장과 항공시장 점유율 확대, 그리고 한·중·일 및 아세안 국가들의 항공시장통합(Open Sky)으로 인해 향후 획기적으로 증가할 것으로 전망된다. 이렇게 될 경우 미래의 공항은 지금의 KTX 역이나 고속버스 터미널과 같은 정도의 위상을 가질 것이다. 따라서 '반듯한 공항'이 주변지역에 있어 도시의 관문공항으로 활용될 수 있어야 하고, 개별 도시들은 공항과의 빠른 접근교통망을 확보해야 경쟁력을 가질 수 있다. 이를 위해 공항철도의 확충은 물론이고, 향후 상용화가 전망되는 도심항공교통(UAM: Urban Air Mobility)의 활용 가능성을 대비해야 한다.

러스트 벨트와 선 벨트

도시의 흥망성쇠를 산업입지와 제도의 측면에서 비교할 수 있는 대표적인 사례는 미국의 러스트 벨트(Rust Belt)와 선 벨트(Sun Belt)다. 미국은 건국 초기부터 곡물, 육류 등의 해상무역을 통해 국가와 도시의 성장을 추진했다. 건국 초기 미국의 성장은 유럽과의 교역을 통해 이루어질 수밖에 없었고, 당시는 물자의 수송이 전적으로 해운에 의존할 수밖에 없었다.

19세기 해상무역의 발달은 해운으로 연결될 수 있는 미국 북부 러스트 벨트에 있는 도시들의 성장을 촉진하는 계기를 마련하였다. 왜냐하면 내륙지방의 경우 1800년대 초중반까지 육상교통이 발달하지 않았기 때문이다. 따라서 러스트 벨트에 있는 도시들은 이때부터 미국 동부의 주요 항만들과 강, 운하 등 물길을 연결해서 산업도시로서의 잠재력을 갖추기 시작했다. 여기에다 물길이 직접 연결되지 않는 도시는 내륙 항만과 연결되는 철도를 건설하여 경쟁력을 확보하였다.

그리고 기업가들이 러스트 벨트에 있는 도시들에 철강, 자동차 등 중공업 제품의 생산을 위한 공장을 건설하면서 이들 도시가 성장하기 시작했다. 이렇게 해서 성장한 대표적인 도시가 시카고, 디트로이트, 피츠버그, 클리블랜드다. 예를 들면 시카고는 운하가 건설되고 있던 1800년대 초중반에 토지가격이 폭등했고, 1850~1900년 사이 운하에 이어 철도가 건설되자 3만 명도 되지 않던 인구가 150만 명 이상으로 늘어났다(이진원 옮김, 2011, p. 93).

이들 도시는 20세기 중반까지 번창했으나, 이후 쇠퇴의 길로 들어서면서 러스트 벨트로 불리게 되었다. 러스트 벨트 도시들의 위기는 제2차 세계대전이 끝난 후 나타나기 시작했다. 제2차 세계대전 이전만 해도 강, 운하 등 물길과 철도로 인해 혜택을 입었던 이들 도시는 도로의 확충과 자동차의 보급으로 수송수단이 다변화되면서 쇠퇴의 길을 걷게 되었다. 여기에다 미국의 노조운동은 이들 도시에서 가장 먼저 확산되었다. 이러한 영향은 사용자와 노조의 역학관계에서 노조에 유리한 클로즈드숍(closed shop) 제도의 탄생으로 이어졌고, 러스트 벨트 도시들의 쇠퇴를 부채질하게 된 것이다.

한편 선 벨트 지역은 다른 길을 찾아가고 있었다. 1947년 미국 연방정부가 제정한 태프트-하틀리법(Taft-Hartley Act)은 주(州)마다 실질적으로 클로즈드숍 제도의 채택 여부를 선택할 수 있게 하는 노동권법(Right-to-work law)을 제정할 수 있도록 했다. 이를 계기로 선 벨트 지역의 경우 노동권법의 제정으로 기업들이 노조의 영향을 적게 받게 되었고, 1950년대 이후 선 벨트 도시들의 성장을 견인하는 제도적 기반이 되었다.

미국의 산업구조도 1950년대 이후 변화하기 시작해서 전통적인 제조업인 중공업은 퇴조하고 하이테크(high-tech) 산업의 비중이 증가하면서 선 벨트 지역은 날개를 달기 시작했다. 스탠퍼드 대학교와 산학협력을 통해 태동한 실리콘밸리를 필두로 캘리포니아주 샌디에이고, 텍사스주 오스틴, 댈러스, 휴스턴, 콜로라도주 덴버 등의 도시가 하이테크 산업의 중심지가 되었다. 이들 도시는 <도시와 창조계급>(Cities and the Creative Class, 2005)의 저자인 리처드 플로리다(Richard Florida)가 명명한 창조계급 인재들에게 매력적인 주거환경, 도시의 안전성, 지방정부의 서비스, 문화적 토양, 환경적 쾌적성(amenity) 등을 제공하는 것으로 그의 연구 결과는 보여준다.

러스트 벨트와 선 벨트의 성장과 쇠퇴는 교통 인프라, 교통수단, 산업입지, 산업구조, 그리고 제도가 어떤 연계성을 가지면서 변화하는지, 그리고 이러한 연계성과 상호작용이 도시의 운명을 어떻게 바꾸는지 보여주는 생생한 사례이다. 이제 우리 도시들도 도시의 성장과 쇠퇴를 결정짓는 역동적인 메커니즘 속에서 개별 도시가 처한 여건을 바탕으로 무엇을 준비해야 할지 지혜를 모아야 한다.

뉴욕의 성장과 쇠퇴, 그리고 부활

18세기 말 이후 뉴욕은 보스턴을 제치고 미국에서 가장 중요한 항만도시로 떠올랐다. 뉴욕항이 내륙지방에서 생산된 농산물을 가장 저렴한 수송비용으로 수송할 수 있는 입지적 장점 때문이었다. 도로교통이 발달하지 않았던 당시에는 운하가 내륙지방에서 가장 중요한 수송로의 역할을 담당했던 만큼, 1825년 이리(Erie) 운하(이리호~허드슨강)가 뉴욕항까지 연결되면서 뉴욕은 거대도시로 도약할 수 있는 기반을 마련하였다. 당시 운하의 연결로 인한 수송시간의 단축도 놀라웠지만, 수송비용의 감소는 획기적이었다. 19세기 전반 경제가 호황을 이루자 뉴욕의 인구는 6만 명에서 80만 명으로 늘어났고, 뉴욕은 거대도시로 변신했다(이진원 옮김, 2011, p. 17).

19세기 전반 뉴욕 인구가 폭발적으로 증가한 중요한 이유는 선박 제조 기술의 변화에서도 찾을 수 있다. 19세기 초에는 선박의 규모가 작아서 300톤짜리 선박이 대부분이었다. 그러나 19세기 초중반을 거치면서 더 빠르고 저렴하게 수송이 가능한 대형 선박이 개발되었다. 한편 뉴욕항은 수심이 깊어서 대형 선박의 접안이 가능했고, 이리 운하와 연결되어 뉴욕은 해상운송의 허브가 되었다. 그리고 뉴요커(New Yorker)들은 항구를 중심으로 번창한 설탕 정제, 의류 생산, 출판 같은 업종에 종사하게 되었다. 이렇게 뉴욕은 항만도시로서의 입지적 장점으로 인해 오랫동안 번영을 누렸다(이진원 옮김, 2011, pp. 17-19).

그리고 뉴욕은 이리 운하의 대성공으로 단숨에 금융시장의 메카로 떠올랐고, 월스트리트(Wall Street)의 성장도 이끌게 되었다. 이리 운하의 높은 수익률은 바다 건너 유럽으로부터의 투자를 이끌었고, 새로운 운하의 건설도 이어졌다. 그러나 운하는 더 이상 수송수단으로서 경쟁력을 유지할 수 없었다. 철도와 자동차의 출현으로 내륙의 수송수단이 다변화되었고, 여기에다 항공의 발달과 산업구조의 변화로 뉴욕의 제조업은 경쟁력을 상실하기에 이르렀다. 그리고 20세기 중후반 이후 펼쳐진 세계화는 태평양을 가로질러 쉽게 수송할 수 있는 상품은 무엇이든 이것을 만들 수 있는 기업과 도시들끼리 치열한 경쟁을 일으켰다(이진원 옮김, 2011, p. 20).

뉴욕의 쇠퇴는 1970년대 들어 나타났다. 1970~1977년 사이에 뉴욕은 고용감소와 함께 급격하게 쇠퇴하였다. 가장 심각한 고용감소는 제조업과 유통업에서 나타났다. 뉴욕에서의 이 같은 고용감소 현상은 여러 가지 요인이 있다. 1970년대 초반의 미국경제의 전반적인 경기침체가 뉴욕의 쇠퇴에 영향을 미친 것은 사실이지만, 더 중요한 쇠퇴의 원인은 산업의 입지장소로서 뉴욕이 가진 매력이 1970년대 이전부터 점차 사라지고 있었던 것이다.

뉴욕경제가 절정에 이르렀던 1960년대부터 이미 뉴욕에서의 기업 운영비용은 다른 지역에 비해 증가하기 시작하였다. 특히 혼잡비용은 상품의 수송뿐만 아니라 사람의 통행이라는 측면에서도 증가해 왔는데, 이는 도로, 지하철, 철도수송, 화물수송 체계 등과 같은 교통 인프라의 악화에 그 원인이 있었다. 또 다른 요인으로는 도시를 연결하는 교통체계의 비용이 감소하였고, 주(州)를 잇는 고속도로 체계가 완성된 점을 들 수 있다. 이처럼 뉴욕에서의 기업 운영 비용의 상대적 증가와 지역 간 수송비용의 상대적 감소로 기업들은 뉴욕이나 그 주변지역에 구태여 입지할 필요가 없어졌다.

문제는 이뿐만이 아니었다. 국가 간 수송체계에도 변화가 나타났다. 컨테이너 해운 수송이 시작되고, 여객선이 항공기로 대체되면서 항구를 끼고 있는 뉴욕은 쇠퇴하기 시작하였다. 컨테이너 항구는 컨테이너의 적재와 보관을 위한 매우 넓은 공간을 필요로 했다. 그러나 뉴욕 시내에 있는 맨해튼과 브루클린 항구지역은 이 같은 넓은 공간을 제공할 수 없을 뿐 아니라, 비용도 많이 들었다. 따라서 항구 이용자들은 주요 철도와 고속도로와의 접근성이 좋고 지가가 낮은 뉴저지 부근의 항구로 이동했다. 이로 말미암아 뉴욕은 항만 관련 고용뿐만 아니라 철도, 트럭운송, 도매업 고용도 동시에 감소하였다. 이처럼 1970년대 뉴욕은 핵심 산업의 몰락으로 어려운 상황에 있었다. 따라서 1970년대 초중반 뉴욕은 미국에서 가장 많은 세금을 시민들로부터 거두고 있었지만, 파산 위기까지 갔다.

그러나 1970년대 말부터 뉴욕은 금융산업을 비롯한 도시형 산업의 성장으로 부활하게 되었다. 이 무렵 뉴욕의 경제성장은 1980년대에 나타난 미국경제의 강력한 성장에 기인한다. 1980년대 뉴욕의 경제성장에 유리하게 작용한 미국경제의 특징은 ① 금융 활동의 유례없는 성장, ② 부동산 경기의 호황, ③ 국제무역의 증가, 특히 법률, 투자금융, 광고, 경영컨설팅 등 생산자서비스업의 해외시장 확대 등이다.

생산자서비스업이 특화된 뉴욕은 1980년대의 이러한 호황으로 도시의 활력을 되찾게 되었다. 과학기술의 발달과 기술혁신에 힘입어 대도시지역의 전통적인 제조업과 유통업은 쇠퇴하였으나, 1980년대부터 생산자서비스업이 뉴욕 경제성장의 주도적인 역할을 담당하였다. 항공교통과 통신의 발달로 기업의 본사가 자유롭게 입지할 수 있게 되었지만, 다른 한편으로는 뉴욕에 있는 생산자서비스업의 시장 범위도 확대되었다. 그 결과 뉴욕의 생산자서비스업은 미국 내 다른 대도시권의 시장과 세계시장에 진출할 수 있게 되었다. 아울러 컴퓨터와 통신기술의 발달은 뉴욕에 있는 금융회사들의 경쟁력을 지리적으로 확장하였고, 국내뿐만 아니라 국제금융시장의 사업영역 확장에도 기여하였다.

생산자서비스업은 전문화된 금융, 보험, 법률, 회계, 광고, 컨설팅 등을 포함하는데, 이들 생산자서비스업은 함께 있어야 복합적인 수요를 동시에 만족시킬 수 있고, 대도시에 함께 있는 것이 유리하다. 뉴욕은 바로 이와 같은 생산자서비스업의 입지를 위해 가장 좋은 도시이다. 뉴욕에 있는 생산자서비스업은 미국경제의 국제적 상호의존성의 심화로 계속 성장해 왔고, 1970년대 후반 이후 뉴욕경제의 성장에 주도적 역할을 담당했다. 그 결과 1980년대 이후 뉴욕의 제조업과 유통업의 고용은 감소했지만, 생산자서비스업의 고용은 크게 증가하였다.

<도시의 승리>(Triumph of the City, 2011)의 저자인 에드워드 글레이저(Edward Glaeser)는 뉴욕의 부활은 새로운 아이디어의 생산과 혁신, 그리고 역동적인 경쟁이 원동력임을 강조하며, 교육받은 근로자들, 소규모 기업인들, 그리고 다른 산업들 사이의 창조적 상호작용을 통해 도시의 부활이 가능했음을 강조한다(이진원 옮김, 2011, pp. 111–116).

출처: WIKIPEDIA(en.wikipedia.org)

뉴욕 월스트리트(Wall Street) 안내판

출처: The Motley Fool(www.fool.com)

월스트리트(Wall Street) 전경

출처: Bing Wallpaper Download(bwallpaperhd.com)

하늘에서 바라본 월스트리트(Wall Street) 야경

출처: WIKIPEDIA(en.wikipedia.org)

월스트리트(Wall Street)에 있는 뉴욕 증권거래소 건물

피츠버그의 쇠퇴와 부활

국가마다 산업구조의 변화는 나타나기 마련이고, 그러한 산업구조의 변화 때문에 위기와 침체를 경험하는 도시는 선진국에서 많이 발견된다. 그 가운데 대표적인 도시가 미국의 피츠버그다. 미국의 펜실베이니아주에 있는 피츠버그는 20세기 들어 세계적인 철강도시로 성장하여 한때 미국 철강생산량의 3분의 2가 이곳에서 생산되기도 했으나, 1960년대 이후 미국의 철강산업이 경쟁력을 상실한 후 도시가 쇠퇴하기 시작했다. 그 결과 피츠버그의 인구는 감소하기 시작했는데, 1950년 68만 명이던 인구는 1980년 42만 명으로 감소했다.

이처럼 철강산업의 쇠퇴와 함께 활력을 잃어버린 피츠버그는 새로운 도시부흥 프로그램을 추진하기 시작했다. 1980년대 들어 피츠버그는 새로운 산업으로 컴퓨터·정보통신(IT)산업과 바이오·의료(BT)산업을 육성하기 시작하면서 러스트 벨트에서 벗어나는 계기를 마련하였다. 여기에다 금융·서비스업까지 가세하여 피츠버그는 4차 산업혁명을 선도하는 도시로 다시 태어나 이제는 글로벌 하이테크 기업과 스타트업의 새로운 중심지가 되었다. 이러한 이유로 인해 최근 들어 피츠버그는 브레인 벨트(Brain Belt)로 불리기도 한다.

피츠버그의 지역경제를 회복하는 데 결정적인 공헌은 피츠버그대학 및 카네기멜론대학과 연계된 첨단산업의 유치와 육성이다. 피츠버그가 IT산업을 육성할 수 있었던 것은 IT분야의 세계적 명문인 카네기멜론대학의 역할을 빼놓을 수 없고, BT산업을 육성할 수 있었던 것 역시 세계적인 명성을 가진 피츠버그대학병원 때문이다. 피츠버그는 이들 대학과 첨단산업 간의 원활한 연계를 위해 산·학·관(産·學·官)이 함께 참여하는 알레게니(Allegheny) 지역사회개발협의회의 효율적인 운영을 통해 지역경제 활성화를 위한 각종 산학연계 프로그램을 개발하여 괄목할 만한 성과를 이루었다. 알레게니 지역사회개발협의회는 지역경제를 활성화하고 주민들의 삶의 질을 향상하기 위한 사업들을 발굴하고 추진해 왔는데, 여기에는 연구개발(R&D), 모험자본, 경영지원, 산업단지 개발 등의 사업이 포함되었다.

한편 민간 주도의 알레게니 지역사회개발협의회와는 별도로 펜실베이니아주 정부는 1982년부터 기술개발 프로그램의 하나로 밴 프랭클린 파트너십(Ben Franklin Partnership)의 운영을 통해 펜실베이니아주에 있는 대학과 기업인 및 투자자 간의 연결 기능을 수행하였다. 결국 효율적인 산학협력체계의 구축과 관민 파트너십이 피츠버그의 부활을 이끈 원동력이 된 것이다. 여기에다, 최근에 글로벌 기업과 스타트업이 피츠버그에 모이는 이유는 미술관, 박물관, 야구장 등의 문화·체육 인프라가 잘 갖춰진 데다, 주거비와 생활비도 실리콘밸리나 다른 경쟁 도시에 비해 훨씬 저렴하기 때문이다.

우리나라도 산업구조의 고도화로 인해 전통적인 제조업을 주력산업으로 했던 도시들의 쇠퇴가 가속화되고 있다. 이제 우리도 러스트 벨트에서 브레인 벨트로 성공적으로 변신한 피츠버그가 주는 경험과 교훈을 되새겨 보아야 할 때이다.

전자산업의 메카 구미의 성장과 쇠퇴

구미는 국가산업단지가 조성되기 이전까지는 농업이 주된 산업이었으나, 1960년대 말부터 조성된 국가산업단지로 인하여 우리나라의 대표적인 산업도시로 탈바꿈하였다. 구미 국가산업단지는 1969년부터 1973년까지 제1단지 조성을 시작으로 현재 제5단지까지 조성이 완료되었다. 구미 국가산업단지는 초기에는 섬유나 가전제품 생산이 중심이었지만, 이후 삼성전자, LG전자 등 대기업의 성장과 함께 우리나라의 대표적인 수출품목인 휴대폰을 비롯한 IT기기, 반도체, LED, 방산(防産)장비 등을 생산하는 전자산업의 메카가 되었다. 이러한 이유로 구미는 한때 한국의 실리콘밸리로 불리기도 했다.

구미는 지형이 비교적 평탄하고, 도시를 관통하는 낙동강을 상수원(上水源)으로 하고 있어 용수의 공급이 용이하다. 이런 이유로 구미는 산업단지로 최적의 요건을 갖추고 있다. 구미 국가산업단지는 1999년에는 전국 단일 산업단지 최초로 수출 100억 달러를 돌파했고, 2005년에는 단일 산업단지 최초로 수출 300억 달러를 넘어선 305억 2,900만 달러를 달성하였으며, 이는 우리나라 전체 수출액의 11%, 무역수지 흑자액의 84%에 해당한다.

구미는 2000년대 초중반까지 우리나라 수출에서 가장 큰 비중을 가진 산업도시였다. 그러나 2000년대 중반 이후 국가경제에서 차지하는 비중이 하락하고 있다. 가장 큰 이유는 구미에 있던 대기업 및 중소기업의 역외 이전 때문이다. 국내의 인건비 상승으로 인해 해외로 이전하는 공장이 늘어나고, 물류비용 절감 등을 위해 수도권으로 이전하는 공장들도 잇따라 나타났다.

2000년대 중반 이후 삼성전자, LG전자, LG디스플레이 등 대기업들의 일부 연구개발 기능과 생산 기능이 수도권과 베트남, 인도네시아 등 해외로 이전하였다. 여기에다 대기업들의 1~2차 하청업체들도 수도권이나 해외로 이전하거나, 가동률 축소, 조업중단, 폐업으로 이어지면서 구미 국가산업단지는 쇠퇴의 위기에 처하게 되었다. 완제품을 생산하는 소수의 대기업을 정점으로 한 수직적 하청 계열화 체제의 붕괴로 경영위기에 빠진 중소기업들도 많이 나타나고 있다.

구미 국가산업단지는 제1단지에서 제5단지까지 공간영역의 확대와 가전제품, 휴대폰, 반도체, 디스플레이 등 산업영역의 확대를 통해 발전을 거듭하여 왔으나, 2000년대 중반 이후 침체를 겪다가 2010년대 들어 점차 쇠퇴의 길로 들어서게 되었다. 그 결과 입주기업들의 공장 가동률 저하, 전국 대비 수출 비중 감소, 대기업 대비 중소기업 종사자의 비중 증가 등의 현상이 두드러지게 나타났다. 아울러 중소기업들은 치열한 경쟁과 함께 구조적 침체의 위기에 노출되었고, 기술혁신과 제품의 다각화를 추진해 왔지만 연구개발 역량의 한계로 회복력이 저하되고 있다(전지혜, 이철우, 2018, p. 317).

구미와 같은 산업도시의 쇠퇴는 다른 비수도권 산업도시에서도 언제든지 나타날 수 있다. 자동차, 조선, 석유화학 등을 주력산업으로 하는 울산도 그렇고, 조선업을 주로 하는 거제와 포스코(POSCO)의 본산인 포항도 마찬가지다. 특히 중화학공업들은 개발도상국들의 도전이 거세고, 산업 자체의 경기(景氣) 사이클도 있어 언제든지 도시가 위기에 직면할 수 있다. 그리고 이와 같은 중화학공업들은 구미의 사례에서 볼 수 있듯이 대기업을 정점으로 수직적 하청 계열화 체제를 유지하고 있어 이들 도시는 위기에 매우 취약한 특징이 있다. 미국의 철강산업 도시 피츠버그와 자동차산업 도시 디트로이트도 하나의 업종으로 특화되어 있어 혹독한 침체기를 거친 바 있다. 이제 지방 산업도시들도 위기에 견딜 수 있는 강한 산업구조를 어떻게 구축할지 구체적인 전략을 마련해야 한다.

방갈로르가 주는 교훈

인도 방갈로르(Bangalore)는 전 세계적인 인기를 얻고 있는 혁신적인 상품과 서비스를 만들어내는 혁신의 거점이다. 방갈로르는 인도의 실리콘밸리로 불리는 도시로, 휴렛팩커드(HP), 인텔(Intel), IBM, 인포시스(Infosys), 위프로(Wipro)와 같은 세계적인 기업들을 포함하여 2,000개 이상의 IT 기업들이 있고, 세계에서 네 번째로 큰 IT 클러스터를 형성하고 있다. 아울러 방갈로르는 인도 항공우주산업의 수도로 불리며, 항공 관련 기업들도 많다.

글로벌 비즈니스를 하는 SI(System Integration: 소프트웨어와 시스템 개발) 업체, 빅데이터 분석, 블록체인 등 첨단기술의 R&D, 유망한 스타트업을 발굴하는 모험자본 등 혁신을 추구하는 기업들이 방갈로르에 모이는 것은 우연이 아니다. 우선 방갈로르의 기후를 보면 비교적 온난하며, 뭄바이보다 더 건조하고 델리보다 덜 후덥지근하다. 그러나 방갈로르의 진짜 경쟁력은 지리적 장점이라기보다는 기술력에 있다. 처음 이곳에 전문적인 기술과 지식을 가진 인재들이 모이자 인포시스(Infosys)와 같은 기업들이 진출하면서 선순환 고리가 생겼고, 좋은 기업과 똑똑한 인재들이 모여들기 시작했다. 오늘날 인포시스는 소프트웨어, 은행 서비스, 컨설팅 등 다양한 영역의 사업을 하고 있다. 인포시스는 1981년에 설립되었고, 1983년에 방갈로르로 이전했다. 그 후 인포시스는 글로벌 IT 기업으로 성장했지만, 여전히 방갈로르에 본사를 두고 있다. 인포시스의 성장은 거리의 의미가 없어졌다는 것을 암시할지도 모르지만, 다른 한편으로 관련 기업들의 인접성이 과거 어느 때보다 더 중요하다는 증거로 볼 수 있다(이진원 옮김, 2011, pp. 60-61).

최근 인도에서 만들어진 혁신적인 상품이나 서비스가 세계적인 인기를 얻는 경우가 많다. 그 이유는 무엇일까. 그 의문을 해소할 키워드가 '리버스 이노베이션'(reverse innovation)이다. 미국 다트머스대(Dartmouth College) 경영대학원(Tuck School of Business) 교수인 비제이 고빈다라잔(Vijay Govindarajan)과 크리스 트림블(Chris Trimble)은 그들의 저서 ＜리버스 이노베이션＞(Reverse Innovation, 2012)에서 리버스 이노베이션 전략이 어떻게 성공하게 되었는지 밝히고 있다. 리버스 이노베이션은 신흥국의 수요에 맞춘 혁신적인 제품과 서비스를 개발해 이를 선진국으로 거꾸로 공급하는 전략을 의미한다.

비제이 고빈다라잔과 크리스 트림블은 인도와 같은 신흥국에서 이노베이션이 태동해 선진국으로 확산되고 있다는 사실을 몇몇 사례를 통해 밝혀냈다. 그리고 그 중심에 방갈로르가 있었다. 이는 글로벌 기업들이 방갈로르를 중요한 거점으로 삼는 이유다. 그래서 방갈로르는 리버스 이노베이션의 전진기지 역할을 하고 있다.

비제이 고빈다라잔과 크리스 트림블은 리버스 이노베이션을 설명하기 위해 GE헬스케어가 인도에서 고성능 심전도 기기의 개발을 어떻게 추진했는지를 사례로 보여주고 있다(이은경 옮김, 2013, pp. 244-269).

GE헬스케어는 2000년대 초반부터 인도에서 고성능 심전도 기기를 개발하고 제조해 왔다. 그런데 방갈로르에 있는 GE헬스케어 엔지니어링팀 직원들은 병원을 방문할 때마다 그들이 만든 제품이 없는 것에 실망하곤 했다. 그 이유는 인도 시장에 적합하지 않은 높은 가격과 수리 비용에 있었다. 당시까지만 해도 GE헬스케어는 중저가 의료기기를 만들지 않고 있었다.

그 당시 GE헬스케어의 기존 심전도 기기는 정밀도가 높아 선진국에서 인기는 있었지만, 가격이 비싸서 인도에서는 일부 대형병원이 아니면 감당할 수 없었다. 설령 병원이 기기를 구입한다고 하더라도 높은 비용 때문에 환자가 검사를 원하지 않았다. 그리고 인도에서는 의료기관이 없는 지역이 많아서 의사의 왕진을 요구하는 일이 잦았다. 그때 의사들이 심전도 기기를 가지고 가고 싶어도 휴대할 수 있는 크기가 아니었다. 여기에다 인도는 전력 인프라가 취약해 빈번하게 정전되거나 전력이 공급되지 않는 곳도 많아서 심전도 기기 사용에 불편이 많았다.

2005년에 이르러 방갈로르에 있는 GE헬스케어 엔지니어들은 인도에 특화된 값싸고 편리한 심전도 기기의 개발에 착수했다. 방갈로르의 엔지니어들은 기업의 본사가 아직 파악하지 못한 중대한 갭(gap)을 메우기 위해 노력했다. 인도에 알맞은 심전도 기기를 만들기를 열망하는 엔지니어들이 방갈로르에 있는 존 웰치 기술센터에서 일하고 있었다. 이 기술센터는 2000년 GE가 미국이 아닌 다른 국가에 최초로 설립한 연구개발(R&D) 시설이다.

2007년 GE헬스케어는 방갈로르에서 새로운 심전도 기기 'MAC 400'을 만들어 출시했고, 시장의 반응은 폭발적이었다. MAC 400은 2007년 12월 GE헬스케어가 인도에서 판매하기 시작한 휴대용 심전도 기기다. MAC 400은 GE헬스케어가 기존에 만들었던 심전도 기기보다 기능, 무게, 부피를 줄이고, 가격도 대폭 낮춤으로써 인도에서 선풍적인 인기를 얻었다.

MAC 400의 수요는 인도에 그치지 않았다. 판매를 시작하고 얼마 지나지 않았을 때 선진국 시장에서도 반응이 나타나기 시작했다. 선진국의 의사들에게도 저가이면서 가벼운 MAC 400의 인기가 치솟기 시작했고, 신흥국에서 개발된 GE헬스케어의 휴대용 심전도 기기는 선진국에서도 간판 상품으로 성장했다.

이후 MAC 400은 진화를 거듭하여 GE헬스케어의 휴대용 심전도 기기는 전 세계에서 높은 시장점유율을 자랑하고 있다.

방갈로르에서 일어난 기술혁신이 선진국으로 확산되는 과정은 전통적인 혁신의 공간확산 과정과는 다른 경로를 보여주고 있다. 전통적인 혁신의 공간확산은 전염확산과 계층확산의 과정을 거친다. 전염확산은 주로 거리에 의존하고, 계층확산은 선진국에서 후진국으로, 그리고 도시 계층을 따라 큰 도시에서 작은 도시로 확산되는 것이 일반적이다(김형국, 1983, pp. 26-36).

그러나 21세기 방갈로르가 보여주는 사례는 혁신의 창출과 확산이 전통적인 방향과는 다르게 일어날 수 있음을 일깨워준다. 즉 전통적인 혁신(trickle-down innovation)과는 달리 역방향의 혁신(trickle-up innovation)이 일어날 수 있음을 보여준다. 21세기는 IT 인프라가 전 세계적으로 잘 갖추어져 있고, 공간의 차이(예: 미국 vs. 인도 방갈로르)에 따른 교육과 지식의 차이가 크지 않다면 창의적이고 열정적인 고급인재들이 함께 모여 있는 공간에서 언제든지 새로운 혁신이 일어날 수 있음을 시사하고 있다.

출처: WIKIPEDIA(en.wikipedia.org)

방갈로르 세계무역센터

출처: WIKIPEDIA(en.wikipedia.org)

방갈로르에 있는 인포시스(Infosys) 본사

다시 창조도시를 생각한다

창조도시(creative city)의 개념이 우리나라에 소개된 지 벌써 오랜 시간이 지났지만, 전문가는 물론이고 정치가와 행정가에게도 여전히 창조도시는 화두(話頭)이다. 그만큼 도시와 지역발전을 논의할 때 주목해야 하는 키워드이기 때문이다. 창조도시의 개념을 창조계급(creative class)의 개념과 접목시켜 설명한 리차드 플로리다(Richard Florida)는 창조적 사고를 실천하는 계층을 창조계급이라 명명하고, 이들이 창조도시를 만드는 데 결정적인 역할을 한다고 보았다.

필자가 리차드 플로리다를 처음 만난 것은 1986년 9월 미국 오하이오주립대(The Ohio State University)에서 박사과정을 시작할 때이다. 당시 리차드 플로리다는 20대의 나이에 컬럼비아대학교에서 박사학위를 받고, 오하이오주립대에 비정년 트랙 조교수로 부임한 지 얼마 되지 않았다. 그때 그는 나중에 창조도시로 명명된 미국 하이테크 도시들의 성공 요인들을 연구하고 있었다. 그로부터 1~2년 후 그는 피츠버그에 있는 카네기멜론대(Carnegie Mellon University)

로 자리를 옮겼다. 이후 그는 창조계급과 창조도시에 대한 개념을 처음으로 제시하고, 연구와 저서의 출판을 통해 세계적인 명성을 쌓게 되었다. 그가 저술한 <창조계급의 부상>(The Rise of the Creative Class, 2002), <도시와 창조계급>(Cities and the Creative Class, 2005) 등 다수의 저서를 세계적인 베스트셀러로 만들면서 명성을 얻게 된 것이다.

리차드 플로리다는 창조도시가 되기 위해서는 3T(talent, technology, tolerance)가 꼭 필요한 요소라고 강조하였다. 그는 인재(talent), 기술(technology), 관용 혹은 포용력(tolerance)이 함께 있어야 창조적 사고를 하는 창조계급이 도시와 지역발전을 위해 중요한 역할을 할 수 있고, 궁극적으로는 창조도시가 만들어질 수 있다고 본 것이다.

이제 산업생산시스템을 잠시 살펴보자. 우리나라의 경우 값싸고 부지런한 노동력을 바탕으로 하는 전통산업은 이미 쇠퇴한 지 오래고, 세계 최고의 기술력을 가진 업종들이 경제성장을 주도하고 있다. 이들 업종의 경우 고급 노동력이 기업 성장의 핵심 요소이다. 그리고 선진국은 물론이고 우리나라에서도 소품종 대량생산방식에 근간을 두고 있는 포드주의(Fordism) 산업생산시스템은 쇠퇴한 지 오래고, 다품종 소량생산방식에 근간을 둔 포스트 포드주의(Post-Fordism) 산업생산시스템이 많은 업종에서 도입되었다. 예컨대 의류패션 제품은 물론이고, 가전제품의 경우에도 디자인과 제품의 다양성을 추구하는 것은 물론이고, 맞춤형 가전제품까지 등장하고 있다. 이러한 산업생산시스템에서 절실히 요구되는 인재의 덕목은 역시 창조성이다.

리차드 플로리다가 도시와 지역발전을 위한 핵심요소로 본 3T(talent, technology, tolerance) 가운데 특히 우리가 주목해야 할 중요한 요소는 관용 혹은 포용력(tolerance)이다. 창조계급의 구성원인 창조적 인재는 도시의 다양한 생활양식과 문화, 그리고 쾌적성(amenity)을 중시하며, 그들의 창조성이 편안하고 쾌적한 일상생활과 접목이 가능한 도시나 지역에서 정착하길 원한다. 결국 리차드 플로리다가 얘기하는 3T는 상호 독립적으로 움직이는 것이 아니라, 함께 움직이는 것이고, 그 핵심은 관용 혹은 포용력이라고 볼 수 있다. 관용 혹은 포용력은 문화적 다양성과 함께 종교와 정치적 다양성도 함께 포함하는 것이다. 아울러 다양한 생활양식과 공동체가 공존하고, 이들 공동체의 정체성(identity)이 인정받을 수 있어야 한다.

이제 세계적인 창조도시의 집합체로 볼 수 있는 미국의 실리콘밸리가 어떤 지역적 특성을 가지고 있는지 살펴보자. 실리콘밸리는 미국에서 가장 자유분방한 지역적 특성을 가진 캘리포니아주의 북부지역에 위치하고, 주변에 있는 명문 스탠퍼드대학교와 버클리대학교(UC 버클리)와의 산학협력에 힘입어 성장하였다. 실리콘밸리는 원래 양질의 포도주 생산지였지만, 이들 두 명문대학교와 산학협력을 통해 전자·정보통신·컴퓨터 산업 등을 유치하고 육성해서 세계적인 첨단산업의 중심지가 되었다. 그리고 내로라하는 글로벌 기업들의 둥지가 되었다.

실리콘밸리의 가장 원천적인 경쟁력은 날씨와 주변 환경에 있다. 태평양 연안에 있는 지역적 특성으로 인해 사계절이 모두 따뜻한 것은 물론이고, 여름에도 기온은 높지만 습도가 높지 않은 기후적 특성이 큰 장점이다. 이런 기후적 특성과 태평양 연안을 끼고 있는 환경적 특성으로 인해 고급인력들이 실리콘밸리와 그 주변지역에 와서 살려고 하는 원초적 욕망이 있는 것은 당연하다.

여기에다 한 가지 더 주목할 점은 실리콘밸리와 그 주변지역이 가지고 있는 자유분방한 지역적 분위기가 실리콘밸리의 성장에 한몫을 했다는 점이다. 1960년대 중반 기존의 물질문명과 가치관, 제도, 사회적 관습을 부정하고, 인간성의 회복, 자연과의 직접적인 교감 등을 주장하며 자유로운 생활양식을 추구했던 히피(hippie)가 최초로 출현한 곳이 이곳이며, 베트남전쟁이 한창이던 1960년대 말 반전(反戰)운동이 시작된 곳도 바로 이곳이다. 그리고 캘리포니아주는 미국에서 마약 규제 등 각종 규제가 가장 느슨한 곳이기도 하다.

리차드 플로리다는 창조도시의 조건으로 관용 혹은 포용력을 중요한 요소로 간주함으로써 창조적 사고를 하는 창조계급이 정착할 수 있는 필수조건으로 제시하였다. 그는 도시와 지역발전의 핵심 전략으로 문화적 다양성과 인적 환경(people climate)의 중요성을 부각시켰다는 점에서 우리에게 시사하는 바가 매우 크다.

이제 우리 도시들도 다양한 사회적 가치를 존중하고, 서로의 의견을 존중하면서 당면한 문제의 해법을 찾아가는 노력을 게을리하지 말아야 한다. 이제 우리의 산업구조도 지식산업과 첨단산업 위주로 재편되고 있어 우수한 인재가 지역에 정착할 수 있는 문화적 토양을 만들고 문화적 다양성을 고양하는 데 힘을 모아야 한다.

도시발전, 인재가 핵심

최근 많은 지방도시가 인구감소와 산업의 쇠퇴로 어려움을 겪고 있다. 지방의 중소도시는 물론이고 거점 대도시들까지 쇠퇴와 침체의 늪에 빠져들고 있다. 지방소멸에 대한 우려가 커지는 이유도 바로 이 때문이다.

그럼 도시의 발전을 이끌 방법은 무엇일까. 리처드 플로리다(Richard Florida)는 소위 창조계급(creative class)이 도시발전에 결정적인 역할을 하는 것으로 보았다. 리차드 플로리다는 창조도시로 불리는 미국 하이테크 도시들의 특성을 분석하기 위해 동성애자(gay) 지수와 보헤미안(Bohemian) 지수를 활용한 결과, 이들 도시에는 대체로 동성애자와 보헤미안의 인구 비중이 크다는 사실을 통계적으로 밝혀냈다. 아울러 이들 도시는 그가 명명한 용광로 지수(도시 내 외국인 인구의 비중)도 크다는 사실을 밝혀냈다. 그리고 리차드 플로리다는 도시 간 경쟁에서 승자가 되느냐 패자가 되느냐의 관건은 인재를 끌어들일 수 있는 능력에 달려 있다고 보았고, '장소의 질'이 인재를 끌어들일 수 있는 핵심 요소라는 사실도 다양한 분석을 통해 밝혀냈다. 그가 말하는 '장소의 질'은 매력적인 주거환경, 개방적이고 자유분방한 문화적 토양, 환경적 쾌적성(amenity) 등을 모두 포함한 개념이다.

<도시의 승리>(Triumph of the City, 2011)의 저자인 에드워드 글레이저(Edward Glaeser)는 1970~2000년 사이 미국에서 고학력자 성인 인구의 비중이 큰 도시는 그렇지 않은 도시에 비해 인구의 증가 비율이 훨씬 크다는 사실을 밝혀냈다. 고학력자가 도시의 발전을 이끈다는 사실을 방증하는 분석 결과이다. 그리고 고학력 인재가 많은 실리콘밸리는 쇠락한 자동차산업 도시인 디트로이트와 달리 몇몇 대기업이 지배하는 도시가 아니라, 크고 작은 많은

기업이 분업과 협력 관계를 유지하면서 함께 경쟁하는 이유로 기업가정신(entrepreneurship)이 살아 있음을 주장한다. 에드워드 글레이저는 성공한 모든 도시가 그렇듯이 실리콘밸리의 강점은 경제적 기회나 즐거운 근무 환경에 이끌려 온 인재에 있음을 강조한다.

과거에는 천연자원(원료)과 육체노동의 효율적 결합이 경제발전의 원천이었고, 전통적인 산업입지론은 원료와 제품의 수송비를 최소화하는 장소를 최적입지로 보았다. 그러나 하이테크 산업을 중심으로 산업구조가 바뀌면서 이제 고급 지식과 과학기술이 경제발전의 원천이 되었고, 전통적인 산업입지론은 많은 업종에서 설명력을 잃었다. 그만큼 고급 지식과 과학기술의 가치가 증가한 것이다. 그리고 그 중심에 인재가 있다. 이러한 이유로 도시발전을 위해 단순히 기업을 유치하는 전략에서 탈피하여 인재를 유인하는 전략으로 바뀌고 있는 것이 선진국의 추세다.

인재들은 어디서 살고 일하기를 원하는지, 인재들의 생활양식과 관심사는 무엇인지, 그럼 도시는 무엇을 준비해야 하는지, 이제 이런 질문에 응답할 수 있어야 한다. 이제 우리의 산업구조도 지식산업과 첨단산업 위주로 재편되고 있어 인재가 지역에 정착할 수 있는 토양을 만드는 데 모든 역량을 집중해야 한다.

포드주의 vs. 포스트 포드주의

이제 전 세계적인 생산시스템(production system)의 변화를 살펴보면서 우리의 도시가 향후 어떠한 산업생산시스템을 갖추어야 할지 생각해 보자. 제2차 세계대전 이후 1970년대까지 국가경제의 운영은 표준화된 제품을 효율적으로 생산하는 대량생산시스템(mass production system)이 주종을 이루었고, 이러한 대량생산시스템을 갖춘 국가나 도시만이 경제적으로 성장할 수 있었다.

포드주의(Fordism) 생산시스템으로도 불리는 대량생산시스템은 제2차 세계대전 이후 대량 생산과 소비를 위해 표준화된 제품들을 끊임없이 공급하기 위한 필요성에 의해 시작되었다. 대량생산방식을 근간으로 하는 포드주의 생산시스템은 미국의 포드(Ford) 자동차회사의 컨베이어 시스템에서 시작되어 선진국

경제의 전례 없는 성장과 번영의 기반이 되었다. 포드주의 생산시스템의 특징은 반자동화된 생산라인에 의해 표준화된 제품이 대량 생산된다는 점이다.

그리고 대부분의 도시들은 포드주의 생산양식에 따른 효율적인 생산과 소비를 위해 교통 인프라와 각종 기반시설을 확충하기에 이르렀다. 그 결과 대규모 산업단지와 공동주택단지, 용도지역지구제(zoning)에 의한 토지이용 분리, 고속도로 건설 등과 같은 개발사업과 이를 뒷받침하기 위한 제도적 규제가 시행되었다(원제무, 2008, p. 252).

그러나 1980년대 이후 대량생산시스템에 의해 생산된 표준화된 제품에 대한 시장수요가 한계에 이르게 되었고, 질적으로 다양하고 기능적으로 향상된 제품에 대한 수요가 증가하게 되었다. 이러한 상황에서 가변적인 시장수요에 신축적으로 대응할 수 있는 생산시스템이 요구되었는데, 이것이 유연생산시스템(flexible production system)이다. 유연생산시스템은 소품종 대량생산방식을 근간으로 하는 포드주의 생산시스템과는 상반된다는 점에서 포스트 포드주의(Post-Fordism) 생산시스템으로 불리기도 한다. 최근에 도시경제개발과 성장을 논의할 때 주로 등장하는 개념이 바로 포스트 포드주의 생산시스템으로 우리나라의 도시성장을 위해서도 많은 시사점을 던져준다.

소품종 대량생산방식을 근간으로 하는 포드주의 생산시스템이 소비자 기호의 다양화, 제품의 고급화 추세 등으로 인해 시장 환경에 신축적으로 대응하지 못하는 한계를 드러내면서 20세기 말 이후에는 생산시스템의 신축성(유연성)이 산업 경쟁력 강화의 1차적 필요조건이 되고 있다. 포스트 포드주의 생산시스템은 다품종 소량생산방식을 취하며, 시장 환경에 더욱 신축적으로 대응한다. 포스트 포드주의 생산시스템을 채택하는 기업들은 하청, 임시고용, 즉시(Just-in-Time) 생산방식의 도입 등을 통하여 생산시스템의 신축성(유연성)을 추구한다. 이러한 생산시스템의 신축적(유연적) 전문화는 중소규모의 첨단기업이 생존하고 성장할 수 있는 토양이 되는데, 이때 짧은 수명을 가진 첨단기술의 지역 내 기술자립 체계 확립이 요구되고 이를 위하여 중소규모의 첨단기업과 지역 내 대학과의 연계가 필수적이다. 왜냐하면 중소규모의 첨단기업 자체의 연구개발 기능은 경제적 혹은 기술적 한계를 가지기 때문이다.

지역 내 연구개발 노력에 따라 지역 내에서 기술혁신이 일어나면서 성공적 상품화로 연결되고, 연구개발 종사자들이 스스로 회사를 창업하는 분가적 창업(spin-off)이 지역 내에서 활발히 일어나는 것이 도시경제 성장과 발전을 이끌게 된다. 이러한 분가적 창업의 활성화를 위해 씨앗자금(seed money)으로서 모험자본(venture capital)의 활성화와 함께 종합적인 창업 생태계의 조성이 무엇보다 중요하다. 예컨대 실리콘밸리의 성장에 모험자본을 비롯한 다양한 비즈니스 서비스의 효율적인 공급이 중요한 역할을 했음을 상기할 필요가 있다.

여기에다 포스트 포드주의 생산양식의 도입을 원활히 하기 위해서는 도시공간의 개발에도 많은 변화가 수반되어야 한다. 혼합적 토지이용과 복합용도개발, 다양한 개발 규모와 형태, 산업생산 공간의 다변화, 관민 파트너십의 확대, 민간자본의 도입 확대, 시민참여 확대, 산업과 문화공간의 근접 배치, 직주근접을 지향하는 공간계획 등이 추진되어야 한다.

제2부

도시 부문별 현상과 전망, 그리고 방향

제3장

도시공간의 변화와 미래

도시공간의 변화와 과제: 회고와 성찰

최근 많은 도시의 도심과 인근지역이 재개발과 재건축을 통해 주거용 건물로 채워지고 있다. 상업 및 업무공간에 대한 수요가 줄어들면서 도심과 인근지역의 토지이용이 변하고 있다. 전 세계적인 전자상거래의 확대는 상업용지에 대한 수요를 급감시키고 있다. 많은 도시에서 중소상가와 재래시장이 문을 닫고, 그 자리에 공동주택이나 주거용 오피스텔이 속속 들어서고 있다.

도심의 주거 기능이 부활하면 새로이 나타날 수 있는 문제도 많다. 과거 많은 도시에서 도심에 있던 일부 초등학교들이 학생 부족으로 문을 닫기도 했고, 도심 인근에 있던 일부 중고등학교는 외곽으로 이전하기도 했다. 그러나 도심의 주거 기능이 부활하면 학교 증축이나 신축도 필요하다.

사실 도심의 주거 기능이 일부 되살아나는 것 자체가 문제는 아니다. 많은 도시에서 도심과 인근지역마저도 공동주택이나 주거용 오피스텔 외에는 사업자의 수익성이 확보되지 않는 것이 문제다. 문제는 도심의 핵심 기능이다. 과거 도심은 업무상업 기능이 가장 큰 비중을 차지했다. 그래서 CBD(Central Business District)로 불렸다.

그럼 미래의 도심은 어떤 기능을 가질까. 도심에 있던 전통적인 업무 기능, 그리고 백화점과 같은 대규모 상업 기능은 일부 분산될 것이다. 최근 잇따르고 있는 도시 외곽의 대규모 쇼핑몰의 출현을 보면 알 수 있다. 그리고 그 자리에 문화와 결합된 상품과 서비스의 판매 기능이 일부 자리를 차지할 것이다. 요약하면 도심에서 업무와 대규모 상업 기능의 비중은 줄어들고, 문화적 기능의 비중은 커질 것이다. 결국 문화소비의 장소로서 도심의 기능은 확대될 것이다.

제러미 리프킨(Jeremy Rifkin)은 그의 저서 ＜소유의 종말＞(The Age of Access, 2000)에서 이제 인류는 산업자본주의에서 문화자본주의로 이행하는 거대한 물결 속에 있다고 진단한다. 그리고 문화자본주의 시대에는 상업활동에서 소유보다는 경험과 접속이 훨씬 중요하다는 점을 강조한다(이희재 옮김, 2002, pp. 201–203). 아울러 그는 쇼핑몰은 온갖 종류의 체험에 접속할 수 장소로 자리 잡아가고 있으며, 쇼핑과 문화 활동이 모두 가능한 장소라는 것이다(이희재 옮김, 2002, pp. 227–228). 이러한 측면에서 보면 도시 외곽의 쇼핑몰은 우리나라에서도 계속 확대될 가능성이 크다.

도시공간의 변화를 결정하는 요인은 너무나 많다. 그중에 가장 큰 영향을 미치는 것은 인간의 삶과 행동을 근본적으로 바꾸는 기술혁신이다. 정보통신 기술의 혁신이 전자상거래의 확대와 상업용지의 수요 감소를 가져왔고, 재택근무의 확대를 초래했다. 그리고 승용차의 보급 확대가 노선 상가의 쇠퇴를 가져왔다. 어디 그뿐인가. 경제가 고도화되면 될수록 근로자들이 함께 모여서 상품과 서비스를 생산하기보다는 그렇지 않은 업종들이 증가하고 있다. 여기에다 머지않아 도심항공교통(UAM: Urban Air Mobility)과 같은 새로운 교통수단의 출현도 예고되어 있다.

도시공간은 사적(私的) 공간과 공적(公的) 공간을 모두 포함하고 있고, 시장실패(market failure)가 나타나는 영역이다. 그래서 도시공간의 미래를 시장의 힘(market forces)에만 맡길 수도 없다. 결국 도시공간의 계획적 관리는 공공의 몫이다.

도시는 유기체(organism)이다. 따라서 도시공간은 이상과 현실, 그리고 현재와 미래의 인간 활동을 모두 담을 수 있도록 끊임없이 진화해야 한다. 그래서 도시공간의 계획적 관리는 규범적 접근과 시장원리를 바탕으로 한 현실적 접근의 조화가 필요하다. 지금까지 도시공간의 계획적 관리가 전혀 없었던 것은 아니지만, 과연 실효성이 있었는지 성찰과 함께 개선책이 필요하다.

여주 프리미엄 아울렛

여주 프리미엄 아울렛

주택정책 vs. 공간정책

도시공간은 주택정책에 의해 많은 영향을 받는다. 우리나라의 경우 종합적인 도시관리정책이나 도시계획 청사진에 따라 주택공급이나 신도시 개발이 추진되었다기보다는 주택 보급률 향상과 같은 단기적이고 시급한 정책목표의 달성을 우선하다 보니 결과적으로 비효율적이고 경쟁력 없는 도시공간이 만들어졌다고 볼 수 있다. 비효율적인 도시공간을 초래한 대표적인 사례는 수도권 신도시 개발을 들 수 있다.

30여 년 전 노태우 정권(1988~1993)은 주택 200만호 건설을 가장 중요한 국가 정책과제의 하나로 추진하였다. 이를 위해 수도권 1기 신도시(분당, 일산, 중동, 평촌, 산본)를 건설하였다. 당시는 헐값에 토지매입이 가능한 곳에 대규모 침상도시(bed town)를 건설하는 것을 최선의 주택정책으로 믿었다. 그러나 수도권 1기 신도시는 직주(職住)거리의 확대로 서울 주변 수도권 전체를 교통지옥으로 만들었다. 그래서 지하철노선과 광역버스를 확대하고 광역 간선급행버스를 투입해도 좀처럼 해결되지 않자, 최근에는 수도권 광역급행철도(GTX) 건설을 추진하기에 이르렀다.

최근 수도권 직장인들의 통근 통행시간에 대한 설문조사 결과를 보자. 2022년 6월 잡코리아가 남녀 직장인 907명을 대상으로 실시한 조사에서 경기권에 사는 직장인들은 출퇴근 왕복 소요시간이 평균 102분, 서울에 사는 직장인들은 평균 79분이 걸린다고 응답했고, 지방도시에 거주하는 직장인들의 통근 통행시간은 61분으로 답했다(파이낸셜뉴스, 2023. 1. 8). 결국 직주거리의 확대, 도로교통혼잡의 광역화, 높은 주거비와 오피스 임대료 때문에 서울은 비즈니스 비용이 매우 높은 세계 대도시 중의 하나가 되었다.

한편 다소 오래된 분석 결과이기는 하지만 김주영 외(2020)가 2019년 국가교통조사자료(2018년 기준)에서 구축한 모빌리티 빅데이터를 이용해 분석한 결과를 보면, 전국 통근통행자의 평균 출근시간은 29.5분이 소요되는 것으로 나타난 반면, 서울 32.5분, 인천 33.3분, 경기 33.9분으로 다른 지역에 비해 높게 나타났다. 반면 광주의 평균 출근시간은 23.0분으로 전국 광역시·도 가운데 가장 짧은 출근시간이 소요되는 것으로 나타났다. 그리고 통근통행자의 전국 평균 퇴근 소요시간은 31.1분으로 나타났고, 서울 34.4분, 인천 35.6분, 경기 35.5분으로 나타났다. 반면 대전은 전국 광역시·도 가운데 가장 짧은 24.9분이 퇴근에 소요되는 것으로 나타났다(김주영 외, 2020, pp. 58-60).

수도권 신도시 개발에서 나타난 문제는 이것만이 아니다. 일부 신도시는 계획과정에서 주거용지 주변에 상업 및 업무용지도 포함함으로써 도시의 자족성을 높이려고 시도했었지만, 용지 분양과정에서 주거용지는 빨리 분양된 반면, 상업 및 업무용지는 빨리 분양이 되지 않는 문제가 발생했다. 이런 문제로 말미암아 상업 및 업무용지를 분양이 쉬운 주거용지로 전환하여 분양하는 우(愚)를 범했다. 결국 사업시행자는 자본 회수기간의 단축을 통해 투자자본의 빠른 회수는 이루었지만, 비효율적인 도시공간이 고착되는 결과를 초래했다.

일반적으로 새로이 개발되는 신도시에서 주거용지 수요는 먼저 발생하고, 상업 및 업무용지 수요는 나중에 나타난다. 개발수요는 용도별로 시차(time-lag)가 발생하기 때문이다. 이러한 문제에 대한 성찰과 함께 멀리 바라보고 신도시를 개발하는 지혜가 필요함을 알 수 있다.

수도권 신도시 개발을 성공과 실패의 이분법적 논리로 평가하는 것은 어렵다. 그러나 수도권 신도시 개발은 주택정책으로는 성공했을지 모르지만, 공간정책으로는 미흡했다. 수도권 신도시가 수도권 내 인구분산과 주택공급의 목적은 달성했으나, 도시의 자족성은 확보하지 못했기 때문이다. 이러한 문제는 단지 수도권만의 문제는 아니며, 지방 대도시들도 비슷한 문제를 안고 있다. 이처럼 비효율적인 도시공간구조로 인해 나타나는 문제는 통행시간의 낭비 외에도 과다한 에너지 소비, 그리고 대기오염과 환경문제까지 초래했다.

사실 도시공간의 외연적 확산은 일찍이 미국의 대도시들에서도 나타났다. 제2차 세계대전 이후 자동차의 대량 보급과 자동차 지향적 도시개발에 힘입어 미국 대도시 부유층들은 지가(地價)가 저렴하고 환경이 쾌적한 교외 지역으로 주거를 이전하면서 많은 대도시에서 교외화(suburbanization)가 진행되었다. 당시 미국 도시에서 교외화를 가능하게 한 요인으로는 제2차 세계대전 이후 미국 전역에서 이루어진 도로투자의 확대, 베이비붐으로 인한 넓은 주택에 대한 수요 증가, 주택건설을 위한 장기저리대출 금융의 확대, 자동차의 대량보급 등을 들 수 있다.

그러나 1980년대 후반부터 미국에서 도시의 무질서한 공간확산 및 주거지의 교외화로 인해 도심과 인근지역의 슬럼화, 시민들의 총 통행거리(VKT: Vehicle Kilometers Traveled) 증가, 대기오염의 증가와 생태계 파괴 등의 이슈가 부각하면서 뉴어바니즘(new urbanism)과 같은 새로운 도시계획 사조(思潮)가 나타나게 되었다. 그리고 최근에는 시민들의 시간 소비를 줄일 수 있는 대안으로 '15분 도시'의 개념도 제시되기에 이르렀다.

도시재생, 새로운 길을 찾아야

도시재생은 다양한 원인으로 인해 쇠퇴하는 도시의 물리적 환경뿐만 아니라 사회경제적 활성화도 동시에 추구하는 것을 목표로 한다. 따라서 도시재생은 커뮤니티 활성화를 중요한 목표로 하며, 주민들의 생활환경 개선, 사회·문화적 기능 회복, 도시경제 회복을 동시에 추구하는 통합적 접근방식의 도시정비 개념으로 볼 수 있다.

우리나라의 경우 도시쇠퇴의 문제를 해결하기 위한 수단으로 2013년 「도시재생 활성화 및 지원에 관한 특별법」(이하 도시재생 특별법)을 제정함으로써 도시재생의 법적 근거를 마련했다. 그 결과 2014년부터 많은 국비예산이 투입되었다. 그 후 2019년 도시재생 특별법의 전면 개정으로 도시재생사업이 더욱 확대되는 계기를 마련하였다.

도시재생을 위한 이러한 노력의 결과 다소의 성과도 있었지만, 미흡했던 점도 여러 가지 발견된다. 우선 사업지구마다 수백억 원의 예산이 투입되었으나, 정작 지역주민들이 체감하는 효과는 기대에 미치지 못했다. 이는 사업지구의 활성화와 기능회복에 필요한 근본적인 대책이나 인프라(예: 교통망) 확충 없이 쉽게 할 수 있는 미시적인 사업 중심으로 추진하다 보니 나타난 결과이다. 결국 지금까지의 도시재생은 '숲'이 아닌 '나무'만 보고 사업을 추진한 결과 도시공간 재구조화(restructuring)의 근본적인 해결책이 되지 못한 것이다.

아울러 정부예산의 투입은 공공주도 도시재생사업의 종결로 끝나서는 안 되고, 민간의 지속적인 관심과 투자를 유인할 수 있어야 한다. 그러나 현실을 보면 공공재원 투입이 종료된 후 도시재생사업이 지속되지 않는 곳이 대부분이다. 결국 공공주도 도시재생사업이 '마중물' 사업으로서의 역할을 하지 못한 것이다.

그럼 앞으로 도시재생사업은 어떤 길을 찾아야 할까. 기본적으로 도시재생사업은 쇠퇴하는 도시의 활성화에 충분히 기여할 수 있어야 한다. 이를 위해 도시재생사업을 도시공간의 활성화와 연계시킬 수 있도록 해야 한다. 그리고 공공기관과 사업자 중심의 사업추진에서 벗어나, 커뮤니티의 역할과 참여가 강화되어야 한다. 아울러 도시별로 특화된 도시재생사업이 가능해야 한다. 예컨대 도시의 규모와 특성에 따라 차별화된 도시재생 목표 설정과 추진이 가능해야 한다.

뿐만 아니라, 도시재생사업이 미시적인 공간혁신에서 탈피해서 실질적으로 도시공간의 재구조화에 기여할 수 있도록 거시적인 도시공간계획과의 연계성을 강화하는 것이 필요하다. 아울러 공공주도 도시재생사업의 한계를 인식하고, 민간투자를 적극적으로 유인할 수 있도록 해야 한다. 그래서 궁극적으로 도시재생사업이 공공주도의 한시적 사업이 아니라, 지속적으로 추진될 수 있도록 하는 것이 필요하다.

디지털 전환과 도시공간의 미래

제4차 산업혁명은 디지털 기술을 사회 전반에 적용하여 전통적인 사회구조를 혁신시키고 있다. 디지털 전환(digital transformation)은 사물인터넷(IoT), 클라우드 컴퓨팅, 인공지능(AI), 빅데이터 솔루션 등의 정보통신 기술(ICT)을 이용하여 플랫폼을 구축하고 활용함으로써 전통적인 시스템 운영 방식과 서비스를 혁신하는 것을 말한다. 결국 성공적인 디지털 전환을 통해 제4차 산업혁명이 실현되고, 사회 전체로 파급효과가 확산된다고 볼 수 있다.

미국은 구글, 애플, 아마존 등의 빅테크 기업들이 민간 주도로 디지털 전환을 주도하고 있다. 이들 기업은 세계 최고의 인공지능, 빅데이터 기술로 제조,

유통, 금융 등 모든 산업의 혁신을 주도하고 있다. 우리나라도 사정은 마찬가지다. 네이버, 카카오, 쿠팡 등 토종기업들이 앞장서면서 사회 전반에 걸쳐 디지털 전환이 빠르게 확대되고 있다.

디지털 전환은 온라인과 오프라인의 경계를 허무는 연결을 통해 공간과 시간의 제약을 극복하는 데 기여하고 있다. 구글, 아마존, 네이버, 카카오와 같은 플랫폼 기업들은 지금까지 사람들이 직접 대면접촉(face-to-face contact)을 통해 받았던 많은 서비스를 디지털 공간에서 받을 수 있도록 선도적인 역할을 했다. 어디 그뿐인가. 과거에는 은행이나 증권회사에 직접 가서 처리했던 금융업무는 물론이고, 동사무소나 구청, 세무서에 직접 가서 처리했던 민원업무도 인터넷으로 간단하게 처리할 수 있게 되었다. 그래서 실제 공간과 온라인 공간의 영향력은 우열을 가릴 수 없을 정도가 되었다.

디지털 전환은 노동의 형태에도 변화를 가져와 재택근무와 유연근무제의 확대를 초래했고, 전자상거래의 확산으로 전통적인 상업 공간(재래시장, 골목상권 등)의 쇠퇴와 택배 물류의 증가를 가져왔다. 그리고 디지털 전환은 공유경제와 구독경제(subscription economy)의 활성화에 촉매제 역할도 하고 있다. 특히 디지털 전환이 가장 큰 영향을 미치는 것은 교통수요이다. 온라인 플랫폼의 활용은 업무통행과 같은 필수통행의 감소를 초래했고, 여가통행과 같은 비필수 통행의 비중을 증가시키는 결과를 초래했다. 여기에다 디지털 전환은 온라인 커뮤니티의 활성화를 통해 조직문화의 변화에도 영향을 미치고 있다.

디지털 전환은 도시에서 공간수요의 변화를 일으키고 있다. 전자상거래의 활성화로 인한 상업공간의 수요감소, 그리고 물류창고와 배송센터의 수요증가는 오래전부터 나타났다. 업무공간의 입지수요도 변화하고 있다. 금융·보험과 같이 갈수록 대면접촉이 줄어드는 업종은 값비싼 비용을 부담하면서까지 도심(CBD)에 넓은 공간을 차지하고 있을 필요가 없어졌다. 디지털 전환이 가져온 재택근무와 유연근무제의 확산은 주택의 기능을 주거와 업무가 혼합된 공간으로 바꾸고 있고, 근린생활권 계획의 중요성을 크게 만들고 있다. 그만큼 시민들이 많은 시간을 근린생활권에서 보내야 하기 때문이다. 디지털 전환이 가져올 것으로 전망되는 가장 큰 공간적 변화는 도심과 근린생활권의 기능변화이다. 도심은 핵심 의사결정과 중추관리 기능 위주로 재편되고, 근린생활권은 새로운 생활의 중심지가 될 것으로 전망된다. 결국 도심에서 줄어들 것으로 보이는 업무와 상업 기능의 일부는 근린생활권으로 옮겨올 것으로 보인다(윤서연, 2022, p. 24).

디지털 전환이 가져올 부작용도 만만치 않다. 고령자와 취약계층은 디지털 전환의 혜택에서 소외될 소지가 크다. 따라서 근린생활권 단위에서 이들을 위한 지원시설이나 인프라뿐만 아니라 대체 서비스 제공의 필요성이 제기되고 있다. 앞으로도 디지털 전환의 공간적 파급효과는 지속적으로 나타날 것이다. 디지털 전환에 발 빠르게 대응할 수 있는 도시공간계획이 필요한 이유가 여기에 있다.

초고령사회, 도시공간의 미래

전 세계적으로 인간의 평균수명이 늘어나면서 초고령사회로 진입하고 있다. 우리나라도 1955~1963년에 태어난 1차 베이비붐 세대가 2020년부터 65세 이상 고령인구에 포함되기 시작했다. 그리고 향후 20년간 매년 70~90만 명의 인구가 고령층으로 진입할 전망이다(고영호, 2022, p. 35).

고령자는 신체적 노화 과정을 거치면서 그에 적합한 공간을 필요로 한다. 주거공간 주변에서 활기찬 노후를 보낼 수 있도록 각종 복지서비스와 의료서비스를 받을 수 있어야 하고, 여가생활과 건강을 도모할 수 있는 근린공원과 체육시설도 도보 생활권 내에 있어야 한다. 따라서 근린주구(neighborhood) 단위에서 고령자 친화적 생활권계획이 무엇보다 중요하다.

한편 주거공간(주택)은 고령자의 연령과 건강 상태에 따라 맞춤형 선택이 가능하도록 다양한 대안, 예를 들어 서비스 제공형 고령자 주택, 은퇴자 돌봄 공동체 마을 등이 마련되어야 한다. 고령자 주택은 고령자를 위한 서비스와 연계되어야 주거 서비스로서 의미가 있다. 따라서 공공이 앞장서서 고령자를 위한 서비스를 제공할 수 있는 공공임대주택의 공급을 선도해야 한다. 특히 경제적으로 취약한 고령인구를 대상으로 공공임대주택의 공급을 우선 추진할 필요가 있다.

1인 가구 증가와 도시공간의 미래

1인 가구의 증가는 선진국을 중심으로 하여 전 세계적으로 나타나고 있다. 2021년 우리나라의 1인 가구는 720만 가구로 역사상 최초로 700만 가구를 돌파했다. 이는 우리나라 전체 가구 중에서 33.4%의 비중(가장 큰 비중)을 차지하는 것으로, 2016년(27.9%) 대비 5.5% 증가한 수치이다. 이러한 1인 가구의 증가추세는 앞으로도 계속될 것으로 보인다. 통계청 장래 추계자료에 의하면 1인 가구는 2030년 830만 가구(35.6%)에 이를 것으로 전망된다.

1인 가구가 증가하는 이유는 다양하다. 학업이나 직장을 위해 부득이하게 가족과 떨어져 사는 경우부터 가족과의 사별이나 이혼, 심지어는 가족과의 불화로 혼자 사는 경우까지 다양하다. 그래서 1인 가구는 여러 가지 문제를 내포할 소지가 크고, 현실적으로도 여러 가지 사회적 문제를 야기하고 한다. 종종 언론에 보도되는 고독사는 이제 드물지 않은 일이 되었고, 혼자 생활함으로 인해 범죄의 표적이 되기도 한다. 그리고 사회적 고립으로 인한 우울감과 여러 가지 중독 현상(술, 인터넷, 게임, 마약 등)으로 인해 정상적인 사회생활이 어려워지고, 경제적 빈곤까지 겪는 경우가 허다하다.

1인 가구의 문제는 도시의 병리 현상과 쇠퇴를 심화시키는 촉매제가 될 수 있다. 1인 가구에 대한 도시 차원의 대응이 필요한 이유도 바로 여기에 있다. 1인 가구에게 가장 필요한 사회적 인프라는 값싸고 편리하면서 공동체의 혜택과 서비스를 누릴 수 있는 주거공간이다. 현재 경제적 빈곤을 겪고 있는 1인 가구는 원룸, 고시촌, 쪽방촌에 거주하면서 각자도생할 수밖에 없다.

따라서 공동체의 혜택과 서비스를 누릴 수 있는 주거공간을 제공하는 것이 중요하다. 이를 위해 1인 가구가 주거지에서 사회적 교류가 가능한 공간을 충분히 마련해 주어야 한다. 주거공간이 아파트나 오피스텔이면 공유와 교류 공간이 확대되어야 하고, 주거공간이 단독주택, 연립주택, 원룸, 고시촌, 쪽방촌이면 근린주구 단위의 계획에서 커뮤니티 공간의 확충이 필요하다. 그리고 다양한 유형의 공유주택도 공급되어야 한다. 여기에다 1인 가구의 경우 주택에 대한 사회적 인식이 '소유'에서 '거주'로 빠르게 전환하고 있는 점을 고려하여 이들 가구를 위한 임대주택 공급을 확대해야 한다. 특히 임대주택은 민간 사업자가 공급하는 것은 여러 가지 어려움이 있는 만큼, 공공의 역할이 매우 중요하다. 따라서 공공임대주택의 공급 확대를 위한 획기적인 대책이 마련되어야 한다.

1인 가구는 정신적으로나 신체적으로, 그리고 경제적으로 어려움이 많을 수 있는 만큼, 충분한 환경적 쾌적성을 갖춘 근린공원의 확충이 매우 중요하다. 따라서 이들이 짧은 시간 내에 도보로 접근할 수 있는 장소에 근린공원을 확충해서 건강 도시의 기반을 다져야 한다. 과거에는 하나의 초등학교를 지탱할 수 있는 공간 규모를 근린주구의 기본단위로 보았지만, 1인 가구가 많은 지역은 근린공원을 중심으로 근린주구 계획을 수립할 필요가 있다.

인구감소와 도시의 스폰지화

'도시의 스폰지화' 현상을 들어 본 적이 있는가. 인구가 줄어들면서 빈집과 공터가 무작위로 발생하여 도시가 스폰지(sponge)처럼 되어 버리는 현상이다. 이 문제는 21세기 들어 일본 도시들에서 많이 나타나기 시작하면서 일본에서 도시 전문가들이 많이 사용하는 용어가 되었다.

일본은 심각한 인구의 감소를 경험하면서 2000년대 후반부터 도시의 스폰지화가 새로운 이슈로 등장하기 시작했다. 도시 인구가 줄어들면서 도시의 크기는 변하지 않은 채 빈집이나 공터가 무작위로 출현하고 있다. 일본 도시에서 일어나는 스폰지화는 도심부와의 거리에 상관없이 일어나는 것이 특징이다(민범식 옮김, 2017, p. 79). 도시의 스폰지화와 빈집의 발생은 쓰레기의 무단투기와 치안의 악화를 초래한다. 아울러 도시 인구의 감소로 공공시설이나 병원, 상업시설 등을 유지할 수 없는 도시들도 증가하고 있다. 특히 이런 문제는 중소도시에서 많이 발생한다.

일본은 지난 수십 년 동안 유례없는 인구감소를 경험했고, 이제 주택이 남아도는 국가가 되었다. 그럼에도 불구하고 일본의 중앙정부와 지방자치단체는 고도성장기의 도시계획과 주택정책을 벗어나지 못하면서 도시계획 규제를 완화하고, 신규주택 단지와 신도시를 개발해 문제를 키웠다. 한쪽에서는 신규택지 개발과 신도시 개발이 일어나고, 다른 한쪽에서는 노후 주택과 아파트를 중심으로 빈집이 계속 늘어나고 있다.

우리나라도 일본의 전철을 밟지 않을까 우려가 크다. 최근에는 우리나라에서도 도시의 빈집이 새로운 문제로 등장하기 시작했다. 우리나라 역시 저출산과 고령화로 인구의 감소가 이미 일어나고 있다. 그러나 신규 주택건설과 고밀도 주택 재개발은 멈추지 않고 있다. 특히 우려되는 것은 노후 아파트단지의 문제다. 인구가 계속 감소하는 마당에 용적률 상향과 세대수 증가를 통해 사업비를 충당하는 사업구조의 틀 속에서 입지 조건이 좋은 아파트가 아니면 재개발이나 재건축의 추진이 어려울 가능성이 크다. 그렇게 되면 노후 아파트가 빈집으로 방치될 가능성도 커진다.

특히 인구감소는 주택과 오피스의 수요를 감소시키는 요인이 된다. 인구감소 시대에 도시의 스폰지화를 막기 위해서 압축도시의 개발을 추진할 수 있지만, 이는 중장기적 대책에 불과할 수 있다. 단기적으로 발생하는 도시의 구멍, 즉 빈집과 공터에 대한 대책이 필요한 이유다.

왜 '15분 도시'인가: 카를로스 모레노(Carlos Moreno)의 생각

＜도시에서 살 권리＞(2020)의 저자인 카를로스 모레노(Carlos Moreno)는 2차에 걸친 세계대전 이후 도시는 기술적 진보를 활용해 발전했으나, 세계의 많은 도시는 유토피아가 아닌 디스토피아로 전락하거나 전락할 위험에 처해 있음을 경고한다. 그는 어떻게 해야 극적인 디스토피아로의 전락을 피할 수 있으며, 어떻게 해야 생태적으로, 사회적으로, 그리고 경제적으로 균형 잡힌 도시 생활의 길을 재발견할 수 있을 것인가? 어떻게 해야 모두를 위한 도시를 만들어낼 수 있을 것인가? 라는 질문을 던졌다. 그리고 그는 중요한 대안으로 '15분 도시'를 제시했고, 왜 '15분 도시'를 만들어야 하는지 명쾌하게 설명하고 있다.

카를로스 모레노는 도시는 살아있는 유기체이므로 도시의 건설과 개발은 기술이나 수직적인 건축만으로 한정되어서는 안 되며, 긴 흐름으로 생성된 도시의 리듬과 호흡을 찾는 것이 관건임을 강조한다(양영란 옮김, 2023, p. 35). 그리고 도시에서 그토록 많이 이동하는 것이 과연 필요한 것인가? 라고 질문을 던졌다. 카를로스 모레노에 의하면, 지구에서 도시들이 차지하는 표면적은 2%에 불과하지만, 그 2%의 공간(면적)에 50%의 인류가 모여 살면서 전 세계 에너지의 78%를 소비한다. 그리고 이산화탄소 배출량의 60%가 나오며, 전 세계 부(富)의 80%가 창출된다(양영란 옮김, 2023, p. 47).

아울러 카를로스 모레노는 기후 변화는 이제 현실이며, 인류가 당면한 중요한 위협요인임을 강조한다. 그리고 지구상에는 벌써 기후난민이 전쟁난민보다 많다는 것이다. 카를로스 모레노는 도시를 이렇게 만든 요인으로 거의 1세기 동안 자동차에만 의존해온 도시의 이동체계, 도시의 공간확산, 기후 변화에 대한 인식 결여, 건축구조물 중심의 도시공간, 공원과 녹지공간의 부족, 토양의 방수포장 등을 꼽았다(양영란 옮김, 2023, pp. 53-56). 그리고 오늘날의 도시는 세계화 과정의 침전물이 차곡차곡 쌓이는 폐기물 처리장 같다고 표현한다(양영란 옮김, 2023, p. 59).

카를로스 모레노는 이상적인 도시는 존재하지 않는다고 강조한다. 도시는 항상 개발되고 있고, 동시에 항상 보수(補修) 중이며, 항상 불완전한 것으로 보았다. 도시가 복잡한 시스템이라는 말은 수많은 도시 구성요소 간에 존재하는 상호 의존성을 나타내는 통상적인 표현임을 강조하였다. 그리고 그는 현대도시의 문제점을 다음과 같이 표현한다.

> "산업혁명이 일어난 지 200년, 볼셰비키 혁명이 있은 지 100년, 파시즘이 발호하고 냉전에 돌입한 지 75년, 베를린 장벽이 무너진 지 30년 만에 또 하나의 혁명이 우리의 도시에서 일어나고 있으니, 바로 도시의 과도 성장이다."

> "인터넷이 출현한 지 20년, 스마트폰이 등장한 지는 10년, 또 사물인터넷이 탄생한 지 몇 년이 지난 지금, 겉보기와는 달리 초연결성이 아닌 초파편화가 지배하는 세상이 되었다."

> "전 세계 45억 명의 네티즌 가운데 38억 명 이상이 사회관계망 서비스에 가입하여 활발히 활동한다. …… 인류는 그 어느 때보다도 엄청난 커뮤니케이션 역량을 보유한다. 이와 동시에 개인은 그 어느 때보다도 고립되어 있다. …… 이러한 경향에 맞서려면 도시에서의 삶이 사회적 관계, 초근접성을 창조할 수 있어야 한다."

카를로스 모레노는 현대도시에 대한 비판과 함께 '15분 도시'를 제안하였다. 그는 '15분 도시'를 실현하기 위해 다핵(多核)도시라는 비전과 함께 시민들을 위한 서비스들을 가까운 거리에 배치하여 시간의 소비를 최소화하는 도시공간을 만드는 것에 역점을 두어야 한다고 주장한다. 그리고 기존의 건물과 시설을 최적화하려면 단일 용도의 건물과 시설에 여러 기능을 부여하는 것이 바람직하다고 주장한다. 예컨대 학교는 방과 후에는 시민들의 문화활동이나 사회활동을 위한 공간으로 활용하는 것이다(양영란 옮김, 2023, pp. 132−133).

카를로스 모레노는 '15분 도시'가 가져올 변화로는 시민과 그 가족, 그리고 이웃을 위해 더 많은 시간을 갖도록 해줄 뿐만 아니라, 장소나 시설의 활용도를 높여주고, 자신이 사는 곳에 대한 자부심과 애착심을 불러일으킬 수 있다고 주장한다. 그래서 엄청난 시간의 소비를 유발하는 이동의 수요(횟수, 거리)를 줄이는 것이 중요함을 강조한다. 카를로스 모레노가 주창한 '15분 도시'는 결국 지금까지와는 다른 방식으로 살고, 소비하고, 일하고, 도시에 거주하는 것을 뜻한다.

최근에는 카를로스 모레노가 주창한 '15분 도시'를 실현할 수 있는 여건과 토양이 대체로 잘 마련되어 있다고 볼 수 있다. 최근 들어 빠른 속도로 진행되고 있는 디지털 전환은 과거 오프라인에서 이루어졌던 많은 일들을 온라인에서 처리할 수 있게 함으로써 이동의 수요를 자연스레 줄여주고 있다. 그리고 재택근무와 유연근무제의 확산으로 통근을 위한 통행수요가 줄어들고 있다. 여기에다 최근 몇 년 사이 코로나 팬데믹을 거치면서 도시에서 시민들이 근린생활권에서 보내는 시간이 증가함으로써 '15분 도시' 실현의 당위성도 커지고 있다.

카를로스 모레노가 주창한 '15분 도시'를 실현하기 위한 현실적인 노력도 세계 곳곳에서 나타나고 있다. 그 대표적인 사례가 프랑스 파리다. 2014년 파리

시장에 취임한 안 이달고(Anne Hidalgo)는 파리시민들의 '15분 도시' 실현을 정책공약으로 제시하였고, 이를 실현하기 위해 주거지와 인접한 곳에 문화·체육·의료·상업시설의 배치를 추진하였고 2020년 재선에 성공하였다. 그리고 다른 국가와 도시에서도 '15분 도시'를 실현하기 위한 노력과 움직임이 확대되고 있다.

제4장

주택의 진화와 주거공간의 미래

주택의 진화

외국인들이 우리나라에 와서 보고 깜짝 놀라는 세 가지가 있다고 한다. 교회, 카페, 아파트가 바로 그것이다. 공항에 도착하면 교회의 십자가가 많은 것에 놀라고, 도심으로 들어오면 아파트와 카페가 많은 것에 놀란다고 한다. 그만큼 아파트가 주거공간의 중심으로 자리 잡은 지 오래다. 최근에는 대도시와 중소도시는 물론이고 농촌지역도 아파트로 주거유형이 빠르게 변하고 있어 가히 아파트 천국이라 해도 과언이 아니다. 아파트가 가지는 상징적 의미도 다양해서 대도시에서는 아파트가 부(富)와 신분의 상징처럼 된 지 오래다. 그래서 서울 강남의 일부 아파트는 드라마의 제목처럼 보통 사람들이 살 수 없는 캐슬(castle)로 묘사되기도 한다.

사실 미국과 유럽의 일부 국가들을 보면 주택의 유형과 입지에 대한 선호가 우리나라와 전혀 다르다. 이들 나라는 부자들이 산허리 구릉지에 있는 근사한 단독주택에 살고 싶어 한다. 그리고 미국의 일부 대도시는 지하철노선이 들어온다고 하면 반대하는 곳도 있다. 왜냐하면 지하철노선으로 인해 저소득층의 주거지역으로 전락할 수 있는 우려 때문이다. 실로 우리나라의 대도시와는 전혀 다르다. 서울의 경우 지하철 역세권의 가치와 영향력은 매우 크다. 지하철의 수송분담률이 높을 뿐만 아니라, 통행의 시간가치가 매우 커서 시간이 곧 돈으로 인식되기 때문이다.

최근 주택소비에 대한 새로운 변화는 코로나 팬데믹을 거치면서 나타나고 있다. 재택근무와 유연근무제의 확산이 바로 그것이다. 재택근무와 유연근무제의 확산으로 주택이 단순히 쉬고 잠자는 공간이 아니라, 업무공간의 기능도 담당하고 있다. 물론 많은 기업이나 공공기관들이 위성 사무실이나 스마트워크센터의 운영을 통해 직원들의 어려움을 해결하고 있지만, 코로나 팬데믹이 끝나더라도 재택근무와 유연근무제는 일정 부분 지속될 것으로 전망된다.

일찍이 앨빈 토플러(A. Toffler)는 휴대폰의 보급과 IT 혁명으로 미래의 주택은 전자주택(electronic cottage)이 될 것으로 예견했고, 재택근무가 대세를 이룰 것으로 전망했다. 비록 앨빈 토플러가 예측한 대로 재택근무가 모든 업종에 걸쳐 대세를 이루지는 못할지라도, 일부 업종에 있어서는 피할 수 없는 추세를 보일 것임은 분명하다.

우리나라는 1980년대부터 아파트의 보급 확대로 아파트가 주택의 대명사로 자리 잡게 되었으나, 아파트를 최고의 주거공간으로 생각하는 사람은 많지 않다. 산업화와 도시화를 거치면서 도시공간에서 가장 효율적인 주택 유형으로 자리 잡았을 뿐이다.

여기에다 코로나 팬데믹과 IT 혁명이 주택의 기능을 단순한 주거공간에서 주거와 업무가 혼합된 공간으로 바꾸고 있다. 이른바 '홈 오피스'의 등장이다. 이런 이유로 인간관계의 중심도 직장에서 거주지, 동호회, 온라인 커뮤니티로 이동하고 있다. 그리고 최근에는 테마형 주택, 예컨대 고령자 주택, 청년주택, 예술인 주택 등에 대한 관심도 증가하고 있다.

주택은 오랜 시간을 두고 진화해 왔고, 앞으로도 진화할 것이다. 주택의 유형(아파트, 주거용 오피스텔, 연립주택, 단독주택 등), 입지, 점유형태(자가, 전세, 월세)에 대한 소비자의 선호도 변화할 것이고, 주택의 기능도 다양하게 변할 것이다. 여기에다 앞으로는 인구와 가구 구조의 변화도 클 것으로 전망된다. 주택정책이 부동산정책에서 탈피해서 종합적인 주거정책으로, 그리고 새로운 공간정책으로 진화해야 하는 이유도 바로 여기에 있다. 그리고 거기에는 중앙정부가 해야 할 몫도 있고, 지방정부가 해야 할 몫도 있다. 특히 주택정책은 지역별로 차별화가 요구됨에도 불구하고, 중앙정부의 주택정책만 있고 지역차원의 주택정책은 찾아보기 어려운 것이 현실이다. 따라서 지역차원의 주택정책이 수립되고 추진될 수 있도록 획기적인 방향전환이 필요하다.

아파트의 진화는 계속된다

우리나라에서 주택의 한 유형으로 아파트가 도입되기 시작한 것은 1950년대 후반부터다. 1950년대 후반부터 민간기업들이 서울에서 소규모 아파트를 건설하기 시작하면서 아파트 시대가 열리기 시작했다. 그러나 당시의 아파트는 저층 소규모 아파트가 대부분이었다. 1960년대 들어 5.16 군사혁명이 일어나면서 들어선 박정희 정부는 도시과밀화로 인한 주택부족 문제를 해결하기 위해 대한주택공사를 설립하고, 단지형 아파트를 본격적으로 건설하기 시작했다. 1960년대 서울 마포구 도화동에 건설된 마포 아파트는 우리나라 주거문화의 근대화를 기대하며 등장했으며, 주거문화의 혁명을 예고한 셈이었다(전상인, 2009, pp. 37－38).

1960년대 중반 이후 공공의 주도하에 아파트는 급속하게 확산되기 시작했고, 1970년대 들어서는 현대건설과 같은 민간기업들이 아파트 건설에 뛰어들면서 고급 아파트들이 생겨나기 시작했다. 그리고 1980년대 들어서는 서울 강남의 대형 아파트는 부(富)와 신분의 상징이 되었다.

주택으로서 아파트의 진화도 꾸준히 이루어져 왔다. 아파트의 구조나 냉난방 방식의 변화는 물론이고, 아파트단지의 구성요소도 꾸준히 변해 왔다. 1970~1980년대 사이 건설된 아파트는 주민들의 건강 증진을 위한 헬스장이나 체육시설들은 거의 없었다. 그러나 1990년대 이후 헬스장과 체육시설 등이 도입되기 시작했고, 2000년대 이후에는 골프연습장, 작은 도서관, 독서실 등이 새로 도입되기 시작했다. 그리고 고급 아파트에는 게스트하우스도 갖추기 시작했다.

아파트의 진화는 앞으로도 계속될 것이다. 아파트 내부구조와 아파트단지의 구성은 기술혁신과 주거문화의 산물이다. 최근 들어 재택근무와 유연근무제의 확산으로 주택이 단순한 주거공간에서 주거와 업무가 혼합된 공간으로 진화하고 있는 만큼, 아파트 내부구조와 설비도 변화할 것이다. 여기에다 아파트단지의 구성에도 새로운 변화가 나타날 것이다. 공유오피스와 회의실 수요도 새로이 나타날 것이고, 독서실 대신 스터디카페의 수요도 발생할 것이다. 그리고 식생활 문화도 변하고 있어 조식(朝食) 서비스를 제공하는 아파트도 늘어날 것이다.

'홈 오피스' 시대의 도래

'홈 오피스'(home office)는 코로나 팬데믹을 거치면서 재택근무와 유연근무제의 확산으로 사람들의 관심을 받기 시작했다. 코로나 팬데믹을 거치면서 많은 직장은 필요에 따라 재택근무를 유도하거나, 어떤 경우에는 강제적인 재택근무를 시행하기도 했다. 그리고 코로나 팬데믹이 지나고 나서도 재택근무를 선호하는 경향은 특히 MZ세대에서 뚜렷이 나타났다. 디지털 환경에 익숙한 MZ세대는 모바일을 우선적으로 사용하고, 집단보다는 개인의 행복을 더 중요하게 생각하며, 자신만의 개성을 쉽게 버리지 않는 특성이 있다. 이런 이유로 MZ세대는 코로나 팬데믹이 끝난 후에도 재택근무를 선호하는 경향이 다른 세대들보다 크다. 실제로 코로나 팬데믹으로 재택근무를 하다가 사무실로 복귀한 MZ세대들이 정신적 스트레스로 정신과 치료를 받는 사례가 많다는 사실이 언론을 통해 보도되기도 했다.

한편 코로나 팬데믹 이후 우리나라를 비롯한 아시아와 유럽 국가들의 경우 많은 직장인이 사무실로 복귀했지만, 미국의 경우는 직장인들의 사무실 복귀가 다소 더딘 것으로 나타났다. 월스트리트저널(WSJ: Wall Street Journal)은 2023년 2월 현재 미국의 사무실 점유율이 팬데믹 이전의 40~60%에 그치고 있다고 보도했다. 반면 유럽이나 중동에선 70~90%대 점유율을 회복했고, 아시아 국가들의 사무실 점유율은 80~110%에 달해 일부 도시에서는 팬데믹 이전보다 더 많은 근로자가 출근하는 것으로 나타났다. 국가별 사무실 복귀율은 재택근무를 할 수 있는 주택환경, 통근거리와 대중교통수단 이용의 편리성, 고용시장의 수급상황에 따라 차이를 보였다고 월스트리트저널(WSJ)은 분석했다. 그리고 미국 근로자들은 교외의 넓은 단독주택에 거주하는 경우가 많아 도심과 인근지역의 좁은 아파트에 거주하는 홍콩 등 아시아 국가 근로자보다 쾌적한 '홈 오피스'를 쉽게 꾸몄다는 것이다. 그리고 월스트리트저널(WSJ)은 통근거리가 다른 나라보다 길고 대중교통이 덜 발달한 미국의 상황도 사무실 복귀를 더디게 하는 요인이고, 여전히 구인난이 심각한 미국의 '뜨거운 고용시장'이 노동자 우위 구도를 만들면서 기업이 출근을 강제하기 쉽지 않다고 분석했다(조선일보, 2023. 3. 2).

이처럼 예기치 못한 시대적 상황이 아니더라도 '홈 오피스' 시대의 도래는 일찍이 예견된 것이었다. 기술혁신의 결과로 나타난 디지털 전환은 제조업은 물론이고, 유통, 금융 등 모든 산업의 혁신을 주도해 왔다. 디지털 전환은 지금까지 사람들이 직접 대면접촉을 통해 받았던 많은 서비스를 디지털 공간에서 받을 수 있도록 했다. 그리고 일부 업종에서 재택근무와 유연근무제는 서서히 확대되고 있었다. 그러다 코로나 팬데믹이란 촉매제로 인해 '홈 오피스' 시대는 더 빨리 우리 앞에 다가오게 된 것이다.

'홈 오피스' 시대 주택의 변화

코로나 팬데믹이 아니더라도 재택근무와 유연근무제는 지속되거나 확산될 것이다. 그리고 '홈 오피스'의 필요성은 더 커질 것이다. 왜냐하면 주택은 단순히 휴식을 취하고 잠자는 공간에서 탈피해서 생산(노동)과 소비(온라인 쇼핑), 그리고 엔터테인먼트(영화, 공연 관람 등)까지 가능한 공간으로 변하고 있기 때문이다.

이처럼 주택이 복합적 기능을 수행할 수 있게 된 것은 인공지능(AI) 기술과 정보통신 기술(ICT)의 발달에 기인한다. 과거에는 주택을 건축과 토목 기술의 집합체로 보았지만, 점차 정보통신 기술이 주택에 탑재되고 있다. 그래서 직장, 학교, 시장, 백화점과 같은 물리적 공간의 쇠퇴와 함께 인공지능 기술과 정보통신 기술이 적용되는 스마트 홈으로 주택이 진화하고 있다.

그럼 '홈 오피스' 시대 주택의 구조는 어떻게 변할까. 우선 주택의 다기능화로 인해 방의 수요가 증가하게 될 것이다. 그리고 증가한 방의 수요를 충족시키기 위해서는 주택 연면적의 증가도 가능하지만, 가변성을 높일 수 있는 주택구조의 선택도 가능하다. 그래서 최근에는 거주자의 취향과 공간 수요에 따라 주택구조를 쉽게 고쳐 쓸 수 있는 장수명(長壽命) 주택에 대한 관심이 증가하고 있다.

장수명 주택은 원래는 오랫동안 살 수 있는 집을 건설하자는 목표에서 나온 개념으로, 내구성과 가변성, 그리고 수리 용이성의 3대 특징을 지닌 공동주택을 말한다. 이는 우리나라 주택의 짧은 평균수명 때문에 제시된 개념으로, 콘크리트 건물의 벽식 구조와 벽체에 매립된 내부 배선과 배관 등으로 주택의 노후화가 빨리 다가오는 데에 따른 새로운 대안으로 제시되었다.

장수명 주택은 콘크리트의 강도를 높이거나 철근의 피복두께를 두껍게 하는 방법 등으로 콘크리트의 품질을 높이고, 설계 단계에서부터 기존 '벽식' 구조 대신 '기둥식' 구조를 적용하는 것이 일반적이다. 아울러 수도, 전기, 가스관도 콘크리트 벽체에 매립하는 대신에 경량 벽체 내부에 매립해 교체와 수리를 쉽게 한다. 이러한 장점에도 불구하고 장수명 주택은 비용이 다소 많이 소요되는 단점이 있다. 따라서 장수명 주택의 보급을 위해서는 고비용에 대한 대책이 필요하다.

만약에 우리나라 아파트가 '기둥식' 구조로 지어졌다면 변화된 주거수요에 맞춰 적절하게 변형시켜 대응할 수 있을 것이다. 이렇게 변형시킨 대표적인 사례가 뉴욕의 맨해튼 소호 지역에 지어진 공장건물들이다. 공장이 망해서 나가도 '기둥식' 구조로 지어진 공장건물만은 변화된 시대 여건에 맞추어 주거나, 갤러리 등 다양한 용도로 변형되어 사용될 수 있다.

서울의 경우 성수동이 대표적 사례다. 공장 지역이었던 성수동의 건물들은 식당, 카페, 전시장 등으로 사용된다. 변형해서 사용될 수 있었기에 부서지지 않고 존속되었다. 사실 가장 친환경적인 건축물은 태양광 시설이 있거나 친환경 건축자재로 지어진 건축물이 아니라, '기둥식' 구조로 만들어진 건축물이다. 이 건물들은 시대가 바뀌어도 살아남을 수 있고, 신축을 안 해도 된다. 신축을 안 해도 되면 콘크리트나 철(鐵)의 소비를 줄일 수 있다. 그래서 '기둥식' 구조의 건축을 활성화할 수 있는 제도나 정책이 필요하다(유현준, 2021, p. 47).

'홈 오피스' 시대, 도시는 무엇을 준비해야 하나

'홈 오피스'의 출현은 도시에 많은 숙제를 남길 것이다. '홈 오피스' 시대에 주택은 단순한 구조물이 아니라, 주거 서비스와 업무 서비스를 함께 제공하는 복합공간이 될 것이다. 그럼 '홈 오피스'가 보편화되면 도시공간은 어떻게 변해야 할까. '홈 오피스'는 그 편리함에도 불구하고 시민들의 정신건강을 위협하는 새로운 매개체가 될 수 있다. 따라서 교류가 가능한 공용공간이 거주지 주변에서 제공되어야 하고, 근린생활권 단위에서 정신적 건강과 신체적 건강을 함께 지킬 수 있는 공간도 마련되어야 한다. 그만큼 근린주구 단위 공간계획의 중요성이 부각될 것이다.

'홈 오피스'의 수요는 경제활동인구에 해당하는 연령층에서 주로 발생할 것이다. 그리고 '홈 오피스'의 비용부담은 일반주택에 비해 상대적으로 클 것이다. 그렇게 되면 도시공간에서 '홈 오피스'와 일반주택의 공간분리 현상도 나타날 수 있다. 한때 아파트단지 배치에서 소셜 믹스(social mix)가 사회적 이슈가 됐듯이 이 역시 새로운 이슈로 부각될 수 있다.

그럼 '홈 오피스'를 마련할 수 없는 취약계층은 어떻게 해야 할까. 이러한 취약계층을 위해서는 공유오피스가 근린생활권 단위에서 제공되어야 한다. 물론 대규모 아파트단지에서는 단지 내에 대안적 업무공간이 제공되어야 한다.

앞으로 디지털 노마드(digital nomad)는 계속 증가할 것이다. 장소에 구애받지 않고 일하는 디지털 노마드는 첨단 정보통신기기를 가지고 시공간을 넘나들 것이다. 그리고 그들 중에는 부유한 계층도 있고, 경제적으로 취약한 계층도 있을 것이다. 왜냐하면 첨단 정보통신기기는 모든 계층의 필수품이 되는 시대에 우리는 살고 있기 때문이다. 따라서 도시는 특히 경제적으로 취약한 디지털 노마드에게 어떤 인프라와 서비스를 제공할지 검토해야 한다.

집 안으로 들어온 소매점, 영화관, 책방, 만화방

플랫폼 산업의 성장으로 전자상거래는 21세기 들어 꽃을 피우기 시작했다. 지금은 세계적인 기업으로 성장한 전자상거래업체 아마존의 과거와 현재를 보면서 세월의 격세지감을 다시 한번 느낀다. 필자는 미국 유학 후 귀국해 한국에서 교수 생활을 하다가 1998~1999년 사이 1년간 연구년을 맞아 다시 미국에서 보내게 되었다. 당시 1년간 연구년을 보낸 학교는 인디애나주의 소도시(West Lafayette)에 있는 퍼듀대학교(Purdue University)로 이곳에는 서점이 많이 없는 데다, 대학교 주변의 서점은 대부분 우리나라와 마찬가지로 대학 교재만을 주로 판매했다.

그래서 대학 교재가 아닌 일반서적을 구매하기 위해 선택한 것이 인터넷 서점이었고, 당시 여러 인터넷 서점 중의 하나가 아마존(Amazon)이었다. 당시 미국에서는 동네 서점이든 인터넷 서점이든 새 책과 헌책을 함께 팔았는데, 아마존은 다른 인터넷 서점에 비해 약간의 경쟁력 우위를 점하고 있을 뿐이었다. 그때 아마존은 배송기간이 다소 짧고 헌책 가격이 다른 인터넷 서점에 비해 약간 싼 정도였다. 당시 인터넷 서점 아마존은 아마 우리나라의 삼성전자나 LG전자, 현대차와 같은 대기업과 비교할 수 없는 규모의 중소기업에 불과했다. 그런 기업이 불과 20여 년이 지난 후 세계 굴지의 기업이 되리라고 누가 상상했겠는가.

아마존과 같은 전자상거래업체의 성장으로 소비자들은 온라인 쇼핑으로 방향을 선회하기 시작했고, 이에 발맞추어 전통적인 플랫폼 기업들(예: 네이버)도 속속 온라인 쇼핑산업에 진입하게 되었다. 그리고 온라인 쇼핑은 더욱 진화하여 최근에는 소비자와 공급자 간 실시간 쌍방향 소통이 가능한 라이브 커머스(live commerce) 시대를 열게 되었다. 예컨대 라이브 커머스에서는 옷을 파는 판매자가 직접 옷을 입어보고 보여주는 방식을 취한다. 라이브 커머스는 TV 홈쇼핑과 차별화된다. TV 홈쇼핑의 경우에는 방송 송출을 위해 거래액의 약 30%의 수수료를 내야 하지만, 라이브 커머스에서는 3%~10% 수준으로 현저히 낮게 책정되어 있다. 라이브 커머스는 방송사가 아닌 플랫폼을 통해 직접 동영상을 송출하고 실시간 채팅 및 직접 주문으로 콜센터를 대체하기 때문에 송출 수수료나 콜센터 비용 등이 수반되지 않기 때문이다. 전통적인 온라인 쇼핑과 라이브 커머스의 확대는 상업용지의 지속적인 수요감소를 가져왔고, 결과적으로 주택은 소매거래가 이루어지는 플랫폼이 되었다.

코로나 팬데믹을 거치면서 큰 타격을 받은 업종 중의 하나가 영화관이다. 코로나 팬데믹 이후 집안에서 최신영화를 안전하게 볼 수 있는 넷플릭스(Netflix)와 같은 플랫폼을 통해 영화를 관람하는 일이 영화관에 가는 것보다 흔한 일이 되었다. 다중이용시설의 이용을 기피하는 심리가 더 확산되면서 개인의 문화활동이 집 안으로 들어오게 된 것이다.

사실 넷플릭스는 구독경제(subscription economy)를 활성화시킨 대표적인 사례다. 구독경제는 무제한 스트리밍 영상을 제공하는 넷플릭스의 성공 이후 다른 분야로 확대되고 있다. 구독경제는 매달 구독료를 내고 필요한 물건이나 서비스를 받아쓰는 경제활동을 의미한다. 최근에는 고가의 자동차와 명품 의류 같은 물건뿐만 아니라, 식음료 서비스까지 다양한 분야로 월정액 서비스가 확대되고 있다. 월 9.99달러에 뉴욕 맨해튼의 수백 개 술집에서 매일 칵테일 한 잔씩 마실 수 있도록 한 스타트업 후치(Hooch)는 2017년 200만 달러(22억 원)의 매출을 올렸다. 일본에서는 월 3,000엔(3만 원)에 술을 무제한 제공하는 술집이 성업 중이다. 한국에서도 위메프의 W카페 등에서 월 2만 9,900원에 1,990원짜리 아메리카노 커피를 무제한 마실 수 있다. 이 같은 '넷플릭스 모델'은 헬스클럽과 병원 등 건강·의료 영역에까지 퍼지고 있다. 그리고 옷이나 화장품, 생활용품 분야에서도 '정기배송 모델'이 각광을 받고 있다. 최근에는 고급 자동차를 바꿔가며 탈 수 있는 이른바 '렌털 진화형 모델'이 등장했다. 경제학자들은 구독경제의 확산을 '효용이론'으로 설명한다. 제한된 자원과 비용으로 최대한의 만족을 얻기 위한 노력의 결과라는 것이다. 제러미 리프킨(Jeremy Rifkin)이 그의 저서 <소유의 종말>(The Age of Access, 2000)에서 예측했듯이 '소유'의 시대를 넘어 '접속'과 '이용'의 시대가 현실로 다가온 것이다.

지금부터 30~40년 전만 해도 골목길에 나가면 쉽게 볼 수 있는 것이 책방과 만화방이었다. 그러나 지난 20~30년 동안 골목길에서 책방을 보기도 힘들었고, 만화방은 사라진 지 오래다. 책은 인터넷 서점이나 도심에 있는 대형서점을 가야 살 수 있고, 만화는 인터넷을 통해 쉽게 접할 수 있게 되었다.

그랬던 동네 책방이 최근 다시 생겨나고 있다. 동네 책방 관련 정보를 제공하는 플랫폼 동네서점이 발간한 '2022년 동네서점 트렌드 통계분석 보고서'에 따르면, 2022년 말 기준 전국 동네 책방은 815곳으로 전년(745곳) 대비 9.4% 증가했다. 이러한 동네 책방의 증가는 2010년대 중후반 이후 대도시를 중심으로 나타나기 시작했다. 이처럼 사라졌던 동네 책방이 다시 생겨나는 것은 동네 책방의 기능이 달라졌기 때문이다. 최근 생겨나는 동네 책방들은 책만 팔던 과거 동네 책방과는 다소 다르다. 가장 흔히 볼 수 있는 건 카페 형태의 동네 책방이다. '2022년 동네서점 트렌드 통계분석 보고서'에 따르면 2022년 기준 전체 동네 책방의 29.1%가 커피와 차를 판매하고, 5.2%는 술도 판매하는 것으로 나타났다. 이외에도 각종 전시를 하는 동네 책방(13.5%), 글쓰기 활동을 겸하는 동네 책방(5.3%), 영화를 상영하는 동네 책방(3.2%) 등 다양한 형태로 운영되고 있다(매경이코노미, 제2197호, 2023. 2).

과거보다 골목길에서 늘어난 대표적인 것은 역시 카페이다. 요즘 카페는 골목길에서 성업하는 업종 중의 하나가 되었다. 그리고 우리나라는 카페가 성업하는 대표적인 국가이다. 특히 낮시간에 카페를 이용하는 인구는 여성들이 많은데, 이는 여성들의 경제활동 참여가 다른 선진국들에 비해 다소 저조하기 때문으로 보인다. 우리나라는 생활에 필요한 각종 정보를 대면접촉을 통해 획득하는 경우가 많고, 선진국들에 비해 여전히 크고 작은 모임이 많은 것이 카페의 성업과 무관치 않은 것으로 보인다.

주택, 공유경제를 만나다

공유경제(共有經濟)는 2008년 미국발 금융위기 이후 새롭게 탄생한 소비의 형태다. 대량생산과 대량소비가 특징이었던 20세기 자본주의 경제와 대비해 볼 때 공유경제는 저비용 고효율의 소비경제로 소비자들의 사랑을 받고 있다. 미국 시사 주간지 타임(Time)은 2011년 '세상을 바꿀 수 있는 10가지 아이디어' 중 하나로 공유경제를 꼽았다. 공유경제는 '나눠 쓰기'란 뜻으로 자동차, 주택, 책 등 물건이나 부동산을 다른 사람들과 함께 공유함으로써 자원 활용과 소비의 효율성을 극대화하는 경제활동이다.

주택에 공유경제의 개념이 도입될 때, 두 가지 형태의 공유가 가능하다. 첫 번째 형태의 공유는 주택의 일부 공간을 공유하는 공유주택을 말한다. 공유주택은 대체로 개인의 전용공간(private space), 함께 쓰는 공유공간(shared or semi-private space), 공공공간(public space)으로 구성된다. 이러한 공간의 구성과 일부 공간의 공유를 통해 주거비용을 절감하면서 건강한 인간관계와 주거 서비스를 누릴 수 있는 장점이 있다. 공유주택의 시작은 미국에서 시작되었으며, 호텔 서비스가 가미된 공동주택을 스타트업들이 내놓으면서 주목받기 시작했다. 공유오피스 기업인 위워크(WeWork)가 위리빙(WeLiving) 서비스를 2016년에 오픈하면서 전 세계에 영향을 미쳤다. 최근에는 세계 많은 국가에서 다양한 형태의 공유주택이 건설되어 운영되고 있다. 우리나라도 다양한 형태의 공유주택이 출현하고 있다. 이 가운데 하나가 임대형 기숙사다. 임대형 기숙사는 방은 따로 쓰되, 거실, 주방, 세탁실, 스터디 카페 등과 같은 시설은 함께 쓰는 주거 형태를 말한다.

두 번째 형태의 공유는 주택의 숙박 공유서비스다. 그 대표적인 사례는 에어비앤비(Airbnb)다. 에어비앤비는 2008년 8월 미국 샌프란시스코에서 시작된 숙박 공유서비스로, 손님이 방이나 집 전체를 빌리는 값을 주인에게 지불하면 이를 중개해준 에어비앤비가 수수료를 떼어가는 시스템으로 운영된다. 공식적으로 에어비앤비에서 방을 빌려준 사람을 '호스트'라고 부르며, 빌리는 사람을 '게스트'라고 부른다. 원래는 호스트가 에어베드(air bed)와 같은 잠자리를 빌려주고 같이 아침 식사도 하자는(Air Bed & Breakfast) 의미로 출발했지만, 지금은 방 하나만이 아니라 집 전체를 빌려주는 경우도 많다. 우리나라의 경우 숙박 공유서비스는 법의 테두리 밖에 있어 여러 가지 문제를 낳았지만, 2016년 2월부터 공유민박업을 신종 숙박업으로 인정하고 제도권으로 편입했다. 현재 공유민박업 사업자는 본인의 주민등록 소재지인 시·군·구에 등록해야 하며, 연 120일 이상 빌려줄 수 없고, 오피스텔과 원룸은 현행법상 숙박시설로 제공할 수 없도록 하고 있다. 그리고 2019년부터는 내국인이 도시 지역으로 여행이나 출장을 갈 때 에어비앤비 등 숙박공유 서비스를 활용할 수 있게 되었다. 숙박공유사업자(집주인)는 거주 주택 1채로만 영업을 할 수 있으며, 내국인 대상 숙박 공유는 연 180일 이내에서만 허용되고 있다.

향후 공유주택과 숙박 공유서비스 모두 다양한 형태로 진화하고 확대될 것이다. 그리고 공유주택은 비용분담 구조의 설정이 새로운 이슈로 부각될 수 있고, 숙박 공유서비스는 호텔이나 모텔과 같은 전통적인 숙박업과의 이해 상충이 이슈로 부각될 수 있으며 숙박객들의 안전도 문제가 될 수 있다. 따라서 이에 대한 대책과 함께 제도의 정비도 필요하다.

주택 재개발에 대한 세 가지 우려

우리나라의 많은 도시에서 노후 주택 지역을 대상으로 주택 재개발(재건축)이 활발히 진행되고 있다. 오래된 단독주택 지역은 물론이고, 1970~80년대에 건설된 아파트단지에서도 주택 재개발(재건축)이 활발히 일어나고 있다.

「도시 및 주거환경정비법」에 의하면, 주택 재개발사업은 정비기반시설이 열악하고 노후 불량건축물이 밀집한 지역에서 주거환경을 개선하기 위해 시행하는 사업이다. 반면에 주택 재건축사업은 정비기반시설은 양호하나 노후 불량건축물이 밀집한 지역에서 노후 불량주택을 철거하고 새로운 주택을 건설하기 위해 기존 주택 소유자들이 재건축조합을 설립하여 주택을 건설하는 사업이다. 따라서 주택 재개발사업은 재건축사업과 달리 정비기반시설이 열악한 지역에서 시행된다는 점에서 차별성을 가진다(대한국토·도시계획학회 편저, 2008, p. 378).

현재 우리나라에서 시행되고 있는 주택 재개발사업과 재건축사업은 공히 비슷한 문제점을 야기할 것으로 보인다. 주택 재개발 및 재건축에 대한 우려는 다음과 같다.

첫 번째 우려는 대규모 주택단지 일변도의 주택 재개발(재건축)에 대한 우려이다. 소규모 필지를 대상으로 하는 주택 재개발(재건축)은 건축물 층고(層高)의 한계 등으로 인해 사업의 수익성을 확보하기 어렵다. 이런 이유로 대규모 주택단지 위주의 주택 재개발(재건축)이 이루어져 휴먼스케일과는 거리가 먼 도시를 만들어내고 있다. 그리고 앞으로 그러한 경향은 더욱 확대될 것이다. 결국 경제논리에 입각한 부동산개발로 인해 도시의 모습은 더욱 황폐해질 가능성이 크다. 한편 우리나라에서는 최근 소규모 필지를 대상으로 하는 주택 재개발(재건축)의 일환으로 가로주택정비사업이 시행되고 있다. 미니 재개발의 일종인 가로주택정비사업은 규제 완화를 통해 사업의 수익성을 높일 수 있도록 하고 있으나, 이 사업 역시 기반시설 정비의 미흡으로 인해 열악한 주거지역을 만들어내고 있는 것이 현실이다. 주택 재개발(재건축) 정책이 좋은 주거 서비스를 제공하기 위한 정책이라기보다 부동산개발 활성화를 위한 정책으로 변질되고 있기 때문이다.

두 번째 우려는 주택 재개발(재건축)이 대부분 저층 주거지역을 고층 아파트로 탈바꿈시킴으로써 나타날 미래 도시공간에 대한 우려이다. 현실적으로 모든 주택 재개발(재건축)은 용적률의 상향을 통해 사업의 수익성과 추진동력을 확보한다. 그런데 문제는 용적률의 상향에서 발생한다. 현실적으로 주택 재개발(재건축)의 수요는 30~40년 주기로 발생한다. 그리고 앞으로 주택 재개발(재건축) 주기는 더 빨리 다가올지도 모른다. 왜냐하면 주택의 스마트화는 하루가 다르게 일어나고 있고, 스마트 주택에 대한 빠른 수요변화는 주택 재개발(재건축)을 더 빠르게 추동할 수 있기 때문이다. 그럼 앞으로 주택 재개발(재건축)이 있을 때마다 용적률 상향을 통해 사업의 수익성과 추진동력을 확보해야 하는데, 그것이 가능한 일인지 장기적 안목으로 고민이 필요하다. 만약 주택 재개발(재건축)이 있을 때마다 용적률 상향을 통해 사업의 수익성과 추진동력을 확보할 수 없는 상황이 되면 도시에는 노후 아파트단지가 가득할 것이다. 그러면 현재 노후 단독주택 지역에서 발생하는 빈집 문제가 대규모 아파트단지에서는 발생하지 않는다고 누구도 속단할 수 없다. 이런 도시의 미래를 생각해 보면 아찔한 생각이 든다. 현재만 보고 미래는 생각하지 않는 도시계획에 대한 깊은 성찰이 필요한 이유도 여기에 있다. 사람들은 떠나도 도시는 남아 있기 때문이다.

세 번째 우려는 자산가치만 생각하는 주택 재개발(재건축)이 초래할 부(富)의 양극화에 대한 우려이다. 이러한 우려는 오래전부터 우리 사회 곳곳에서 제기되어 왔지만, 최근에는 공간적 양극화로 변화하는 양상을 보이고 있다. 최근 부(富)의 양극화는 수도권의 비대화와 지방의 소멸에 대한 우려까지 낳았고, 서울시 내 강남과 강북으로 양분되어 부동산 자산가치가 차별화되는 양상이 뚜렷이 나타나고 있다. 지금까지 우리나라 도시는 비교적 안전했고, 경제적 취약계층의 문제가 사회적 문제가 되기는 했지만, 도시 내 공간적 불평등 문제로까지 크게 확대되지는 않았다. 그러나 주택 재개발(재건축)을 통해 도시 내 공간적 불평등이 더욱 확대된다면 매우 큰 사회적 문제가 될 수 있다. 따라서 자산가치의 상승만을 동기로 하는 주택 재개발(재건축)에 대한 성찰과 함께 건강한 도시공간을 만들 수 있도록 제도적 보완책을 마련해야 한다.

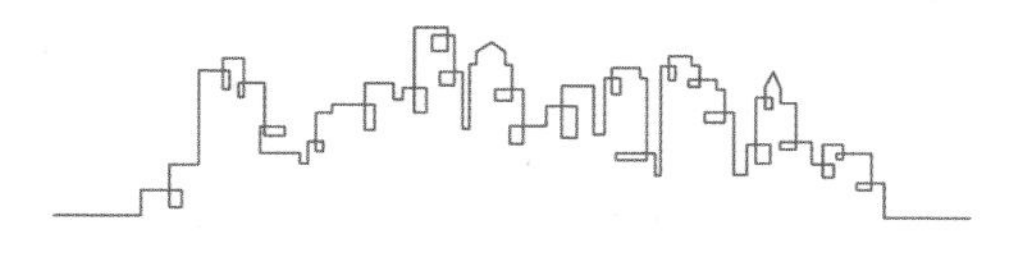

제5장

상업·유통·업무 공간의 변화와 미래

재래시장과 골목상권의 쇠퇴

1990년대 초반 우리나라에서 대형 할인점(마트)이 처음으로 도입된 이후 재래시장과 골목상권은 경쟁에서 밀려 쇠퇴의 길을 걷기 시작했다. 재래시장과 골목상권이 대형 할인점과의 경쟁에서 뒤처진 원인은 여러 가지가 있다. 신선도가 상품의 품질을 좌우하는 채소, 생선, 고기와 같은 품목의 경우 재래시장은 대형 할인점과 어느 정도 경쟁이 가능하다. 여러 가지 이유로 재래시장이 품질과 가격 측면에서 대형 할인점에 비해 경쟁력이 떨어지지 않기 때문이다.

그러나 공산품의 경우는 사정이 다르다. 대형 할인점은 공산품의 조달과정(B2B: Business-to-Business)에서 수요자 우위의 시장환경을 만들 수 있어 저렴한 가격으로 상품을 조달할 수 있다. 대형 할인점의 경우 도매상에서 물건을 구매하지 않고, 납품업자나 생산자와 직접 거래하므로 공산품의 품질과 가격경쟁력에서 재래시장을 앞선다. 여기에다 대형 할인점은 재래시장에 비해 취급하는 상품의 종류가 다양해서 상품의 비교 선택이 쉬운 장점이 있다.

이뿐만 아니라, 소비자들은 시장에서 구매한 물건을 들고 다니기 싫어하고, 한곳에서 모든 물건을 사기를 원한다. 그리고 깨끗하고 쾌적한 곳에서 물건을 사기를 원하고, 주차하기 좋은 장소를 선호한다. 이러한 소비자의 선호를 재래시장이 만족시키기는 쉽지 않다. 재래시장은 대형 할인점처럼 자녀를 동반하여 쇼핑하는 것도 힘들다. 어린 유아들의 경우에는 대형 할인점처럼 카트에 싣고 다닐 수도 없다. 어디 그뿐인가. 재래시장은 냉난방도 문제다. 하지만 대형 할인점은 늦은 시간까지 문을 열어 바쁜 직장인들이 쇼핑하기에 편리하다. 이와 같은 소비패턴으로 인해 대형 할인점은 계속 번창한 반면, 재래시장은 점점 쇠퇴하게 되었다.

서비스의 차이도 있다. 대형 할인점은 고객센터를 운영하면서 상품의 교환이나 반품에 대해 대체로 유연하고 융통성 있게 대응한다. 그리고 소비자 친화적인 매장 운영과 함께 직원들의 친절도 역시 상대적으로 높다. 여기에다 소비자들이 느끼는 상품의 신뢰성에도 차이가 있다. 원산지 표시나 유통기한이 중요한 상품의 경우 신뢰성의 문제는 크다. 또한 가격에 대한 신뢰성 문제도 있다. 대형 할인점은 정가제로 운영되므로 최소한 터무니 없는 가격을 매기지 않는다고 소비자가 인식하는 반면, 재래시장은 이른바 '부르는 게 값'이 될 수 있다고 인식한다. 여기에다 상인의 재량대로 같은 가격에도 물건의 양이 달라지거나, 반대로 같은 양에도 가격이 달라지는 문제가 재래시장에서는 종종 나타난다.

재래시장과 골목상권의 쇠퇴는 전자상거래의 도입과 확대로 더욱 가속화되었다. 1990년대 중반 아마존(Amazon)과 이베이(eBay)와 같은 전자상거래업체들이 온라인 쇼핑몰을 운영하기 시작하면서 온라인 쇼핑은 전 세계적으로 확대되기 시작했다. 온라인 쇼핑은 전통적인 쇼핑의 시간적 제약을 뛰어넘어 바쁜 현대인들의 소비 욕구를 만족시킬 수 있었다. 온라인 쇼핑은 초기에는 책과 같이 규격화된 제품 중심의 거래에 치중했지만, 시간이 지나면서 취급하는 품목을 늘려가기 시작했다. 최근에는 신선 식자재까지 취급하는 것은 물론이고, '총알' 배송과 새벽 배송까지 출현하면서 취급 품목의 한계도 사라지고 있다. 여기에다 대형 할인점마저 택배 서비스를 도입하면서 재래시장의 어려움은 커지고 있다. 이런 이유로 재래시장의 미래는 가늠하기 어려운 상황이다.

재래시장이 처한 어려운 상황에서도 변신과 진화를 거듭하면서 여전히 활력을 유지하는 재래시장도 있다. 예를 들면 남대문시장과 동대문시장은 세계적인 대도시 서울의 도심에서 비싼 토지가격과 임대료에도 불구하고 지속적인 공간적 혁신을 통해 꾸준히 내외국인들을 끌어들이고 있다. 이외에도 특화된 도매 기능과 소매 기능을 함께 갖춘 큰 재래시장들은 활력을 유지하는 곳도 많다. 이처럼 경쟁력과 활력을 유지하는 재래시장이 있는가 하면, 사라지는 재래시장도 많다. 사라지는 재래시장은 중소규모로 운영되던 시장이 대부분이다. 이들 재래시장은 시장이 갖추어야 할 인프라(예: 주차장)나 품목이 부족하거나 시장의 입지 여건이 좋지 않은 경우가 대부분이다.

한편 오래전부터 골목상권의 쇠퇴는 교통수단의 변화로부터 시작되었다. 승용차의 보급이 저조했고 대중교통도 발달하지 않았던 50~60년 전에는 동네 골목상권과 소규모 재래시장이 활성화될 수 있었다. 그러나 승용차의 대량 보급과 지하철의 확충으로 소비자들의 쇼핑을 위한 공간 선택범위가 확대되기 시작하면서 골목상권은 쇠퇴의 길로 들어서기 시작했다. 그래서 교통 여건이 좋거나 부자들이 많이 사는 지역일수록 골목상권에서 상품 판매 기능은 활성화되기 힘들다. 그러나 이들 지역에서도 고급서비스를 수반하는 업종은 활성화가 가능하다. 반면에 대학생 주거지역(원룸, 오피스텔)은 골목상권이 활성화되어 있지만, 여기서 판매되는 공산품은 대체로 인스턴트 소비가 이루어지는 상품에 한정되어 있다.

백화점, 복합문화공간으로 변신하다

최근 백화점은 물건을 사고파는 단순한 상업공간에서 복합문화공간으로 빠르게 변신하고 있다. 이러한 백화점의 변신은 다른 상업공간과의 차별화를 통한 경쟁력 확보가 기본적인 취지다. 백화점에 식당, 카페, 책방(서점), 전시관(갤러리) 등이 도입된 것은 오래전부터다. 그리고 대형 백화점에 영화관이 들어온 것도 오래전 일이다. 여기에다 요사이는 테마파크, 아쿠아리움, 과학관까지 들어와 복합문화공간으로 변신하고 있다. 그리고 단순히 상품을 판매하는 기능에서 벗어나 체험하는 공간으로 진화하고 있다. 최근에는 유명 연예인이 사용하거나 착용했던 의류, 생활용품, 음식료품을 상품으로 만들어 판매하는 팝업스토어(pop–up store)를 도입하기도 한다. 팝업스토어는 신상품이나 인기 제품을 일정 기간 판매하고 사라지는 매장으로, 대중문화와 쇼핑이 결합된 마케팅의 일종으로 볼 수 있다. 이러한 변신을 통해 백화점은 쇼핑과 문화를 함께 즐길 수 있고 고객들에게 즐거움을 주는 공간으로 진화하고 있다.

백화점 실내공간의 모습에도 변화가 일어나고 있다. 최근에는 '리테일 테라피'(쇼핑을 통한 힐링) 개념을 강조하며 실내 정원을 백화점에 도입하기도 하고, 고객 휴식공간도 새로운 모습으로 꾸미고 있다. 그리고 최근에 문을 여는 백화점은 밀폐된 기존 백화점과 달리 유리로 된 천장을 통해 항시 자연채광이 가능하고, 넓고 편리한 통로를 설치해 보행자에게 산책하는 것과 비슷한 동선을 제공하기도 한다. 여기에다 실내 디자인과 인테리어도 층별 상품구성에 따라 다양한 변화를 주어 쇼핑과 문화예술의 결합을 시도하는 백화점이 늘어나고 있다.

앞으로도 백화점의 진화는 계속될 것이다. 왜냐하면 일반 상품의 판매만으로 백화점은 생명력을 유지할 수 없을 가능성이 크기 때문이다. 온라인 쇼핑 공간이 제공할 수 없는 체험과 즐거움의 도입, 차별화된 상품구성, 상품구매와 문화예술의 결합, 쇼핑과 휴식의 결합, 고객의 위신(prestige)을 중시하는 고급서비스의 도입 등 다양한 방향으로 진화할 것이다. 그리고 다양한 형태의 번들링(bundling) 전략도 출현할 것이다. 현재는 주로 정보통신 서비스와 소프트웨어 판매에서 둘 이상의 서비스나 소프트웨어를 묶어서 싸게 판매하는 번들링이 활성화되어 있지만, 앞으로는 백화점의 고급 영업전략으로 다양하게 진화할 수 있다.

출처: https://naver.me/5PS2Ritm, 업체제공사진

현대백화점 더 현대 서울 내부

출처: https://naver.me/5PS2Ritm, 업체제공사진

출처: https://naver.me/5PS2Ritm, 업체제공사진

현대백화점 더 현대 서울 내부

전자상거래의 확대가 가져올 소매점과 물류의 미래

21세기 도시 소비자에게 나타난 가장 큰 변화는 비대면 소비패턴으로의 변화다. 비대면 소비패턴으로의 변화는 특히 인터넷이나 모바일 환경에 익숙한 젊은 세대에서 뚜렷이 나타난다. 젊은 세대는 디지털 혁신에 쉽게 적응하고, 다른 한편으로는 바쁜 도시 생활로 인해 시간의 제약이 많기 때문이다.

얼마 전부터는 애초에 전자상거래로 출발했던 업체의 성장은 물론이고, 전통적인 플랫폼 기업들마저 유통사업(전자상거래사업) 진출이 잇따르고 있다. 전자상거래업체들의 가격경쟁력 향상과 빠른 배송 서비스는 전통적인 소매점의 쇠퇴를 더욱 부채질하고 있다. 전자상거래의 확대로 재래시장과 골목상권의 쇠퇴는 물론이고, 백화점과 대형 할인점도 가격경쟁력 약화로 어려움을 겪고 있다.

우리나라는 다른 선진국들에 비해 자영업자의 비중이 높다. 그리고 이들 자영업자의 대부분은 재래시장과 골목상권의 상인들이다. 따라서 전자상거래의 확대로 인한 재래시장과 골목상권의 쇠퇴는 자영업자들의 몰락을 의미한다. 그러나 전자상거래를 통해 거래될 수 없는 상품이나 서비스는 위축되지 않을 것이다. 예컨대 카페, 미장원, 세탁소, 피자점, 통닭집, 헬스장 등과 같이 대면 서비스(생활밀착형 서비스)를 수반하는 업종은 전자상거래의 영향권 밖에 있다. 동네식당도 일정부분 근린생활권 내에서 수요를 유지할 가능성이 크다. 하지만 최근 들어 동네식당, 통닭집, 피자점과 같은 음식점은 배달 영업의 비중이 커지고 있다. 따라서 배달과 택배가 새로운 직종으로 자리 잡고 있다. 결국 배달 영업을 위주로 하는 음식점은 골목상권의 보행자가 많은 도로의 요충지에 자리 잡는 대신, 임대료가 싼 공간으로 이동할 가능성이 크다.

전자상거래의 확대로 인한 물류의 변화도 이미 시작되었다. 최근 코로나 팬데믹을 거치면서 과거에 가동률이 낮았던 일부 물류기지(창고)의 가동률이 획기적으로 높아졌다. 이러한 이유로 한때 가동률이 낮아서 실패한 물류기지로 평가받았던 일부 내륙 물류기지의 가동률이 올라가는 상황도 발생하고 있다. 아울러 대도시 인근지역에서 민간 물류창고의 건설과 확충이 이어지고 있다. 과거 아파트에 몰렸던 부동산 건설자금과 사업자들이 민간 물류창고로 이동하는 현상이 나타나고 있다. 여기에다 도시 내 물류배송시설에 대한 수요도 증가하고 있어 이에 대한 도시계획적 대응도 필요하다.

최근에는 물류배송 수단으로 드론의 활용 가능성도 활발히 논의되고 있다. 우리나라의 도시주택은 주로 아파트여서 물류배송 수단으로 드론의 활용은 기술적 어려움이 다소 있을 수 있지만, 이러한 기술적 한계도 언젠가는 극복이 가능할 것으로 판단된다. 따라서 이에 대비한 아파트 구조, 물류 인프라 등에 대한 종합적인 대책이 필요하다.

식생활 문화의 변화와 식당의 미래

중화권이나 일부 아시아 국가의 경우 맞벌이 부부가 많아지면서 외식 문화가 매우 발달했다. 따라서 이들 나라는 이른 아침부터 문을 여는 음식점도 많고, 조식(朝食)부터 외식에 의존하는 이들도 많다. 우리나라도 최근 맞벌이 부부가 증가하면서 식생활 문화의 변화가 서서히 나타나고 있다. 대도시 오피스빌딩 주변에서 조식을 제공하는 식당들도 늘어나고, 밀키트(meal kit)를 공급하는 업체들도 늘어나고 있다. 또 일부 아파트는 입주민을 대상으로 아침 식사를 제공하기도 한다. 최근에는 젊은 연령층과 1인 가구를 중심으로 소셜 다이닝(social dining) 사이트도 활성화되고, 이를 통한 식사 모임도 새로운 풍속도로 자리 잡아가고 있다.

밀키트는 손질된 식재료 및 양념을 포함하는 조리 직전 단계의 간편식을 이르는 것으로, Meal(식사)과 Kit(키트, 세트)의 합성어다. 재료의 준비가 되어 있는 데다 양념(소스)까지 준비되어 있어 조리 방법만 제대로 따르면 간단하게 음식을 만들 수 있다. 밀키트를 이용하는 가구가 늘어남에 따라 많은 기업이 밀키트 시장에 뛰어들고 있고, 유명 셰프들의 레시피로 제공되는 밀키트도 출시되고 있다. 밀키트의 장점은 편리하면서도 음식의 질이 어느 정도 보장된다는 점이다. 따라서 바쁜 현대인에게 음식의 질을 유지하면서 시간과 노력을 줄여준다.

소셜 다이닝은 Social(사회적)과 Dining(식사)의 합성어로, 공통의 관심사를 가진 사람들끼리 모여 이야기를 나누며 식사를 하는 것을 일컫는다. 처음 만나는 사이라도 대화의 주제나 관심사가 같으므로 어색하지 않게 식사를 즐길 수 있다는 점이 소셜 다이닝의 특징이다. 소셜 다이닝이 매력적인 이유는 함께 식사하면서 관심사를 공유하는 사람과 친해질 수 있기 때문이다. 소셜 다이닝을 통해서 취미를 함께 즐길 수도 있고, 다른 사람이 가지고 있는 정보를 공유할 수도 있다.

최근 뚜렷이 나타나고 있는 사회적 추세는 1인 가구의 증가와 고령화이다. 1인 가구의 증가와 고령화는 식생활 문화에도 큰 변화를 수반할 것이다. 음식재료 준비를 위해 시장이나 마트에 가기보다는 밀키트를 활용하거나, 아파트에서 제공하는 아침 식사 수요도 증가할 것이다. 그리고 1인 가구는 소셜 다이닝과 같은 새로운 문화를 쉽게 흡수할 가능성이 크다.

특히 재택근무나 유연근무제의 확대가 예상되는 고용환경에서는 인간관계의 중심이 직장에서 주거지 중심의 커뮤니티나 근린생활권으로 이동할 것이다. 아울러 직장에서의 회식문화도 급격히 축소되거나 사라질 것이다. 이러한 관점에서 볼 때 식당 수요는 유형과 입지에 따라 다소 차이가 있겠지만, 일정부분 유지될 수 있을 것으로 보인다. 여기에다 은퇴자나 고령자도 식사 준비나 요리로부터 해방되기를 원하는 사람들이 증가하고 있어 주거지역 주변의 식당들도 유지될 수 있고, 경우에 따라 확대될 가능성도 있다.

농수산물 도매시장은 존속할까

농수산물 도매시장은 일반적인 재래시장과 전혀 다르다. 일반적인 재래시장은 소매가 우선이다. 종종 특수한 품목을 위한 도매 기능을 함께 갖춘 재래시장도 있지만, 대다수 재래시장은 소매 기능만 가지고 있다. 농수산물 도매시장은 일정 규모 이상의 도시에서 농산물과 수산물의 유통을 위해 국가가 설치하는 도매시장을 말한다. 그러나 농수산물 도매시장의 관리는 개별 지방자치단체에서 담당한다. 농수산물 도매시장은 주로 양곡, 채소, 청과, 임산물 등의 농산물과 수산물을 판매한다. 규모가 큰 도매시장이기 때문에 화물트럭과 같은 대형차량의 출입이 많고, 시장 내 교통혼잡도 대체로 심한 편이다. 농수산물 도매시장에는 농수산물 공판장, 경매장 등의 시설이 함께 있다.

농수산물 도매시장은 도매 기능이 중심이고, 소매 기능이 있더라도 이는 부수적인 기능일 뿐이다. 그리고 농수산물 도매시장의 도매 기능은 다른 쇼핑공간이 대체하기 어려운 기능인 반면에 소매 기능은 재래시장, 대형 할인점, 골목상권, 온라인 쇼핑몰과 같은 대체 공간이 즐비하다. 농수산물 도매시장은 B2B(Business－to－Business) 사업을 영위하는 대표적인 시장이고, 경매(auction)라는 방식을 사용하여 상품이 거래된다. 경매는 상품의 가격을 판매자가 미리 정하지 않고, 구매 희망자들이 희망하는 가격을 적어내면 그 가운데 최고가격을 적은 입찰자에게 판매하는 방식이다.

농수산물 도매시장이 취하는 경매방식의 거래는 상품의 본질적 가치 외에도 희소성, 입찰자의 구매욕 등에 따라 가격이 결정된다. 판매자는 상품의 희소성이나 입찰자의 구매욕을 정확히 알 수 없으므로 최선의 선택을 하기 위해 경매라는 방식을 사용한다. 따라서 상품의 본질적 가치 이상의 가격이 매겨질 수도 있다. 그러나 입찰자가 없거나 적으면 턱없이 낮은 가격에 낙찰되는 경우도 발생한다. 결국 농수산물 도매시장이 취하는 거래방식과 가격결정 메커니즘은 매우 역동적인 것으로 볼 수 있다.

그럼 농수산물 도매시장은 미래에도 존속할 수 있을까. 다른 대부분의 소매점(재래시장, 대형 할인점, 백화점, 골목상권 등)은 B2C(Business－to－Consumer) 사업으로, 전자상거래의 확대로 타격을 입을 것이다. 그러나 농수산물 도매시장은 B2B(Business－to－Business) 사업을 영위하면서 경매라는 특수한 거래방식을 사용하고, 농수산물 자체가 신선도에 따라 가격이 매겨진다. 이런 이유로 온라인 공간에서 농수산물 도매시장의 도매 기능이 활성화될 수 있을지는 온라인 공간 자체의 기술적 진화와 거래 당사자들의 수용성 여부에 달려 있다고 볼 수 있다. 한편 농수산물 도매시장의 소매 기능 존속 여부는 시장의 입지에 따라 달라질 것이다. 만약 농수산물 도매시장이 도심과 비교적 가까이 있거나 교통 접근성이 좋으면 소매 기능은 자연스럽게 존속되겠지만, 그렇지 않으면 존속이 어려울 가능성이 크다.

농수산물 도매시장 내부 모습

농수산물 도매시장 내부 모습

농수산물 도매시장 내부 모습

상업공간의 입지 변화는 계속될까

전통적인 상업공간의 입지는 교통 접근성과 유동인구로 결정되었다. 대로변, 지하철역과 버스정류장 부근, 그리고 유동인구가 많은 곳에 상업공간이 주로 입지했다. 전통적인 입찰지대(bid rent) 이론에 의하면, 토지마다 용도별로 각기 다른 입찰지대를 가지는 만큼, 토지의 이용은 가장 높은 입찰지대를 보장하는 용도로 결정된다(윤대식, 2011, p. 480). 따라서 대로변, 지하철역과 버스정류장 부근, 그리고 유동인구가 많은 곳에 가장 높은 입찰지대를 지불할 수 있는 용도는 상업이었고, 이런 이유로 이들 장소에 상점들이 모였다.

그러나 인터넷과 온라인 서비스의 발달로 모바일 지도 서비스가 보편화되고, 인스타그램이나 블로그와 같은 소셜 미디어와 간편하게 길을 찾는 내비게이션의 사용이 활성화되면서 전통적인 입지의 중요성은 과거보다 낮아지고 있다. 요즘 소비자들은 지역정보와 소비정보를 찾을 때 오프라인보다는 온라인을 주로 활용한다. 소셜 미디어에서 맛집이나 쇼핑 정보, 여가문화 관련 정보를 얻는 소비자가 많다. 이런 이유로 전통적인 관점에서 보면 위치(입지)가 나빠도 손님을 끄는 카페나 레스토랑이 많다. 특히 젊은 세대는 음식점이나 카페를 가기 전에 소셜 미디어를 통해 미리 검색해보고 찾아간다(이상욱, 2019, pp. 22-23).

요사이는 구(舊)시가지의 낡은 주택, 창고, 공장, 오래된 건물을 개조하여 새로이 재탄생한 상업공간들도 각광을 받고 있다. 이런 현상은 우리나라뿐만 아니라, 가까운 일본이나 유럽의 오래된 도시들에서도 일찍이 나타났다. 기존의 낡은 공간을 카페, 수제 맥주집, 작은 서점, 개성 있는 패션 편집 숍, 빈티지 숍, 갤러리, 레코드 숍, 유기농 주스 바, 로컬 식자재 레스토랑 등과 같이 새로운 상업 및 문화공간으로 바꾸고 있다(이상욱, 2019, p. 23).

요즘은 접근성이 떨어져 사람들의 눈에 잘 드러나지 않더라도 새롭고 낯선 경험을 제공할 수 있는 공간들이 주목받고 있다. 상점들이 골목 안쪽 주거지역까지 깊이 침투하고 있고, 오래된 공장이나 낡은 건물이 새로운 상업이나 문화공간으로 탈바꿈하고 있다. 이렇게 만들어진 공간이 연남동, 연희동, 합정동, 망원동, 해방촌, 을지로, 익선동, 성수동 등의 신흥 상업지역이다(이상욱, 2019, p. 23).

이러한 신흥 상업지역의 출현을 전반적인 골목상권의 부활로 보기에는 아직 이르다. 이들 지역의 골목상권은 1990년대 이전 번창했던 대로변 상가와 다른 것은 확실하지만, 이들 지역은 지하철과 같은 대중교통 접근성이 좋고 나름대로 특유의 문화적 기반을 갖추고 있기 때문이다. 일반적으로 대로변 상가는 승용차의 보급이 저조했던 시기(1990년대 이전)에 상대적으로 더 활성화되어 있었고, 요사이는 대중교통이 주된 교통수단으로 활용되는 지역에서 상대적으로 더 활성화되어 있다.

그러나 분명한 사실은 대로변 상권뿐만 아니라, 골목상권도 고유한 장소적 특성으로 무장된 문화적 콘텐츠를 갖춘다면 활성화가 가능하다는 점이다. 요즘 승용차 이용이 편리하고 주차장이 잘 갖추어진 골목길 카페나 음식점들이 성업하는 현상을 볼 수도 있고, 오래전 사라졌던 동네 책방이 대도시에서 살아나고 있다. 이런 현상의 이면에는 다양한 이유가 있다. 현대인의 문화적 욕구 증가, 재택근무와 유연근무제 확대로 인한 자유시간 증가, '소소하고 확실한 행복'(소확행: 小確幸)을 추구하는 시민의 증가 등이 골목상권의 활성화에 힘을 보태고 있다.

익선동 한옥거리

점심시간 익선동 한옥거리 맛집 앞에 줄을 서서 기다리는 방문객들

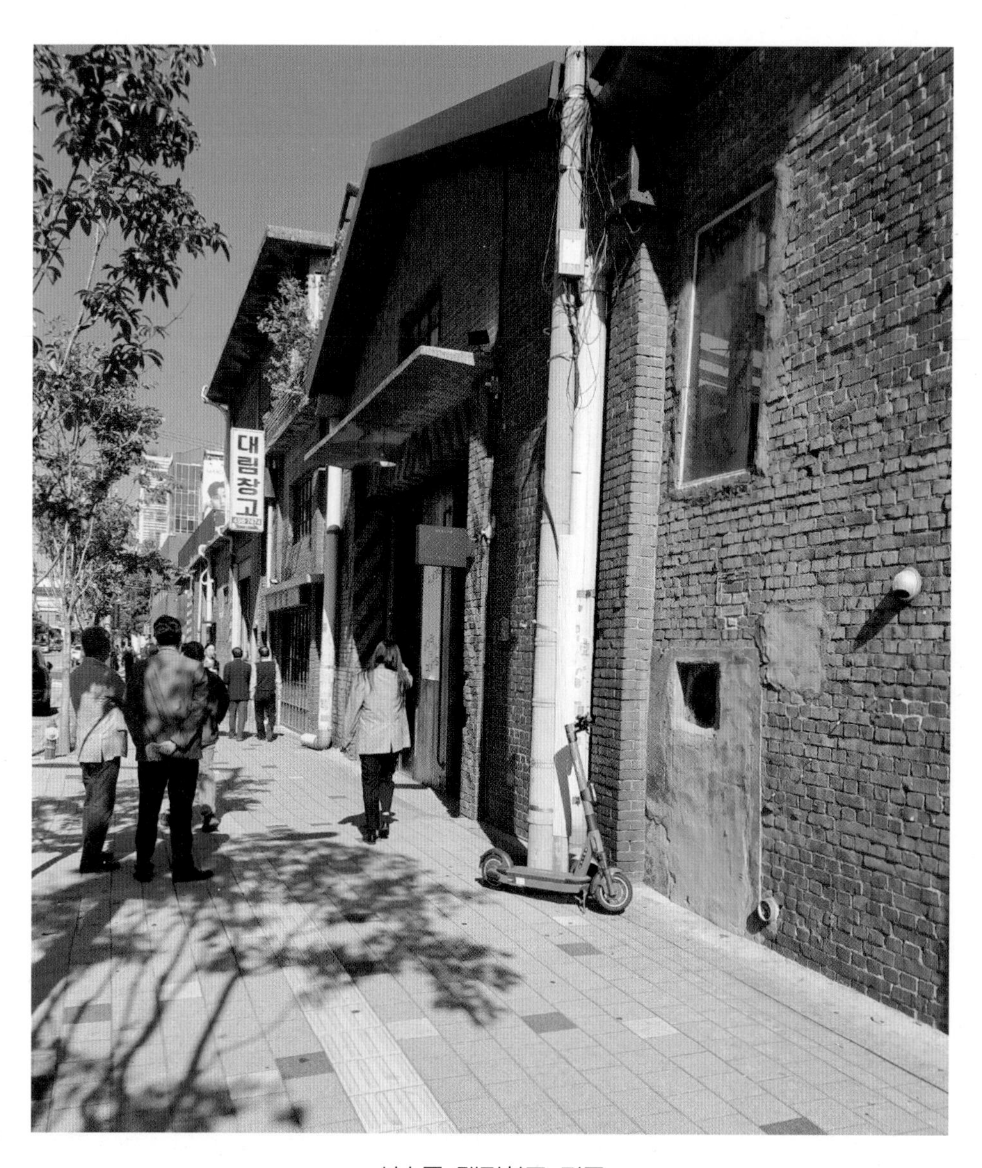

성수동 대림창고 건물

성수동 대림창고 카페

성수동 팝업스토어

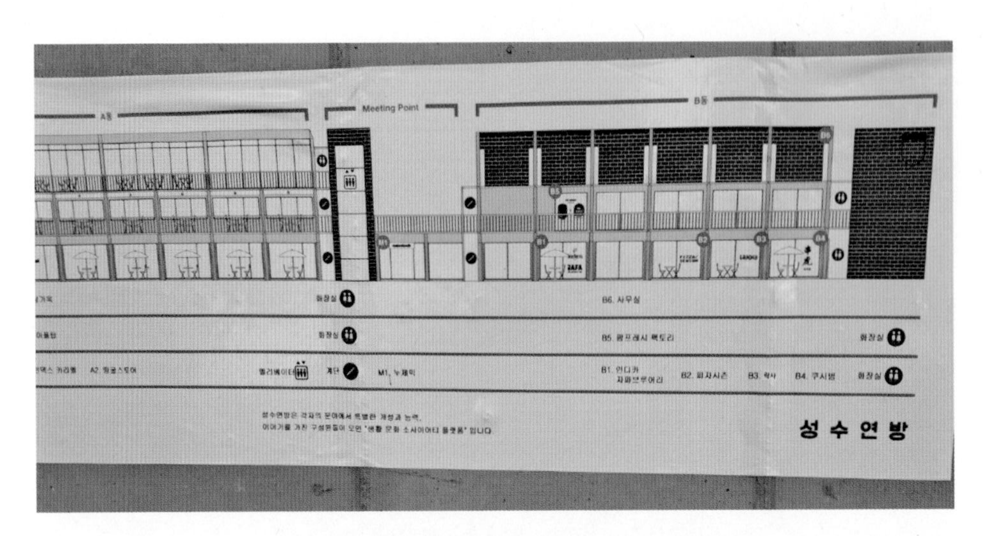

성수동 복합문화공간 성수연방 안내판

성수동 복합문화공간 성수연방 전경

KT&G가 성수동에 설립한 청년창업 지원센터 상상플래닛 입구

출처: KT&G 상상플래닛(sangsangplanet.com/space/space)

출처: KT&G 상상플래닛(sangsangplanet.com/space/space)

KT&G 상상플래닛 내부 모습

공유오피스가 불러온 업무공간의 진화

도시공간의 변화는 밀레니얼(millennial) 세대의 라이프 스타일에서 시작한다. 밀레니얼 세대는 1980년대부터 2000년대 초반에 출생한 세대이며, 베이비붐 세대의 자녀 세대에 해당한다. 밀레니얼 세대는 아날로그에서 디지털 기반 사회로 넘어오는 변화를 겪으며, 그 어느 세대보다 디지털 문화에 익숙하다. 이들은 기존 세대와 달리 '소유'보다는 '경험'을 중시하는 라이프 스타일을 가지고 있다. 밀레니얼 세대의 중요한 특징은 기존 가구 구성과 달리 1인 가구가 빠르게 늘어나는 것이다. 1인 가구의 증가에서 볼 수 있듯이 밀레니얼 세대는 개인적 가치를 추구하고, 개인의 독립성을 중시한다. 이색적인 취미를 즐기는 한편, '혼밥'이나 '혼술'과 같이 혼자 하는 것을 당당하게 즐긴다. 그럼에도 불구하고 비슷한 취향을 가진 사람들끼리 모이는 것에 거리낌이 없다. 그리고 이들 세대는 삶은 독립적이지만, 개인들은 특정 가치를 중심으로 온라인과 오프라인 커뮤니티에서 유연하게 모인다(이상욱, 2019, pp. 20-22).

밀레니얼 세대의 라이프 스타일 변화와 함께 도시의 높은 공간 임대비용은 공유공간의 확산에 영향을 미치고 있다. 최근에는 사회 전반에 걸쳐 디지털 전환이 확대되면서 프리랜서로 활동할 수 있는 직군이 증가하고, 재택근무와 유연근무제를 채택하는 직장들도 늘어나고 있다. 여기에다 특히 밀레니얼 세대들이 중심이 되어 새롭게 창업하는 스타트업들도 많이 나타나고 있다. 이들 프리랜서, 스타트업 창업자와 직원, 재택근무와 유연근무제를 시행하는 직장들은 공유오피스로 불리는 코워킹(co-working) 공간에 대한 수요를 창출하고 있다. 공유오피스는 하나의 공간을 함께 사용하면서 적은 비용의 임대료만 내면 회의실은 물론 사무기기를 공동으로 사용할 수 있다. 따라서 이용자는 비용을 절약할 수 있고, 서로 협업도 가능한 장점이 있다.

공유오피스는 2000년대 중반을 전후하여 미국 대도시에서 도입되기 시작하여 전 세계로 확산되기에 이르렀다. 2010년대 중반부터는 우리나라에서도 공유오피스가 공급되어 운영되고 있다. 전 세계적인 공유오피스의 선두주자였던 위워크(Wework)는 2016년 서울 강남역을 시작으로 을지로, 삼성역, 역삼역,

광화문, 서울역, 여의도, 선릉역 등으로 공유오피스 공급을 확대했다. 그리고 국내 기업들도 공유오피스를 앞다투어 공급하기 시작했다. 2015년 서울 남부 터미널 인근에서 공유오피스 공간의 공급을 시작한 패스트파이브(FastFive)는 지속적으로 투자를 유치하면서 역삼동, 삼성동, 홍대 입구 등 오피스 수요가 많은 지역을 중심으로 공급을 늘리고 있다(이상욱, 2019, pp. 24－25).

대규모 공유오피스는 단순한 공간 임대를 넘어 대기업부터 스타트업, 그리고 프리랜서까지 다양한 직업군을 위한 사용자 커뮤니티와 네트워크를 구축하고 서비스를 제공한다. 중소규모의 공유오피스 공간의 공급도 늘어나고 있다. 중소규모의 공유오피스 사업자(공급자)들은 사용자(수요자)들의 업종에 따라 타깃(target)을 세분화하고, 사용자들의 특성에 따라 맞춤형 공간과 서비스를 제공하고 있다. 예컨대 서울지하철 동대문역 인근에 있는 창신아지트는 의류 제작자와 디자이너들이 협업하여 새로운 제품을 만들 수 있는 스튜디오라고 불리는 공유공간을 공급하고 있다. 이처럼 공유오피스는 지역별, 그리고 사용자 특성별로 다양한 서비스를 제공하고 네트워크를 구축하여 새로운 부가가치를 창출하는 플랫폼으로 성장하고 있다. 따라서 최근에는 공실이 늘어나는 중소형 오피스의 새로운 활용 대안으로 공유오피스가 떠오르고 있다(이상욱, 2019, pp. 25－26).

출처: 강남구청(gangnam.go.kr)

서울 강남에 있는 공유오피스 공간

서울 디지털산업단지(가산디지털단지)에 있는 공유오피스 공간

출처: WIKIPIDA(en.wikipedia.org)

독일 베를린에 있는 공유오피스 공간

제6장

산업공간의 변화

왜 산업 클러스터인가

산업 클러스터(cluster)란 관련 기업과 기관(대학, 연구소), 그리고 지원 서비스(금융, 보험, 회계 등)들이 모여 네트워크를 통한 상호작용으로 산업생산의 시너지 효과를 발휘하는 일정 지역을 말한다. 산업 클러스터에서는 관련 기업과 기관들이 근접한 거리에 입지하고 있어 거래비용을 줄이고 대면접촉을 통한 정보교류와 지식 창출의 흐름이 원활하며, 동종 업체 간 경쟁압력을 활용하는 것이 가능하다(복득규 외, 2003, pp. 14－15).

산업 클러스터라는 용어가 사용되기 시작한 것은 1990년대 초 마이클 포터(Michael Eugene Porter)가 경쟁우위에서 클러스터의 중요성을 역설한 이후부터다. 마이클 포터는 경쟁우위에서 기업이나 산업보다 클러스터가 주도 개념으로 부상하고 있음을 지적하면서 세계화와 정보화 시대에도 클러스터의 기반이 되는 지역이 여전히 중요하다고 주장하였다.

일반적으로 세계화와 디지털 기술의 발달로 경쟁우위에서 입지(location)가 갖는 중요성은 감소할 것으로 예상된다. 이른바 '거리의 소멸' 현상이 나타나는 것이다. 그러나 혁신에 필요한 지식은 서류화할 수 있는 형식지(codified knowledge)

가 아니라 암묵지(tacit knowledge)이다. 코드화할 수 없는 암묵지는 서로 얼굴을 맞대고 배워야 습득이 가능하다. 즉 암묵지는 상호작용을 통한 학습과 비공식적인 메커니즘을 통해서 축적되며, 공간적으로 확산이 매우 제한되는 것으로 알려져 있다. 여기서 산업 클러스터의 중요성이 나타나는데, 마이클 포터는 산업 클러스터를 형성함으로써 전문화된 지식과 기술을 쉽게 활용할 수 있고, 경쟁기업과 관련기관, 그리고 수준 높은 고객들이 상호작용을 통하여 경쟁우위를 창출하는 것이 가능하다고 강조하였다.

선진국들은 1990대 초부터 산업 클러스터 형성에 많은 노력을 기울여 왔다. 미국에서는 일찍이 실리콘밸리를 비롯하여 많은 산업 클러스터들이 형성되어 왔으며, 일본에서도 지역산업의 회생 대책으로 2000년부터 '산업 클러스터 계획'을 시행하고 있고, 중국도 북경시 내 중관춘 지역을 '중국의 두뇌' 역할을 하는 산업 클러스터로 육성하고 있다. 이 밖에도 많은 국가들이 2000년대 이후 산업 클러스터 육성 경쟁에 나서고 있다.

최근 우리나라도 지역산업의 경쟁력을 높이기 위해 지역별로 산업 클러스터를 육성하는 정책을 추진하고 있다. 외환위기 이후 국내 산업 여건의 변화도 산업 클러스터의 육성을 부채질하고 있다. 그동안 국내 산업의 발전을 지탱해 오던 '기업집단형 산업발전모델'은 더 이상 작동할 수 없게 되었다. 외환위기 이후 기업집단이 개별기업으로 분리되고 시장의 감시가 엄격해졌으며, 핵심역량의 강화를 통한 수익성 위주의 경영이 강화되었기 때문이다.

국내 산업도 외환위기 이후 대대적인 구조조정을 추진하였으며, 우선 비용절감에 치중하였다. 그 사이에 기업 간 경쟁은 세계적으로 더욱 치열해졌다. 세계화와 정보화가 빠르게 전개되었고, 무엇보다 혁신의 중요성이 커졌다. 또한 연구개발(R&D)에 대한 투자 규모가 기하급수적으로 증가하였고, 전 세계를 대상으로 하는 제품의 개발과 생산 속도는 더욱 빨라졌다. 선진기업들은 대규모 인수합병과 제휴를 통하여 몸집을 키우는 동시에 산업 클러스터 형성과 디지털 기술 활용, 조직개편 등을 통해 '빠른 공룡'으로 변신하고 있다.

여기서 산업 클러스터가 새로운 산업발전모델로 떠올랐다. 산업 클러스터는 독립된 기업과 기관들이 일정 지역에 모여 네트워크를 형성하는 조직 형태이기 때문에 기업집단과 다르다. 반면 네트워크로 묶인 산업 클러스터 전체를 보면 기업집단보다 큰 규모와 기능을 가진다. 치열한 경쟁 속에서 대면접촉을 통하여 신기술과 신지식을 창출하기 때문에 혁신 능력은 벤처기업 못지않다. 벤처와 기업집단의 단점을 보완하는 동시에 세계시장에서 경쟁할 수 있는 규모와 혁신 능력을 갖춘 새로운 산업발전모델이 바로 산업 클러스터인 것으로 인식되고 있다.

테헤란밸리는 어떻게 스타트업의 요람이 되었는가

서울 지하철 2호선 강남역에서 삼성역에 이르는 약 4㎞의 거리가 테헤란로이다. 1990년대 초부터 테헤란로 일대가 개발되면서 업무 빌딩이 대거 신축되었고, 소프트웨어업체, 인터넷업체 등 IT 관련 기업들이 입주하기 시작하였다. 1997년 외환위기 이후에는 IT 관련 기업뿐만 아니라 금융기관, 대기업 본사, IT 지원기관 등이 급속하게 집적되었다. 테헤란로는 격자형 도로망과 지하철이 있어 교통이 편리하고, 주위에 금융기관, 고급 호텔, 백화점, 음식점, 한국종합전시장(COEX) 등이 밀집되어 있어 기업과 사업자에게 유리한 지리적 조건을 갖추고 있다. 테헤란로의 고층 업무 빌딩들은 강남지역에서도 가장 현대적인 외관을 갖추고 있기도 하다.

테헤란로에 IT 관련 기업이 집적하자, 미국의 실리콘밸리에 빗대 테헤란밸리라고 불리기 시작하였다. 이후 2000년에는 정부에서 공식적으로 서울벤처밸리로 명명하고 각종 지원책을 제공하였다. 그러나 테헤란밸리의 임대료가 점차 상승하고 교통혼잡 등의 문제가 나타나게 되었다. 그런 가운데 교통이 편리하면서 상대적으로 임대료가 저렴한 판교테크노밸리나 서울디지털산업단지 등이 개발되면서 그곳으로 이전하는 IT 기업이 늘어나게 되었다.

테헤란밸리는 1980년대 후반부터 강남 개발과 함께 금융기관과 기업들이 몰려들면서 1990년대 이후 IT 산업의 핵심지역으로 성장하기 시작했다. 그러나 2000년대 초반 벤처 열풍의 감소와 경제 악화로 잠시 쇠퇴하는 모습을 보였다. 하지만 그 후 자생적인 클러스터로 발전하여 스타트업의 거점으로 재도약했다.

아울러 스타트업을 위한 다양한 시설의 도입과 지원이 이뤄졌다. 많은 사무실과 건물들의 빈자리에 스타트업 지원센터가 설치되면서 새로운 유형의 창업 생태계가 조성되었다. 이미 잘 갖추어진 금융과 정보통신 인프라가 새롭게 시작하는 스타트업의 생태계를 만드는 데 큰 밑거름이 되었다. 여기에다 테헤란밸리는 편리한 교통여건과 좋은 도시기반시설은 물론이고, 다양한 문화적 욕구를 충족시킬 수 있어 좋은 인적자원을 쉽게 확보할 수 있었다. 그러나 2000년대 후반~2010년 초반에 테헤란로에 있었던 IT 및 게임개발 업체들 가운데 사세(社勢)를 키운 회사들은 판교나 서울디지털산업단지 등으로 떠나기도 했다.

2010년대 중후반 이후 테헤란밸리는 양쪽 끝부분(강남역, 삼성역)으로 발전의 중심이 옮겨가는 양상을 보인다. 강남역의 경우 지하철 3호선, 7호선, 9호선과 인접하고 광역버스 정류장과 신분당선 연장으로 광역교통도 편리하기 때문이며, 삼성역은 현대 글로벌비즈니스센터가 완공되면 이 지역이 혜택을 볼 것이라는 전망 때문이다. 테헤란밸리에서 일부 IT 업체가 떠나긴 했지만, 새로운 스타트업과 벤처기업이 꾸준히 유입되고 있는 것이 특징이다.

테헤란밸리는 첨단기술 및 지식기반 IT 기업들과 관련 기관들이 집적해 있고, 이들 기업과 지원기관들이 클러스터를 이루며 스타트업, 인큐베이터, 액셀러레이터와 서로 연계하고 있다는 점에서 도시형 혁신지구라고 볼 수 있다. 특히 테헤란밸리는 첨단기술 및 지식기반 기업과 관련 기관들의 집적뿐만 아니라, 다양한 계층과 다양한 기술이 모인다는 점에서 새로운 혁신 창출 공간으로 자리매김하고 있다. 기업과 인재가 그곳에 머물고, 공유오피스의 활용으로 작은 자본으로도 사무실을 유지할 수 있으며, 네트워킹도 활발히 이루어지고 있다. 최근 테헤란밸리(서울벤처밸리)는 디지털 기반의 게임, 영상, 음악, 광고, 디자인, 건축 등의 산업이 집적하고 있다. IT 산업을 중심으로 출발하였으나, 현재는 IT융합 콘텐츠 산업이 발전하고 있다.

오늘날의 테헤란밸리가 다소 부침(浮沈)을 거듭하면서도 스타트업의 요람으로 확고한 위치를 점하게 된 것은 모험자본(venture capital)과 같은 금융 인프라와 스타트업 지원센터 등이 제공하는 비즈니스 서비스가 결합하여 효율적으로 작동하는 창업 생태계가 구축되어 있기 때문이다. 여기서 최근에는 창업 생태계 내 액셀러레이터의 역할이 더욱 중요하게 떠오르고 있다. 액셀러레이터는 신생 스타트업을 발굴하고, 이들에게 업무공간 제공, 홍보, 마케팅 등 비핵심적 업무를 지원하는 역할을 하면서 오늘날 테헤란밸리의 부활에 기여하고 있다. 공공기관과 민간 대기업이 바로 액셀러레이터 기능을 수행하는 프로그램을 운영하면서 이들이 제공하는 지원 서비스가 테헤란밸리를 스타트업의 요람으로 만들고 있다(이원호, 2018, pp. 440-442).

구로공단의 변신과 서울디지털산업단지의 탄생

서울디지털산업단지는 우리나라의 대표적인 디지털산업단지로 정보통신, 컴퓨터, 전기·전자, 지식산업 등 각종 IT 기업들이 밀집해 있는 첨단산업단지이다. 과거 구로공단이 위치했던 곳으로 구로디지털밸리 또는 구로디지털단지, 또는 G-밸리로도 불리며, 인접한 금천구의 가산디지털단지와 함께 2000년 12월 서울디지털산업단지로 명칭이 바뀌었다.

서울디지털산업단지는 현재 첨단산업이 밀집한 산업단지 자체로서만이 아니라, 산업의 변화에 따른 전통적인 산업단지의 변신을 보여주는 대표적인 사례다. 원래 구로공단은 1960년대 우리나라 최초의 국가산업단지로서 당시 섬유·봉제산업 위주의 대표적인 노동집약적 산업이 발달했던 곳이다. 1970년대는 가발 수출 세계 1위를 기록할 정도로 우리나라의 산업화에 기여했고, 우리나라 산업화의 초석을 닦은 상징적인 의미를 가진 곳이다. 그러나 1980년대 이후 우리나라의 임금이 상승하며 경쟁력을 잃게 되자, 관련 산업이 개발도상국으로 이전을 시작하였다. 아울러 우리나라의 빠른 경제성장으로 서울이 국제도시로 변모하면서 기존의 구로공단은 변화의 압력을 받게 되었다.

이러한 위기 상황에서 구로공단의 부활을 위한 플랜(plan)이 가동되었다. 1997년에 '구로공단 첨단화 계획'이 수립되어 입주 업종을 제조업 중심에서 첨단 정보·지식산업 등 고부가가치 업종으로 확대하였는데, 이것이 단지의 산업구조를 재편하는 계기를 마련하였다. 2000년에는 공단의 명칭도 '서울디지털산업단지'로 바뀌었고, 국내 최초의 벤처 집적시설인 키콕스(KICOX)벤처센터가 단지 내에 건립되면서 벤처기업들이 모여들기 시작했다. 특히 IMF 사태 이후 테헤란로(테헤란밸리) 등에 있던 벤처기업들이 임대료가 싼 서울디지털산업단지로 이전하는 현상들이 나타났다. 구로공단의 부활이 본격화된 것이다. 이러한 과정을 거치면서 서울디지털산업단지는 정보통신 및 지식기반 산업 중심의 도시형 산업단지로 탈바꿈하였다(박봉규, 2010, p. 207).

서울디지털산업단지는 2000년대 중반부터 IT 벤처타운으로 급속하게 성장하게 되었다. 이러한 IT 및 벤처산업으로의 전환은 성공적으로 평가되며, 현재까지도 기업들이 이곳에서 많은 고용을 창출하면서 우리나라 산업 발전에도 크게 기여하고 있다.

이처럼 구로공단에서 서울디지털산업단지로 성공적인 변신이 가능했던 것은 여러 가지 요인이 있다(박봉규, 2010, pp. 208-210).

첫째는 저렴한 비용으로 도심지역에 자가 공장을 확보할 수 있었다는 점이다. 2000년대 초반 서울디지털산업단지의 분양가는 강남지역의 10~20%에 불과한 수준이었다. 테헤란밸리에 세 들어 있던 벤처기업들은 보증금만으로도 서울디지털산업단지에서 아파트형 공장을 분양받을 수 있었다. 비싼 땅값과 임대료로 고민하던 벤처기업들에게 서울디지털산업단지는 대단히 매력적인 공간이었다.

둘째는 구로지역의 우수한 비즈니스 환경을 들 수 있다. 수도권이라는 거대한 시장을 끼고 있을 뿐만 아니라, 인력, 자본, 정보 등 혁신자원들이 집적한 서울의 입지적 장점을 그대로 활용할 수 있었다. 구로지역은 서해안고속도로, 경인고속도로와 직접 연결되어 수도권은 물론 충청권까지도 원활한 연계가 가능하다. 여기에다 서울 지하철 1호선, 2호선, 7호선이 단지를 통과하고 있어 강북의 도심이나 강남의 테헤란밸리는 물론 수도권 다른 도시와의 대중교통 접근성이 뛰어나 우수인력 확보와 통근이 편리한 장점이 있다. 아울러 단지 내에 비즈니스 서비스가 가능한 지원시설, 의료기관, 문화시설, 편의시설이 함께 있는 것이 장점이다.

셋째는 아파트형 공장에 대한 규제 완화 등 정책적 지원과 제도적 장치가 마련되었기 때문이다. 아파트형 공장을 수도권정비계획법에 의한 공장 총량규제 대상에서 제외하고, 제조업 외에 지식산업 및 정보통신산업 등을 입주 업종에 추가함으로써 다양한 기업들이 집적할 수 있었다. 지방자치단체와 공공기관으로

만 한정되어 있던 아파트형 공장 설립 주체도 민간부문으로 확대되었다. 여기에다 지방자치단체의 지원도 빼놓을 수 없다. 서울시는 아파트형 공장 입주기업과 사업시행자에 대한 세제(지방세)와 융자 혜택 등 다양한 지원을 아끼지 않았다.

넷째는 다양한 형태의 네트워크를 구축할 수 있었다는 점이다. 서울디지털산업단지는 거의 전 지역이 아파트형 공장으로 채워져 있고, 아파트형 공장마다 수십 개에서 무려 200여 개에 이르는 기업들이 집적되어 있어 기업 간 네트워크 구축에 대단히 유리하다. 이런 이유로 실제로 단지 내에서 각종 포럼이나 업종별 교류회, 기술거래와 기업경영에 대한 상담, 기술개발 지원기관과의 교류 등이 활발하게 이루어지고 있다.

생산과 유통의 결합체 동대문 의류산업 클러스터

서울의 성장은 1960년대와 1970년대에 걸쳐 영등포와 구로구 일대에 걸친 제조업의 성장에 힘입은 바 크다. 그러나 서울의 제조업 고용인구 비중은 1980년대 이후 계속 낮아지고 있을 뿐 아니라, 대규모 공장의 지방 및 교외 이전과 해외 이전으로 인하여 탈산업화 현상이 뚜렷하게 나타났다. 서울에서의 전통적인 제조업의 공동화현상은 토지가격 및 임대료의 상승과 1980년대 이후 적극적으로 추진된 수도권정비계획법에 따른 공장신설 규제가 영향을 미친 것으로 볼 수 있다.

전통적인 제조업의 성장세가 둔화된 것은 사실이지만, 모든 종류의 제조업이 다 그런 것은 아니다. 일부 도시형 제조업은 오히려 성장세를 이어가고 있는 것들도 있다. 이들은 대부분 고부가가치를 창출하는 것들로, 그중의 하나가 의류산업이다.

의류산업이 서울에 집중하는 요인을 살펴보면, 서울이 수요와 공급의 두 가지 측면에서 유리한 조건에 있음을 알 수 있다. 의류산업이 성공하기 위해서는 역시 자극이 있어야 하고, 기회, 전문인력, 정보 등이 풍부해야 한다. 의류생산은 정보 집약적이고 이미지 창조적인 활동이 없으면 활성화될 수 없다. 따라서 서울은 그 자체가 대규모 시장이므로 소비자와의 근접으로 인하여 소비자 기호를 파악하기 쉽다는 점을 잘 활용할 수 있다. 그리고 수많은 중소기업이 입지하고 있으므로 다품종 소량생산방식에 쉽게 적응할 수 있는 생산시스템을 갖추고 있다. 아울러 양질의 기술자와 숙련노동력이 많아서 의류산업의 입지로는 서울과 같은 대도시가 적합하다고 볼 수 있다.

우리나라 의류산업을 논의할 때 동대문 의류산업 클러스터를 빼고 얘기하기 어렵다. 의류산업 중심지로서 동대문 의류산업 클러스터의 태동은 1960년대로 거슬러 올라간다. 판자촌을 허물고 지은 평화시장을 중심으로 의류생산공장이 1960년대부터 모여들기 시작했고, 원단을 전문으로 취급하는 동대문종합시장이 1970년 개장하였다. 그리고 1970년대부터 주변의 창신동, 충신동, 숭인동 등에 봉제공장이 모여들기 시작하면서 동대문 의류산업 클러스터가 형성되기 시작했다.

동대문 의류산업 클러스터가 세인의 관심을 끌기 시작한 것은 1990년대부터이다. 1990년대 들어 상업용 부동산 개발과 새로운 쇼핑문화가 결합해 거대 쇼핑몰이 등장하면서 동대문 일대가 의류산업의 메카이자 혁신의 중심지로 떠올랐다. 이때 프레야타운, 아트프라자, 디자이너클럽, 우노꼬레, 팀204, 누존, 밀리오레, 두산타워 등이 개장했다. 특히 1990년 개장한 아트프라자와 IMF 외환위기 속에서도 개장한 밀리오레와 두산타워는 동대문시장뿐만 아니라, 의류 유통과 패션산업에 혁신의 신호탄이 되었다. 이 가운데 2016년 두타몰로 이름을 바꾼 두산타워는 연간 2천만 명이 다녀가는 세계적인 쇼핑문화 공간이 되었다.

이들 업체는 조기 개장과 영업시간 유연화, 지방에서 올라오는 전세버스 유치와 같은 마케팅 개념을 도입하면서 고객을 끌기 시작했다. 아울러 소비자의 취향에 맞는 패션 아이템과 이벤트 마케팅, 도매와 소매의 병행, 중저가 패스트 패션(fast fashion), 소매 중심 패션쇼핑몰 개념, 플로어 매니저(floor manager), 신진 디자이너 전문 매장 도입 등을 통해 우리나라 의류생산과 유통에 일대 혁명을 일으켰다(김용창, 2018, pp. 250－251).

동대문 의류산업 클러스터는 세계 최대의 의류 판매시장이고, 전국의 의류 판매상을 대상으로 하는 도매시장이며, 의류의 기획과 디자인, 원부자재의 조달·생산·판매의 모든 과정을 반경 1km 내에서 모두 해결하는 일관 생산시스템이 작동하는 지역이다. 따라서 동대문 의류산업 클러스터는 의류의 기획 및 생산에서부터 판매까지 모든 과정이 이루어지는 자기 완결형 생태계를 형성하고 있다고 볼 수 있다(김용창, 2018, p. 262).

여기서 동대문 의류산업 클러스터의 형성과 유지에 있어 창신동과 그 인근 지역에 소재한 봉제공장의 역할을 주목할 필요가 있다. 특히 창신동은 전국 최대의 봉제공장 밀집 지역으로 동대문 의류산업 클러스터의 생산기지 역할을 하고 있다. 창신동 봉제 골목의 역사는 동대문 의류산업 클러스터가 제대로 모습을 갖추기 전인 1970년대 초반으로 거슬러 올라간다. 그 후 창신동 봉제 골목은 나름대로 발전해 왔지만, 여전히 영세한 사업장 규모와 환경에서 탈피하지 못하고 있다. 세계적인 대도시 서울의 도심에서 다양한 개발 잠재력에도 불구하고 봉제 골목이 꿋꿋이 유지되기란 쉽지 않을 수도 있다. 따라서 창신동 봉제 골목의 의류생산 시스템이 동대문 의류산업 클러스터의 지속적인 발전에 밑거름이 될 수 있도록 정부와 지방자치단체의 관심이 필요하다.

동대문 두타몰 전경

동대문 밀리오레 전경

동대문 밀리오레 상가

동대문 신평화패션타운 전경

동대문 신평화패션타운 상가

서울시 패션제조지원센터 건물 전경

출처: 서울시패션제조지원센터(sfsc-changsin.or.kr)

서울시 패션제조지원센터 창신 솔루션 앵커 전경

출처: 서울시패션제조지원센터(sfsc-changsin.or.kr)

서울시 패션제조지원센터 창신 솔루션 앵커 코워킹 스페이스

Garment Worker's Memorial Wall
봉제인 기억의 벽
아트사
010-5289-3626

미싱
LOTTE CARD

창신동 봉제 골목

창신동 봉제 골목

창신동 봉제공장

실리콘밸리와 판교밸리

글로벌 하이테크 기업들의 메카가 어디인지 묻는다면 단연 실리콘밸리를 꼽을 것이다. 실리콘밸리는 미국 캘리포니아주 북부지역에 위치하면서 주변의 명문 스탠퍼드대학교와 버클리대학교(UC 버클리)와의 산학협력에 힘입어 성장하였다. 실리콘밸리의 가장 원천적인 경쟁력은 날씨와 주변 환경에 있다. 태평양 연안에 있는 지리적 특성으로 인해 사계절이 모두 따뜻한 것은 물론이고, 여름에도 기온은 높지만 습도가 낮은 것이 큰 장점이다.

더 주목할 점은 실리콘밸리와 그 주변지역의 자유분방한 문화적 토양이 실리콘밸리의 성장에 큰 몫을 했다는 점이다. 1960년대 중반 기존의 물질문명과 가치관에서 탈피하여 자유로운 생활양식을 추구했던 히피(hippie)가 최초로 출현한 곳이 이곳이며, 베트남전쟁이 한창이던 1960년대 말 반전(反戰)운동이 시작된 곳도 바로 이곳이다. 그래서 창의적 기업가, 연구자, 투자자, 법률가 등 다양한 인재들이 모여 탄생한 공간이 바로 실리콘밸리다. 특히 모험자본(venture capital), 법률서비스 등 비즈니스 서비스까지 효율적으로 작동되어 실리콘밸리는 세상을 바꾸는 새로운 기술과 상품, 그리고 서비스를 개발하는 혁신의 중심지가 되었다.

그렇게 잘 나가던 실리콘밸리가 최근 몇 년 사이 위기를 맞았다. 실리콘밸리의 원조(元祖) 기업인 휴렛팩커드(HPE) 본사가 텍사스 휴스턴으로, 오라클 본사는 텍사스 오스틴으로 이전을 결정했고, 테슬라 역시 텍사스 오스틴에 새로운 공장을 짓고 있다. 이외에도 크고 작은 기업들이 실리콘밸리를 떠나고 있다. 그러면 혁신적인 기업들이 실리콘밸리를 떠나는 이유는 무엇일까. 결국 실리콘밸리의 높은 주거비용과 생활비, 캘리포니아주의 높은 소득세율과 법인세율, 그리고 과도한 규제가 원인으로 지적되고 있다.

그러면 한국판 실리콘밸리, 판교테크노밸리(이하 판교밸리)는 어떨까. 판교밸리의 장점은 뭐니 뭐니해도 서울로부터의 교통접근성이다. 신분당선의 개통으로 강남 테헤란밸리와의 접근성이 개선된 데다, 판교밸리의 분양가 역시 상대적으로 저렴했기 때문에 강남 테헤란밸리나 다른 지역에 있던 IT(정보기술), CT(문화기술), BT(바이오기술) 대기업부터 벤처기업들까지 쉽게 유치할 수 있었다. 그리고 주변에 주거환경이 좋은 신도시(주거단지)를 먼저 개발하고 다음에 산업단지(판교밸리)를 개발함으로써 어느 정도의 직주(職住)근접이 가능한 것이 장점이다. 그래서 하이테크 기업들의 남방한계선이 판교라는 보도가 언론에 나오기도 했다. 판교밸리의 성공은 그러한 여건과 함께 입주기업의 입장에서 보면 부동산투자 가치가 한몫을 했고, 고급 인력의 확보도 가능했기 때문이다.

그러나 판교밸리가 안고 있는 가장 큰 약점은 실리콘밸리와 달리 주변에 경쟁력 있는 명문대학이 없어서 산학협력이 어렵고, 강남 테헤란밸리와 달리 젊은 인력들의 문화적 욕구를 충족시킬 수 있는 활동공간이 부족하다는 점이다. 따라서 최근에는 강남 테헤란밸리로 회귀하는 기업들도 드물지 않게 나타나고 있다.

결국 실리콘밸리와 판교밸리의 경쟁력과 위기 요인을 보면 교통접근성, 산업생태계, 인적자원, 주거환경, 문화적 토양, 제도(세제와 규제) 등의 디테일(details)

이 지역발전정책의 성패를 결정하는 것을 알 수 있다. 그리고 산업단지나 클러스터는 여러 가지 요인으로 인해 언제든지 위기가 도래할 수 있음을 알 수 있다. 바로 이것이 실리콘밸리와 판교밸리가 주는 교훈이다.

출처: WIKIPEDIA(en.wikipedia.org)

출처: STANFORD UNIVERSITY(stanford.edu/about/history)

실리콘밸리의 태동에 결정적 역할을 한 스탠퍼드대학교

출처: WIKIPEDIA(en.wikipedia.org)

태양광 패널로 덮여 있는 애플(Apple) 본사(Cupertino 소재)

출처: WIKIPEDIA(en.wikipedia.org)

마운틴뷰(Mountain View)에 있는 구글(Google) 본사

출처: WIKIPEDIA(en.wikipedia.org)

산호세(San Jose)에 있는 어도비(Adobe) 본사

출처: WIKIPEDIA(en.wikipedia.org)

산타클라라(Santa Clara)에 있는 인텔(Intel) 본사

제7장

젠트리피케이션

젠트리피케이션, 어떻게 볼 것인가

젠트리피케이션(gentrification)은 우리나라 도시공간의 변화를 논의할 때 빠질 수 없는 키워드이다. 젠트리피케이션은 낙후된 구도심 지역이 활성화되어 중산층 이상의 계층이 유입됨으로써 기존의 저소득층 원주민을 대체하는 현상을 가리킨다.

젠트리피케이션은 역사적으로 지주계급 또는 신사계급을 뜻하는 젠트리(gentry)에서 파생된 용어로, 1964년 영국의 사회학자 루스 글래스(Ruth Glass)가 처음 사용하였다. 루스 글래스는 런던 서부에 위치한 첼시와 햄스테드 등 하층계급 주거지역이 중산층 이상의 계층 유입으로 인하여 고급 주거지역으로 탈바꿈하고, 이에 따라 기존의 하층계급 주민은 치솟은 주거 비용을 감당하지 못하여 살던 곳에서 쫓겨남으로써 도시공간의 성격이 변한 현상을 설명하기 위하여 이 용어를 사용하였다.

젠트리피케이션(특히 주택 젠트리피케이션)이 일어나는 과정은 도시의 공간확산(urban sprawl)과 관련이 있다. 도시의 발전에 따라 대도시일수록 중심 시가지에서 도시 외곽으로 주거지와 인구가 확산하는 교외화가 진행되고, 이 과정에서 교외 지역은 발전하는 반면, 도심과 인근지역은 교외로 이주할 여력이 없는 저소득층이 거주하는 쇠퇴지역으로 전락한다. 이에 따라 지방자치단체가 직접 그 지역을 활성화하기 위하여 재개발을 추진하기도 하고, 민간사업자들이 지주와 결합하여 재개발을 추진하기도 한다. 그리고 값싼 도시공간을 찾아 모여든 사업자들과 예술가들이 다양한 사업을 펼침으로써 활성화되는 경우도 종종 있다. 이러한 여러 가지 요인으로 인해 도시가 재활성화되고, 그로 인해 해당 지역은 주거 환경이 향상되고 부동산 가치가 상승하지만, 주거 비용도 높아져 원래의 저소득층 주민들은 이를 감당하지 못하고 거주지에서 밀려나게 된다.

미국에서는 제2차 세계대전 후 중산층 백인의 교외화 현상이 두드러졌고, 그로 인해 뉴욕·보스턴 등 대도시 도심과 인근지역은 흑인과 외국인 이민자를 비롯한 소수민족의 게토(ghetto)로 진락하였다. 이후 1970년대부터 도시에 사는 젊은 전문직 종사자들이 게토로 변한 도심의 쇠퇴지역으로 몰려들어 자본이 본격적으로 유입되고, 부유층의 이주를 촉진함으로써 젠트리피케이션이 진행되었다.

우리나라에서는 2000년대 이후 구도심(舊都心)의 상업 공간을 중심으로 젠트리피케이션이 진행되어 사회적 관심을 끌었다. 대표적 사례로는 서울의 경우 홍익대학교 인근(홍대 앞)이나 이태원 경리단길, 성수동, 연남동 일대를 들 수 있다. 이들 지역은 임대료가 저렴한 덕에 독특한 분위기의 카페나 공방, 갤러리 등이 들어서면서 입소문을 타고 방문자와 유동 인구가 늘어났다. 그러나 이들 지역의 상권이 활성화되면서 자본이 유입되어 대형 프랜차이즈 점포가 입점하는 등 대규모 상업지구로 변모하였고, 결국 치솟은 임대료를 감당할 수 없게 된 기존의 소규모 상인들은 떠나게 되었다.

우리나라에서 젠트리피케이션은 주거공간(주택)에서 먼저 사회적 이슈가 되었지만, 2000년대 이후에는 상업 공간의 젠트리피케이션이 새로운 이슈로 떠오르고 있다. 재개발과 재건축을 통해 도심과 인근지역에 새로이 공급된 아파트는 중산층의 유입을 촉진하였고, 원주민은 주거 비용에 대한 지불 능력이 부족해 다시 저소득 계층이 사는 다른 주거지역으로 이동하는 현상을 촉발하였다(박태원, 2020, p. 24).

한편 상업 공간의 젠트리피케이션은 상대적으로 최근에 나타난 현상으로, 상대적으로 덜 알려져 있던 상권에 새로운 문화적 요소가 결합하여 활성화되면서 시작되었다. 경리단길의 사례를 보면 세인의 주목을 받기 전에는 경리단길의 임대료는 매우 저렴했고, 이것이 경리단길의 초기 상권 활성화에 결정적인 역할을 했다. 이후 경리단길에 입점한 레스토랑, 카페, 부띠끄, 갤러리들이 번창하면서 경리단길은 새로운 고급문화 클러스터로 발돋움하게 된 것이다. 그러나 경리단길의 번영은 오래가지 못했다. 2010년대 중후반 이후 경리단길은 임대료의 폭발적인 상승, 특색있는 상가의 감소와 대기업 프랜차이즈의 대체로 사람들의 발길이 줄어들기에 이르렀다.

젠트리피케이션은 긍정적 측면과 부정적 측면 모두 가진다. 젠트리피케이션은 도심과 인근지역의 활성화를 가져와 새로운 중산층의 유입(주택 젠트리피케이션의 경우)과 유동 인구 및 방문자 증가(상업 젠트리피케이션의 경우)를 초래하고, 지방정부의 세입 증대에도 기여한 긍정적 측면이 있다. 그러나 젠트리피케이션은 부동산 가치의 상승과 함께 임대료 상승을 불러 원주민의 주거 이동(주택 젠트리피케이션의 경우)과 상권의 쇠퇴(상업 젠트리피케이션의 경우)를 다시 불러오는 부정적 측면도 있다. 그리고 상업 젠트리피케이션의 경우 소규모 점포가 점차 인근지역으로 이전하면서 상권도 같이 이동하고, 높은 임대료를 감당할 수 있는 임차인이 줄어들고 공실률이 늘어나는 악순환이 반복되기도 한다. 따라서 젠트리피케이션의 긍정적 파급효과를 극대화하고 부정적 파급효과를 극소화할 수 있는 대책을 지방정부 차원에서 마련해야 한다. 그리고 그 대책은 도시의 공간영역별로 차별화되어야 한다.

홍대 거리의 시대적 변화

홍대 거리는 홍익대학교, 홍대입구역, 상수역 일대에 위치하는 대형 상권이다. 행정구역상으로는 서울특별시 마포구에 속하며, 마포구의 동교동, 서교동, 합정동, 상수동 일대가 이 지역에 속한다. 구체적으로 살펴보면 홍대입구역 8번 출구, 산울림 소극장, 극동방송, 서교동 사거리를 네 꼭지점으로 하는 사각형 내에 들어가는 지역을 의미한다.

홍대 거리에 대학가 분위기가 조성된 것은 1955년 홍익대학교가 용산구에서 이곳으로 이전하면서부터다. 그리고 1960년대 홍익대학교 앞에 미술대학 입시 준비를 위한 미술학원들이 속속 들어섰고, 이것이 훗날 홍대 문화에 직간접적인 영향을 미쳤다.

1984년 서울 지하철 2호선 홍대입구역이 개통되면서 홍대상권이 커지기 시작했다. 이때까지만 해도 상업적인 색채는 신촌이 훨씬 강했는데, 당시 유흥의 중심지였던 신촌이 집중단속의 표적이 되자 유동인구가 홍대 쪽으로 넘어오면서 서서히 발전하게 되었다. 1990년대 들어 문민정부의 탄생과 함께 시대적 분위기와 지리적 장점 등으로 인해 인디(indie) 문화가 이곳에서 자생적으로 발전하기 시작했다. 그리고 이때부터 홍대 거리의 전반적인 흐름이 미술에서 음악으로 넘어갔다.

2000년대 들어서 한일 월드컵을 계기로 홍대 거리는 새로운 변화를 맞이하게 되었다. 이 시기에 개통한 서울 지하철 6호선의 영향도 대단히 컸다. 상암동 월드컵경기장과 가까웠던 홍대 거리는 외국인들이 쉽게 찾는 장소가 되었다. 그 결과 라이브 카페 등이 쇠퇴하고, 클럽이 더 확대되었다. 그리고 2000년대 중반 이후부터는 1990년대까지 번창했던 신촌과 영등포 상권의 쇠퇴로 인한 유동인구를 대거 흡수하며 서울 서부권 최대의 번화가(상권)로 발전했다. 미술학원, 화방, 클럽, 공연장, 카페, 특색있는 음식점과 술집 등이 이곳에서 성업했다.

2000년대 후반 2010년대가 가까워지면서 급속한 상업화로 원래 홍대 인근지역에 있던 문화예술인들이 밀려남에 따라 상권이 확대되었다. 홍대 인근지역에 대기업의 프랜차이즈가 들어오고 임대료가 폭등하면서 예술적 색채는 옅어지고 상업적 색채가 강해지는 젠트리피케이션이 진행되기 시작했다. 예술적 색채를 짙게 간직하고 있는 사업자와 상인들은 합정역, 상수역 주변으로, 이어 망리단길이라고 불리는 망원동과 홍대입구역에서 경의선 숲길로 이어지는 연남동으로 밀려나면서 홍대 거리의 지리적 확장을 가져왔다.

2010년대 들어와서 홍대 거리는 공항철도의 개통으로 외국인 관광객들이 접근하기가 쉬워졌다. 그러한 이유로 홍대 거리 일대는 게스트하우스가 200곳 넘게 들어섰고, 양화로 일대에 호텔도 집중적으로 들어서게 되었다. 그리고 출판사들이 운영하는 북카페가 지하철 2호선과 6호선 역세권(홍대입구역, 합정역, 망원역, 상수역)에 속속 문을 열면서 밤 문화 중심의 홍대 거리에 낮의 공간을 불어넣었다(이두현, 2022, p. 92).

홍대 거리의 젠트리피케이션은 2010년대 들어 더욱 뚜렷하게 나타나기 시작했다. 원래 서울 서부지역에 속해 크게 개발되지 않은 지역이었고, 주변 대학가 때문에 비교적 낮은 임대료로 학생들과 미술, 음악, 공예 등을 하는 예술인들이 거주하거나 상업활동을 하던 지역이었으나, 상권으로 유명해지면서 투기꾼과 부동산업자들이 개입해 임대료 폭등으로 이어지게 되었다. 이러한 이유로 홍대 거리의 많은 자생적 예술 인프라 및 기존 상권이 파괴되고 이전하게 되었으며, 예술인들도 여러 지역으로 흩어지게 되었다.

2010년대 이후 홍대 인근지역은 개성이 없는 유흥가로 변화를 하는 사이, 2019~2020년 전후로 홍대 인근지역에 비해 발전이 더뎠던 합정동~망원동 인근지역과 연남동 일대가 새로운 핫플레이스로 떠오르고 있다. 홍대입구역 인근지역의 혼잡에서 벗어나 있으면서 한강과 인접하며, 망원동 및 상수, 서강 권역에 대한 접근성이 좋기 때문이다. 젠트리피케이션으로 인해 핫플레이스의 공간이동이 일어난 하나의 사례다.

홍대 거리

출처: 한국관광공사-이범수

출처: 한국관광공사-이범수

홍대 거리

출처: 한국관광공사-라이브스튜디오 김학리

홍대 거리

이태원의 과거와 현재

역사적으로 보면 이태원은 교통의 중심지로서 외국 군인들이 주둔하면서 많은 외국인이 살았던 지역적 특성을 가진다. 임오군란 때는 청나라 군대가 주둔하였고, 일제 강점기에는 일본군이 주둔하였다. 1945년 광복을 맞은 후에는 미군이 그대로 받아서 미군 기지가 들어섰다. 이런 이유로 이태원은 미군을 상대로 하는 상권이 생길 수밖에 없었고, 여러 나라의 문화가 어우러진 이국적(異國的)인 도시공간으로 발전해 왔다. 이러한 역사의 연장선에서 오늘날의 이태원은 외국에서 쌓은 경험과 추억을 재현할 수 있는 이국적 문화공간으로 자리 잡게 되었다. 그리고 이태원은 다양한 인종과 문화적 배경을 가진 외국인이 정착하면서 자연스럽게 국제적인 교류가 이루어지는 장소가 되었다.

이태원 골목길에 나타난 변화를 이끈 소상공인들은 탈산업화 시대의 새로운 계층이다. 이태원이 가진 장소성(場所性)의 변화가 가장 뚜렷하게 나타나기 시작한 2010년대에 이들 소상공인은 대부분 젊은 나이에 소자본으로 위험을 무릅쓰고 이곳에서 소규모 사업을 시작했다. 이들은 대부분 높은 교육 수준과 다양한 경험(해외 생활 경험 등)을 바탕으로 기존의 소상공인과는 차별화된 사업영역을 개발하고 경제활동을 영위하였다. 이태원은 이들 소상공인이 추구하는 스타일의 사업을 꾸려나갈 수 있는 자유로운 문화적 토양을 갖추고 있었으며, 그런 소비자들을 끌어들일 수 있는 장소적 매력을 갖추고 있기도 하였다. 이태원 골목길에 나타난 변화가 일정 부분 유지되는 이유는 독특하고 질 높은 상품과 서비스를 생산하고 공급하는 소상공인들뿐만 아니라, 이들이 생산하고 공급하는 상품과 서비스를 소비하는 소비자들이 존재하기 때문이다(경신원, 2022, pp. 73-74).

2010년대 이태원에 나타난 변화는 조용하던 골목길을 생기 넘치는 공간으로 바꾸었다. 사람들은 서울의 가장 이국적인 장소에서 외국 음식을 즐기고 멋진 카페에서 차 한 잔의 여유를 만끽하며, 다른 곳에서 찾을 수 없는 상품과 문화를 소비할 수 있게 되었다. 이태원이 핫플레이스가 되기 이전에는 서울의 어떤 곳보다 교통이 편리하고 상대적으로 저렴한 임대료를 부담하며 거주할 수 있는 곳이었다. 그러나 이태원이 핫플레이스가 되면서 골목길에 있던 세탁소나 동네 마트, 그리고 이곳에 삶의 둥지를 틀었던 이들은 하나둘 골목을 떠나고 말았다. 토박이들이 먼저 이태원 골목길을 떠난 후 몇 년 동안 이태원 골목길의 새로운 변화를 이끈 소상공인들이 그들만의 창의적인 아이디어로 이태원을 핫플레이스로 만들었지만, 이것도 오래가지 못했다. 2015년 이후 이태원은 임대료의 급격한 상승으로 자본력의 한계를 가진 소상공인들이 더 이상 사업을 지속할 수 없는 지경에 이르면서 이들 역시 떠나기 시작했다. 결국 이태원의 영광은 오래가지 못하고, 쇠퇴의 길로 들어서게 되었다(경신원, 2022, pp. 74-75).

한때 전국적인 명성을 얻었던 이태원 경리단길의 성공 신화는 2010년대 말 이후 '신흥 골목상권의 잔혹사'로 소개되었다. 주중에도 제법 많던 사람들이 주말에도 눈에 잘 띄지 않게 되었다. 그리고 임차인을 구하는 '임대문의' 종이가 붙은 빈 점포들만 남아 경리단길은 텅 빈 거리가 되어 버렸다. 이제 이태원 경리단길의 쇠퇴는 전형적인 젠트리피케이션의 사례로 남게 되었다.

대구 김광석 길과 방천시장의 과거와 현재

지방 대도시나 방문객이 많은 관광도시에서도 젠트리피케이션은 발생한다. 대구의 김광석 길은 국내외 관광객들이 많이 찾는 관광명소로 문화예술과 상업이 공존하는 공간이다. 김광석 길과 인접해 있는 방천시장 역시 과거에는 낙후된 재래시장 중 하나였지만, 김광석 길이 생기면서 활성화되었다.

대구광역시 중구 대봉동에 있는 김광석 길은 2009년 '문전성시 프로젝트'에 11개 팀으로 구성된 작가들이 참여하면서 만들어졌다. 허름했던 골목길 벽면에는 다양한 벽화들과 가수 김광석의 노래 가사들이 채워졌다. 거리에는 작가들의 작품들이 하나둘 생겨났고, 김광석의 노래가 흘러나오기 시작했다. 이렇게 만들어진 김광석 길은 2010년 공개되었고, 많은 국내외 관광객을 끌어들이는 문화예술공간으로 자리 잡았다. 김광석 길과 바로 접한 방천시장 역시 활기를 띠게 되었고, 문화와 상업이 함께 숨 쉬는 공간으로 발전하게 되었다.

이 두 장소가 많은 국내외 관광객을 끌어들이게 된 것은 가수 김광석의 문화적 영향력과 노래, 그리고 방문객의 호응을 일으키는 스토리텔링이 있었기 때문이다. 장소의 정체성을 유지하면서 역사성도 잃지 않았다. 작가들의 다양한 작품과 벽화들도 김광석 길이 문화의 거리가 되는 데 큰 도움이 되었다. 처음에는 몇몇 예술가들에 의해 만들어졌지만, 김광석과 관련된 콘텐츠가 더해지면서 김광석 길은 더욱 발전하게 된 것이다. 김광석 길은 2010년대 중반 '한국관광 100선'에 포함되며, 대구를 대표하는 관광 상품이 되었다.

도시재생 사업을 통해 활성화된 초기의 김광석 길은 소박한 벽화와 예술가들의 작품을 감상할 수 있는 문화예술공간이었다. 그러면서 김광석 길은 사람들의 관심을 끌기 시작했고, 많은 관광객이 몰리면서 카페와 가게들이 늘어나고 활기를 띠게 되었다. 그러나 얼마 후 건물과 상가의 임대료가 높아지면서 주민들과 상인들은 하나둘 떠나기 시작했다. 얼마 전 주말에 방문했던 김광석 길의 상가 일부는 공실로 남아 있었고, 방천시장의 일부 재래시장 기능도 옛날처럼 남아 있었다.

김광석 길과 방천시장은 도시재생 사업의 하나로 시작하여 관광명소가 되었지만, 대구 도심과 인접하고 대구 도시철도 2호선이 통과하여 대중교통 접근성이 매우 좋다. 따라서 개발잠재력이 매우 큰 지역이다. 이런 이유로 전통적인 재래시장의 기능을 유지하기 어렵고, 지주들은 고밀도 개발을 통한 부동산 가치의 상승에 관심이 클 수밖에 없다.

김광석 길과 방천시장의 어제와 오늘을 보면서 도시재생 사업도 단기적인 도시재생보다는 중장기적으로 지속가능한 도시재생의 길을 찾는 것이 무엇보다 중요함을 다시 한번 깨닫게 된다. 공익과 사익의 조화, 이상과 현실의 조화, 그리고 나무(소지역)와 숲(도시)의 조화를 함께 찾는 지혜가 필요함을 일깨워준다. 시장원리와 자본의 논리가 작동하는 도시공간에서 김광석 길이 살아남을 수 있는 새로운 전략을 마련해야 한다.

김광석 길

김광석 길

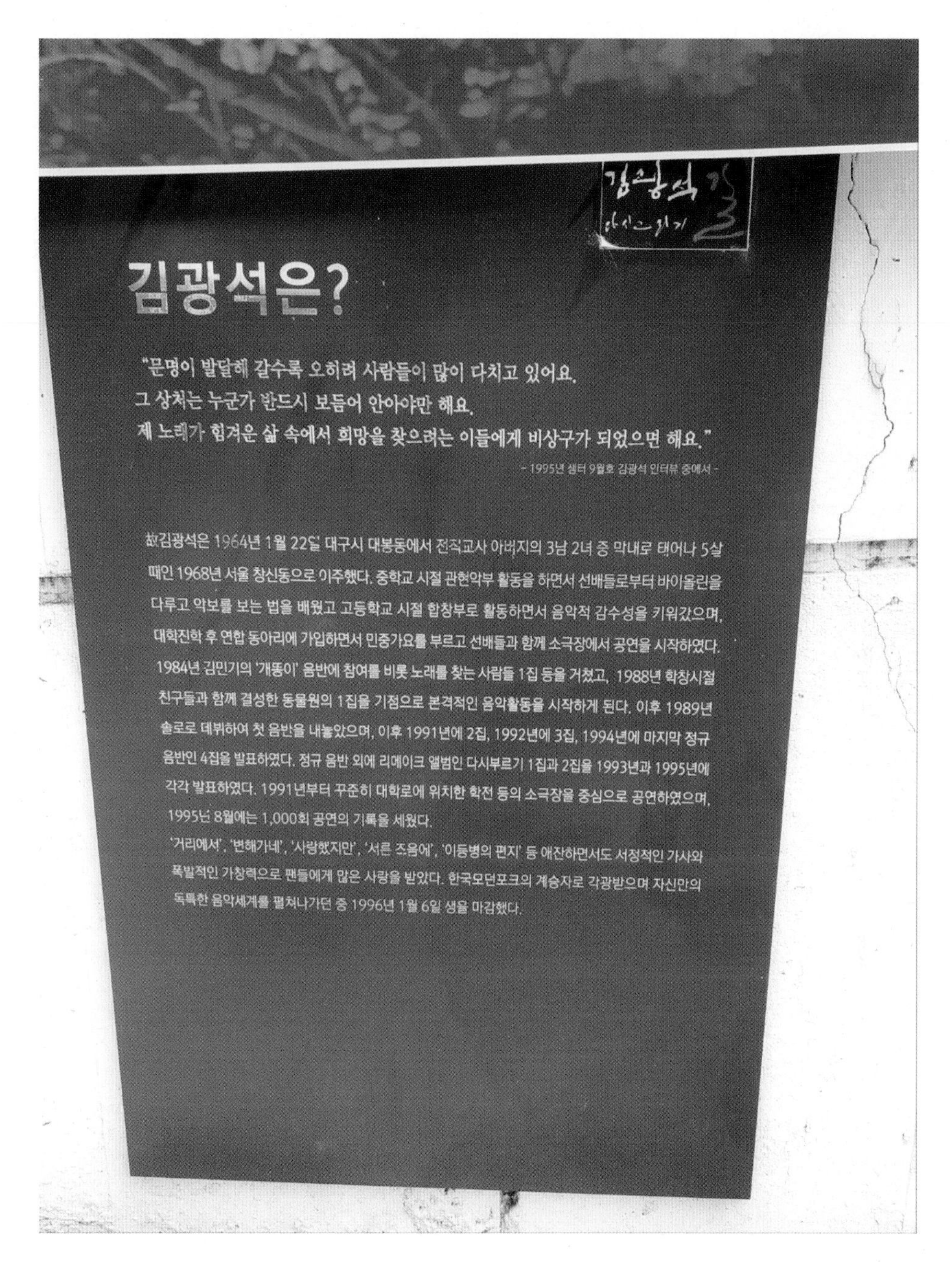
김광석은?
"문명이 발달해 갈수록 오히려 사람들이 많이 다치고 있어요.
그 상처는 누군가 반드시 보듬어 안아야만 해요.
제 노래가 힘겨운 삶 속에서 희망을 찾으려는 이들에게 비상구가 되었으면 해요."
- 1995년 샘터 9월호 김광석 인터뷰 중에서 -
故김광석은 1964년 1월 22일 대구시 대봉동에서 전직교사 아버지의 3남 2녀 중 막내로 태어나 5살
때인 1968년 서울 창신동으로 이주했다. 중학교 시절 관현악부 활동을 하면서 선배들로부터 바이올린을
다루고 악보를 보는 법을 배웠고 고등학교 시절 합창부로 활동하면서 음악적 감수성을 키워갔으며,
대학진학 후 연합 동아리에 가입하면서 민중가요를 부르고 선배들과 함께 소극장에서 공연을 시작하였다.
1984년 김민기의 '개똥이' 음반에 참여를 비롯 노래를 찾는 사람들 1집 등을 거쳤고, 1988년 학창시절
친구들과 함께 결성한 동물원의 1집을 기점으로 본격적인 음악활동을 시작하게 된다. 이후 1989년
솔로로 데뷔하여 첫 음반을 내놓았으며, 이후 1991년에 2집, 1992년에 3집, 1994년에 마지막 정규
음반인 4집을 발표하였다. 정규 음반 외에 리메이크 앨범인 다시부르기 1집과 2집을 1993년과 1995년에
각각 발표하였다. 1991년부터 꾸준히 대학로에 위치한 학전 등의 소극장을 중심으로 공연하였으며,
1995년 8월에는 1,000회 공연의 기록을 세웠다.
'거리에서', '변해가네', '사랑했지만', '서른 즈음에', '이등병의 편지' 등 애잔하면서도 서정적인 가사와
폭발적인 가창력으로 팬들에게 많은 사랑을 받았다. 한국모던포크의 계승자로 각광받으며 자신만의
독특한 음악세계를 펼쳐나가던 중 1996년 1월 6일 생을 마감했다.

김광석 길

황리단길과 경리단길

최근 몇 년 사이 경주 황리단길은 새로운 관광명소가 되었다. 황리단길은 2017년경부터 서울의 경리단길의 이름을 모방하여 불리기 시작하면서 명성을 얻기 시작했다. 두 곳의 차이점이 있다면, 경리단길은 한때 번영했다가 이제 쇠퇴한 동네 상권으로 전락했지만, 황리단길은 지난 몇 년 동안 지속적인 번영을 유지하고 있다는 점이다. 그래서 요사이 황리단길은 한동안 뜸했던 국내외 관광객을 다시 경주로 끌어들이는 효자 노릇을 톡톡히 하고 있다.

경리단길은 과거 육군중앙경리단이 초입에 있던 서울 이태원 회나무로(도로명)에 있다. 경리단길은 주거지와 근린상가가 고급상권으로 탈바꿈한 지역으로, 2012년 이후 이태원 상권의 확장을 통해 고급 레스토랑과 특색있는 카페, 부띠끄(boutique), 갤러리 등이 입점하면서 고급상권이 만들어졌다.

한편 황리단길의 태동은 경리단길과는 다소 다르다. 황리단길은 국가적 문화유산인 대릉원과 첨성대가 코앞에 있는 것은 물론이고, 동궁과 월지(안압지), 교촌마을, 월정교 등도 도보권에 있다는 것이 큰 장점이다. 그리고 쇠퇴한 주거지역이었던 황리단길 주변지역을 한옥 신축과 증개축(增改築)에 대한 재정적 지원을 통해 한옥지구로 탄생시킴으로써 한옥 숙박(게스트하우스)을 가능케 한 것도 황리단길 성공에 밑거름이 되었다.

지금까지 황리단길은 성공한 것처럼 보인다. 그러나 황리단길이 국내외 관광객들로부터 지속적인 사랑을 받을 수 있을지는 두고 볼 일이다. 이제 황리단길이 이름까지 모방했던 경리단길이 왜 쇠퇴했는지 살펴봐야 한다. 경리단길은 2000년대 초 서울 지하철 6호선 이태원역의 개통으로 성장의 발판을 마련한 이태원 상권의 공간확산과정에서 수혜를 입었다. 경리단길이 세인의 주목을 받기 전에는 경리단길의 임대료는 매우 저렴했고, 이것이 경리단길의 초기 상권 활성화에 결정적인 역할을 했다. 이후 경리단길에 입점한 레스토랑, 카페, 부띠끄, 갤러리들이 번창하면서 경리단길은 새로운 고급문화 클러스터로 발돋움하게 된 것이다. 그러나 경리단길의 번영은 오래가지 못했다. 2010년대 중후반 이후 경리단길은 임대료의 폭발적인 상승, 특색있는 상가의 감소와 대기업 프랜차이즈의 대체로 사람들의 발길이 줄어들기에 이르렀다. 물론 경리단길의 쇠퇴는 여러 가지 원인이 복합적으로 작용하여 초래되었을 가능성이 크다. 예컨대 열악한 도로 인프라와 주차공간의 부족도 원인으로 지적되기도 한다.

황리단길은 경리단길과는 근본적으로 다른 것은 사실이다. 문화유산을 끼고 있는 것도, 그리고 주변에 한옥 숙박이 가능한 게스트하우스가 많은 것도 다르다. 그리고 경리단길의 경우 서울이라는 도시공간에서 대체할 수 있는 다른 공간이 생길 수 있는 것도 차이점이다.

이제 황리단길은 경리단길과 달리 오래 번영을 지속할 수 있는 길을 찾아야 한다. 여기서 특히 주목해야 할 점은 임대료이다. 임대료의 상승이 가져올 상가의 수익성 저하는 기존 사업자들을 황리단길에서 내쫓는 결과를 초래할 수 있다. 여기에다 동종 사업자들끼리의 과당경쟁도 문제가 될 수 있다. 수익성이 좋다고 동종 사업자들이 우후죽순 난립하면 비슷한 서비스의 공급이 증가하게 되고, 이는 수익성 급감으로 이어져 공멸하는 것이 시장의 이치다. 특색 있고 차별화된 업종과 서비스의 발굴이 중요한 이유도 여기에 있다. 황리단길이 경리단길과 달리 지속적인 번영을 누리기 위해서 정책당국과 이해 당사자들이 머리를 맞대고 묘책을 찾아야 한다.

선진국에서는 일찍이 중심 시가지 상권의 활성화를 도모하기 위해 다양한 제도적 방안을 마련하여 추진하고 있다. 영국에서는 TCM(Town Centre Management)을 운영하고 있으며, 미국에서는 BID(Business Improvement District)를 운영하고 있다. 일본은 지방자치단체가 TMO(Town Management Organization)를 설립하여 중심 시가지를 활성화할 수 있도록 제도적 장치가 마련되어 있다. 우리나라도 지역 특성에 맞는 상권 활성화를 추진할 수 있는 제도적 장치를 마련하는 것이 무엇보다 중요하다.

출처: 한국관광공사-김지호

출처: 한국관광공사-김지호

경리단길

출처: 한국관광공사-김지호

경리단길

황리단길

황리단길

젠트리피케이션은 왜, 그리고 어떤 곳에서 많이 발생하는가

골목길 상권의 초기 성장은 대도시의 경우 주로 지하철과 같은 대중교통 접근성이 좋은 곳에서 일어난다. 왜냐하면 골목길 상권의 사업자와 소비자 모두 젊고 창의적 아이디어를 가진 20~30대가 대부분이고, 유동인구의 유입이 쉬운 곳에서 상권이 활성화될 수 있기 때문이다. 젠트리피케이션이 발생한 대표적 사례로 주로 언급되는 홍대 거리, 이태원, 성수동, 연남동 일대는 모두 지하철역에서 가까운 거리에 있고, 대학교와 같이 인구집중이 많은 시설과 인접해 있는 것이 특징이다.

리처드 플로리다(Richard Florida)는 그의 저서 <도시는 왜 불평등한가>(The New Urban Crisis, 2017)에서 미국에서도 젠트리피케이션은 일반적인 도시에서 광범위하게 발생하는 것이 아니라, 일부 성공한 도시에서 발생한다는 사실을 밝히고 있다. 아울러 경제적으로 성공한 도시에서도 특정 지역에 한정되어 발생한다는 사실을 분석 결과를 토대로 밝혔다(안종희 옮김, 2018, pp. 115-121).

서울시 상업 젠트리피케이션이 발생한 지역의 입지적 요인을 분석한 이기훈 외(2018)의 연구 결과를 보면 상업 젠트리피케이션이 발생한 주거지역은 단독주택의 연면적 비율이 높고 근린생활시설이 많은 지역으로 밝혀졌다. 그리고 상업 젠트리피케이션은 고속도로나 지하철역과 가깝고, 대학교나 다른 인구집중시설과 가까운 곳에서 많이 발생하는 것으로 나타났다.

상업공간의 젠트리피케이션이 일어나는 큰 이유는 임대료의 상승 외에도 소비자의 소비패턴과 기호의 변화에 따라 나타나기도 한다. 특히 서울과 같은 대도시에서는 예컨대 이태원 경리단길을 대체할 수 있는 공간은 언제든지 나타날 수 있다. 젊은이들의 기호는 민감하고, 그런 이유로 쉽게 변할 수 있다. 그래서 대도시에서 핫플레이스의 공간이동은 쉽게 일어난다. 특히 감수성이 풍부한 젊은 세대는 사회관계망 서비스(SNS: Social Network Service)를 통해 새로운 핫플레이스를 찾고, 새롭게 만들기도 한다. 소비자의 변심은 상품과 서비스의 소비에만 국한되지 않고, 공간의 소비에서도 비슷한 현상이 나타나는 것이다.

따라서 지방자치단체 차원에서 젠트리피케이션이 나타날 수 있는 지역을 사전에 예측하고, 부정적 파급효과를 최소화할 수 있는 대책을 마련하는 것이 필요하다. 왜냐하면 임대인과 임차인, 그리고 지역이 함께 공존하고 상생하는 길을 찾아야 하기 때문이다. 그리고 그 대책은 지방자치단체, 토지소유자나 임대인, 그리고 임차인 간의 협약이나 다른 형태의 관민 파트너십이 수반되어야 한다. 예컨대 일본은 지방자치단체가 TMO(Town Management Organization)를 설립하여 시가지의 상권 활성화를 위해 업종구성부터 점포 배치, 기반시설 정비, 소프트웨어 사업 등 다양한 사업을 종합적으로 추진하고 있다. TMO의 구성은 상공인, 지역주민, 전문가를 포함함으로써 도시 활성화를 위한 관민 파트너십의 대표적 사례가 되고 있다. 이제 우리나라도 한국형 TMO의 설립과 운영을 검토할 필요가 있다.

제8장

교통정책, 어떻게 변해야 하나

교통정책 목표 변해야

교통정책의 가장 전통적인 목표는 이동성(mobility)과 접근성(accessibility)의 향상이라고 할 수 있으며, 지난 수십 년간 선진국과 개발도상국을 막론하고 이 두 가지 목표를 달성하는 데 교통정책의 초점이 두어져 왔다. 그 결과 정책당국자들은 주어진 도로구간에서의 '운행속도'(operating speed)를 교통정책의 가장 중요한 성과척도로 삼아 왔다. 최근에는 교통안전도 교통정책의 중요한 목표로 다루어지고 있어 매우 다행스러운 일이다. 그러나 안전성(safety)은 3E(Engineering, Enforcement, Education)의 세 가지 방안이 강조되고 있는 만큼, 정책적인 이슈라기보다는 시설투자, 제도, 그리고 안전교육이 핵심이라고 볼 수 있다.

교통정책의 목표로서 이동성이 가장 강조되었던 전통적인 정책환경 속에서는 교통소통 애로 구간의 도로공급을 증대시키는 것이 최선의 정책수단이 되었다. 그러나 도로공급을 통해 교통문제를 해결하려는 시도는 불행히도 도시의 무분별한 확산과 이로 인한 시민들의 통행거리 증가를 초래하였다. 즉 도로공급 위주의 교통정책은 개별 도로구간의 속도를 향상시키기는 하였으나, 시민들의 승용차 이용을 부채질하고 결과적으로 장거리 통행을 유도하여 시민들은 과거보다 더 빈번히, 그리고 더 먼 거리를 통행하게 되었다. 통행자들의 경우 더 먼, 그리고 더 빈번한 통행을 함으로써 개인적 편익이 발생할지는 몰라도 에너지 소비와 대기오염의 증가, 그리고 교통혼잡 현상의 광역화로 자동차 이용의 사회적 비용은 더욱 증가하게 되는 악순환이 발생하게 되었다.

아울러 교통정책의 성과척도로서 차량 속도에 대한 강조는 도시의 외연적 확산, 그리고 업무 및 상업시설이 완비되지 않은 주거 위주의 침상도시(bed town)만을 건설하는 결과를 초래하게 되었다. 물론 도시의 자족적 기능이 결여된 주거 위주 침상도시 건설의 가장 중요한 원인은 주택보급률로 표현된 정부의 주택정책 목표만을 달성하기 위해 신도시 개발이 추진되었기 때문임은 두말할 나위가 없다.

'속도' 패러다임의 대체와 새로운 성과척도

이제 교통정책의 전통적인 '속도'(speed) 패러다임을 대체할 새로운 패러다임으로 이동성과 접근성 외에 지속가능성(sustainability)이 새로운 목표로 강조되어야 한다. 1980년대 이후 지속가능성에 대한 관심과 배려의 필요성이 강조되어 왔음에도 불구하고 교통정책 분야에서 지속가능성을 구체적으로 고려하고, 이를 성과척도로 삼아 각종 교통정책과 계획을 평가하려는 시도는 매우 미흡했다.

교통정책에서 논의되는 지속가능성은 에너지 및 환경 이슈와 밀접하게 연관되어 있다. 지속가능성을 도시 차원에서 종합적으로 평가할 수 있는 성과척도로는 단위 기간 중 모든 시민의 총 통행거리를 나타내는 VKT(Vehicle Kilometers Traveled)와 이들의 총 통행시간을 나타내는 VHT(Vehicle Hours Traveled) 등이 있다. 이러한 성과척도들은 모든 시민의 자동차 이용의 정도를 포착할 수 있는 중요한 지표들이다.

Ewing(1993)은 지속가능성을 지역 차원에서 종합적으로 평가할 수 있는 성과척도로서 VKT와 VHT의 유용성을 강조하였다. 그는 토지이용과 교통을 하나의 통합된 시스템으로 보아야 하며, 이러한 통합 시스템을 위한 성과척도로 특히 VKT의 중요성을 강조하였다.

VKT는 미국의 CAAA(Clean Air Act Amendments, 1990)에서도 대기환경 개선을 위한 가장 중요한 성과척도로 채택되었다. 이러한 VKT의 유용성에도 불구하고 VKT는 교통혼잡을 측정할 수 없는 취약점을 가진다. 이러한 VKT의 취약점을 극복하기 위한 척도로 VHT가 이용될 수 있다. VHT를 줄이려는 시도는 대기환경을 개선할 수 있고, 따라서 VHT가 최소한 대기환경의 개선 여부를 평가하기 위해서는 VKT보다 유용하기 때문이다(Ewing, 1993, p. 15).

1980년대 이후 국가 혹은 지역 단위의 교통계획에서 지속가능성에 대한 관심이 다소 증가하여 왔지만, 이를 구체적으로 반영하고 이를 성과척도로 삼아 계획을 평가하려는 시도는 아직도 초기 단계에 머물러 있다. 우리나라도 지금까지 교통계획의 평가를 위해 지속가능성 기준은 중요하게 간주되지 않아 왔으며, 주로 개별 도로구간의 V/C 비 및 통행속도 등과 같이 이동성을 측정하는 성과척도만이 이용되어 왔다. 그러나 교통과 토지이용의 상호관련성을 고려한 지속가능성 측면에서 교통계획을 평가할 수 있는 성과척도의 개발과 적용의 필요성은 꾸준히 제기되어 왔다.

Richardson(1999)은 낮은 교통 에너지 가격과 차량 의존적인 토지이용 시스템이 VKT의 증가를 유도하며, 이는 결과적으로 대기오염의 악화를 초래한다고 보았다. 아울러 그는 궁극적으로 교통혼잡의 감소, 접근성의 향상, 안전성의 향상, 교통 에너지 이용의 감소를 통해 지속가능한 교통 시스템이 확립될 수 있다고 보았다. 따라서 전통적인 교통계획의 성과척도와는 달리 지속가능한 교통계획의 성과척도는 특히 통행자의 통행거리 증가가 대기환경에 미치는 영향을 포착할 수 있어야 한다는 것이다.

Lindquist(1998)는 교통계획에서 지속가능성의 목표로서 ① 토지이용을 통한 교통혼잡의 감소, ② 승용차의 대안적 교통수단을 통한 이동성 확보, ③ 승용차의 대안적 교통수단을 통한 접근성 확보의 3가지를 제시하였다. 그는 이러한 3가지 지속가능성의 목표를 달성하기 위해 VKT의 감소, 대중교통수단의 이용 증대, 보행자 및 자전거 시설의 개발, 통신에 의한 통행 대체의 4가지 지속가능성 지표의 적용을 제안하였다.

우리나라의 경우 지금까지는 교통정책의 성과척도로 VKT와 VHT를 활용하려고 해도 이를 측정할 수 있는 자료의 수집에 한계가 있었다. 그러나 최근 들어 정보통신기술의 발달로 이들 성과척도에 대한 자료를 수집할 수 있는 여건이 향상되고 있는 만큼, 교통계획에서 이들 두 가지 성과척도를 적극적으로 활용해야 한다.

한편 1990년대 말부터 교통 서비스 수혜에 있어서 형평성(equity)이 교통정책의 목표로 크게 부각되고 있다. 노약자, 장애인, 인구과소 지역 거주 인구 등 교통약자를 위한 통행 기회의 제공이 교통정책의 또 다른 목표가 되어야 한다는 인식이 확대되어 왔다. 미국의 경우 TEA 21(Transportation Equity Act for the 21st Century, 1998)의 입법을 통해 저소득 노동자, 노약자, 장애인, 비도시지역 거주자 등 교통약자에 대한 교통계획 차원의 고려가 구체화 되기 시작했다(U.S. Department of Transportation, 1998).

우리나라도 교통 서비스 공급의 형평성 문제가 교통정책의 중요한 목표로 자리 잡아가고 있다. 예컨대 「교통약자의 이동편의 증진법」(1995)의 입법과 '교통약자 이동편의 증진계획'의 수립으로 교통약자에 대한 서비스 확대가 꾸준히 추진되고 있다. 이러한 제도적 노력에도 불구하고 실질적으로 미흡한 부분도 많다. 예컨대 시각장애인을 위한 점자블록도 체계적인 정비가 미흡한 곳이 현실적으로 많고, 교통약자를 위한 특별교통수단의 이용도 행정구역의 한계로 불편을 겪는 경우가 다반사다. 따라서 제도적 노력 못지않게 추진체계와 모니터링체계를 강화하는 것이 필수적이다.

교통정책에서 토지이용의 중요성

도시를 지탱하고 유지시켜 주는 가장 중요한 두 가지 요소는 교통 체계(transportation system)와 토지이용 체계(land use system)이다. 다양한 도시 활동이 필요로 하는 토지의 양(量)을 분석하여 이를 합리적으로 공간상에 배분함으로써 도시 활동의 원활화와 적절한 생활환경의 수준을 유지하는 데 토지이용계획의 목적이 있다면, 교통계획은 도시공간상에서 이루어지는 다양한 도시 활동을 서로 신속하게 연결시켜 접근성(accessibility)을 높여주는 데 그 목적이 있다. 따라서 토지이용과 교통 체계 간의 관계는 '닭과 계란'과 같은 관계로 비유할 수 있다.

교통과 토지이용의 상호관련성은 아무리 강조하여도 지나치지 않는다. 그럼에도 불구하고 우리나라에서 토지이용을 통한 교통문제의 해소는 정책당국자들의 관심을 끌지 못했다. 그 이유는 토지이용을 통한 접근방법의 효과는 비교적 장기간에 걸쳐 나타난다는 점, 지금까지는 교통문제보다 더욱 심각했던 주택문제의 해결이나 값싼 택지의 공급이 정부정책의 우선순위를 차지했던 점, 그리고 중앙 혹은 지방정부 차원에서 도시계획 담당 부서와 교통정책 담당 부서 간 비협조적 관계 등에 기인한다.

경제성장과 소득증가로 인해 인간의 각종 활동수요가 계속 증가하면서 차량통행 발생 자체를 줄이고 차량통행 거리를 줄일 수 있는 도시 토지이용과 도시계획이 적극적으로 모색되어야 한다. 도시지역의 평면적 확산보다는 혼합적 토지이용의 고밀도 도시공간구조가 교통문제의 해결과 에너지의 낭비를 줄이기 위해 더욱 바람직하다. 주거, 업무, 상업, 각종 서비스 기능을 인접한 공간에 수용하여 교통수요 자체를 감소시키고 접근성을 높이는 압축도시(compact city)의 개념을 도입하는 것이 바람직하다. 이렇게 되면 시민들의 통행발생률(빈도)과 통행거리를 줄이고, 교통 에너지의 소비를 줄일 수 있다.

중장기적으로 토지이용을 통한 교통문제의 완화를 추진하기 위해서는 도시계획과 교통계획의 연계가 필수적이다. 따라서 이들 두 가지 공간계획을 체계적으로 연계할 수 있도록 제도적 개선이 뒤따라야 한다.

교통 인프라 공급에 앞서 수요관리를

우리나라 대도시들에서 계속 증가하는 교통수요를 충족시키기 위해서는 적절한 수준의 교통 인프라 공급이 필요함은 두말할 나위가 없다. 그럼에도 불구하고 교통 인프라 공급의 비용이 너무나도 크다는 사실은 익히 알고 있는 바와 같다. 우리나라 대도시들에서 도로의 확충에 한계를 가지는 것은 도로용지 확보를 위한 과도한 비용부담 때문이다. 또한 도시철도(지하철)로 인한 재정적자는 건설단계뿐만 아니라 운영단계에서도 심각한 문제로 나타나고 있다.

이제는 교통 인프라 공급 중심의 교통정책에서 교통수요관리를 우선적으로 시도하는 방향으로 교통정책의 축을 이동시켜야 한다. 교통수요를 시간대별로 혹은 공간적으로 적절히 분산시켜 주어진 교통 시스템을 가장 효율적으로 이용할 수 있도록 유도하는 다양한 교통수요관리 기법들이 교통 인프라 공급에 앞서 활용되어야 한다.

1996년 노벨 경제학상 수상자인 윌리엄 비커리(William S. Vickery: 1914~1996)는 혼잡가격이론(congestion pricing theory)에 관한 그의 논문에서 도시 내 승용차 통행의 가격이 지나치게 낮게 평가되는 문제점으로 말미암아 통행의 빈도와 통행시간의 결정, 통행경로와 교통수단의 결정, 그리고 도시 토지이용에 심각한 비효율성과 사회적 비용이 발생한다고 지적한 바 있다. 그는 호텔, 영화관, 전화, 공공시설 등의 이용에 있어 성수기와 비성수기에 요금 차이가 있듯이 도시교통에도 이러한 요금구조의 적용이 경제적 효율성을 증가시킬 수 있음을 강조하였다.

교통 인프라에 대한 투자는 막대한 예산이 소요될 뿐만 아니라 실질적으로 그 효과가 미흡한 경우도 많다는 점을 감안하면, 교통 인프라와 교통수단의 이용에 대한 적정가격의 설정이 얼마나 비용 효과적인 정책수단인지 알 수 있다. 대중교통 요금 책정에 있어 시간대별 차등요금의 적용, 그리고 적절한 혼잡통행료의 부과 등을 통해 통행량을 시간대별 혹은 공간적으로 분산시킴으로써 주어진 교통 시스템을 효율적으로 이용하는 것이 우선 추진되어야 한다.

탄소중립도시, 교통정책 패러다임 변해야

탄소중립은 인류가 봉착한 가장 큰 시대적 과제이다. 선진국들은 우리나라보다 먼저 탄소중립을 선언하였고, 우리나라도 2020년대 들어 탄소중립을 중요한 국가적 과제로 제시하였다. 탄소의 배출은 다양한 부문에서 이루어지지만, 기본적으로 인간의 활동 그 자체가 탄소의 배출을 수반한다고 볼 수 있다.

우리나라의 경우 교통부문 탄소의 배출은 코로나 사태가 발생하기 직전에 전체의 14% 정도를 차지하는 것으로 나타났고, 이 가운데 도로부문에서 발생하는 탄소배출이 95%를 훨씬 상회하는 것으로 나타났다. 아울러 더욱 주목해야 하는 것은 1990년의 경우 전체 교통부문에서 도로부문이 차지하는 탄소배출 비중이 87%이던 것이 코로나 사태가 발생하기 직전에는 97%까지 증가함으로써 도로부문 탄소배출 감축이 매우 중요한 과제임을 알 수 있다.

현실적으로 도로부문 탄소배출의 대부분은 농촌지역보다는 대도시와 그 주변지역에서, 그리고 대중교통수단인 버스보다는 승용차에서 발생한다. 그만큼 우리나라 도시들의 경우 승용차의 교통수단 분담률이 높고, 도로 교통혼잡이 심각하기 때문이다. 따라서 교통부문 탄소배출 저감을 위해서는 전기차와 같은 친환경차의 보급도 중요하지만, 대중교통수단의 수송 분담률을 높이고, 통근통행과 같은 필수통행의 통행거리와 통행시간을 줄이는 데 정책역량을 집중해야 한다.

승용차 통행량을 줄이기 위해서는 우선 대중교통 활성화에 정책역량을 모아야 한다. 대중교통수단은 문전(door–to–door) 서비스가 불가능한 근본적인 한계를 가지는 만큼, 이를 극복할 수 있는 대책이 필요하다. 예컨대 통행의 출발지(origin) 혹은 목적지(destination)와 도시철도역 및 버스정류장 사이 짧은 통행을 위한 개인교통수단(예: 자전거, 퍼스널 모빌리티)의 공급과 교통수단 간 환승의 불편을 해소할 수 있는 다양한 환승 인프라, 예컨대 환승주차장, 복합환승센터, 대중교통환승센터의 확충에 힘쓰고, 환승요금 체계의 정비도 필요하다.

다음으로 승용차 교통수요관리도 함께 이루어져야 한다. 가장 강력한 승용차 교통수요관리 방법은 승용차 부제 운행이지만, 이는 다소 강제적인 방법이어서 시행이 쉽지 않다. 현실적으로 가장 도입하기 쉬운 승용차 교통수요관리 방법은 주차수요관리이며, 그중에서도 주차요금체계의 조정을 통한 방법이다. 도로 교통혼잡이 심하면서 대중교통수단 공급이 비교적 원활한 도심과 부도심의 노외주차장 요금체계의 조정을 통해 승용차 교통수요관리를 하는 것이 중요하다. 여기에다 서울, 부산, 대구와 같은 일부 대도시에서 시행하고 있는 상업용 및 업무용 건축물의 부설주차장에 대한 주차장공급상한제의 확대도 필요하다. 주차장공급상한제는 승용차 이용을 억제하고 대중교통 이용을 활성화하는 데 목적이 있는 만큼, 대중교통 접근성이 좋은 지역에 선별적으로 확대해야 한다.

특히 주차수요관리에서 유념해야 할 점은 주차수요와 주차 문제는 주간과 야간, 그리고 상업 및 업무지역과 주거지역이 다른 만큼, 이를 구분하여 대책을 마련해야 한다는 점이다.

한편 이러한 주차수요관리에 앞서 가장 먼저 추진되어야 할 과제는 강력한 불법주차단속이다. 우리나라는 현재 주차단속 권한이 지방자치단체에 있지만, 선진국들처럼 경찰에게 주차단속 권한을 주는 것을 적극적으로 검토해야 한다. 지방자치단체장은 선거에 의해 선출되는 이유로 인해 강력한 주차단속을 하기에는 한계가 있을 수 있다는 점을 고려해야 한다.

마지막으로, 인간의 활동에 필요한 필수통행의 통행거리와 통행시간을 근본적으로 줄이기 위해 직주근접, 압축도시(compact city) 개발, 대중교통 지향형 개발(TOD: Transit Oriented Development)의 구체적 방안을 도시마다 모색해야 한다. 대중교통 지향형 개발은 대중교통수단을 이용해도 불편함이 없도록 계획적인 도시개발을 하는 것이다. 대중교통 지향형 개발은 도시철도 역세권이나 버스정류장 주변지역 등 대중교통 이용이 편리한 곳에 고밀도 도시개발을 제도적으로 유도하여 시민들의 승용차 의존도를 줄이고 대중교통 이용을 활성화하는 것이 주목적이다.

탄소중립은 이제 피할 수 없는 과제가 되었다. 따라서 개별 지방자치단체가 수립하는 각종 공간계획에서도 탄소중립을 실현하기 위한 구체적인 전략을 포함해야 한다. 아울러 개별 지방자치단체가 수립하는 중장기 교통계획의 성과척도 역시 탄소중립도시의 실현을 목표로 하여 개발되고 활용되어야 한다. 이제 탄소중립도시 실현을 위해 교통정책 패러다임이 변해야 할 시점이다.

대중교통 활성화가 필요하다

2020년 초부터 시작된 코로나 팬데믹으로 말미암아 가장 큰 타격을 입은 분야는 소상공인과 대중교통이다. 코로나19의 1차 대유행 시기였던 2020년 2월부터 우리나라 주요 도시들의 대중교통 통행량은 급격히 감소하기 시작했고, 코로나19 확진자 수에 비례하여 대중교통 통행량이 등락을 거듭하였다. 시민들은 코로나19 확산으로 대중교통 이용을 기피하고 승용차 이용을 선호하기 시작했으며, 더 나아가 재택근무, 온라인 쇼핑, 온라인 수업이 보편화되면서 개인들의 전반적인 통행수요 자체가 감소하기에 이르렀다.

코로나19 사태로 말미암아 도시들마다 대중교통 이용자들이 급격히 줄어들면서 대중교통에 대한 보조금은 증가할 수밖에 없게 되었고, 결국 도시들마다 재정부담이 가중되는 결과를 초래하게 되었다. 그리고 급기야 일부 지방자치단체들은 대중교통 운행을 감축하는 고강도의 대응책을 시행하기에 이르렀다. 특히 대중교통 운행 감축은 시내버스보다 농어촌버스, 시외버스, 고속버스의 경우 더 두드러지게 나타났다. 대중교통의 위기는 도시들의 재정부담 증가로 귀결되는 것은 물론이고, 승용차 통행수요의 증가로 인해 도로교통 혼잡을 초래하기도 하였다.

최근에는 지구 온난화가 전 세계적인 이슈로 등장하면서 탄소저감 정책은 선택이 아닌 필수가 되었다. 탄소저감 정책은 국가 단위에서는 탄소저감 기술의 개발과 ESG 경영의 강화, 에너지원의 변화(화석에너지 사용 축소) 등을 통해 실현될 수 있으나, 도시 단위에서는 대중교통 활성화가 가장 중요한 정책수단이 될 수밖에 없다.

대중교통 활성화를 위해서 중단기적으로는 대중교통수단의 고급화, 대중교통 요금의 다양화를 추진할 수 있다. 우선 코로나19와 같은 감염병 예방을 위해 대중교통수단 내 공기 질 관리, 승차밀도 축소, 최소 운행서비스 확보, 급행버스 도입 등을 통해 대중교통수단의 고급화를 추진해야 한다. 그리고 다양한 요금제도의 도입을 통해 통행자들의 대중교통수단 전환을 유도해야 한다. 예컨대 첨두시와 비첨두시를 구분한 시간대별 차등요금제 적용, 정기권 제도의 도입, 이용빈도 연계 요금제도 도입 등을 시도할 수 있다. 이 모두 대중교통 활성화를 위해 적극적으로 도입이 검토되어야 할 요금제도이다.

아울러 대중교통 활성화를 위해서는 승용차 교통수요관리를 함께 추진해야 한다. 왜냐하면 승용차 교통수요를 관리하지 않고는 대중교통 활성화는 한계가 있을 수밖에 없기 때문이다. 그렇다고 강제적인 승용차 교통수요관리(예: 승용차 부제 운행)는 대중교통 여건이 좋지 않은 중소도시의 경우 여러 가지 불편을 초래할 수 있어 경제적인 규제 혹은 유인책을 사용하는 것이 바람직하다.

우리는 제2 혹은 제3의 코로나 팬데믹이 다시 발생하지 않는다고 장담할 수 없는 시대에 살고 있다. 그리고 최근에는 지구 온난화로 모든 인류가 큰 위기에 직면할 수 있는 시대를 살아가고 있다. 탄소저감은 이제 전 세계적인 과제가 되었고, 개별 도시의 입장에서 보면 대중교통 활성화는 피할 수 없는 과제이다. 지금이야말로 모든 도시가 대중교통 활성화를 위해 구체적인 대안을 찾아야 할 때이다. 왜냐하면 탄소저감을 위한 시간은 우리를 오래 기다려주지 않기 때문이다.

광역교통, 환승 인프라가 중요

이제 우리나라도 대도시와 주변도시 간 광역철도가 확대되거나 새로이 도입되고 있다. 광역철도가 가져온 변화는 수도권 광역철도를 보면 쉽게 알 수 있다. 수도권 광역철도는 수도권(서울, 인천, 경기도)은 물론이고 충남 천안·아산과 강원도 춘천까지 연결되어 있어 이들 지역이 하루 생활권이 되는 데 결정적인 역할을 하고 있다. 더 나아가 수도권 광역철도는 이들 지역이 하나의 거대 경제권을 형성하는 데 핵심적인 역할을 하고 있음을 생생히 보여주고 있다.

광역철도가 가져올 시너지효과를 극대화하기 위해서는 역(驛)의 추가적인 건설을 통해 광역통행수요를 증가시키는 것은 물론이고, 통행자들의 환승 불편을 줄일 수 있도록 환승주차장, 복합환승센터, 대중환승센터와 같은 환승 인프라의 확충을 서둘러야 한다. 왜냐하면 광역철도는 다른 대중교통수단과 마찬가지로 문전(door-to-door) 서비스가 불가능한 근본적인 한계를 가지는 만큼, 교통수단 간 환승의 불편을 해소하는 것이 무엇보다 중요하기 때문이다. 따라서 광역철도와 승용차, 광역철도와 버스, 광역철도와 도시철도 등 다양한 교통수단 간 환승을 편리하게 할 수 있는 관련 인프라의 확충을 통해 광역교통 운영의 효율성을 높여야 한다.

필자가 얼마 전 방문했던 일본 큐슈의 중소도시인 오이타(大分)역에는 대규모 환승주차장은 물론이고, 역 광장(대중교통환승센터)에 키스 앤 라이드(Kiss & Ride)를 위한 20분 무료 주차공간까지 충분히 마련되어 있었다. 그리고 조그만 시골의

철도역 부근에도 어김없이 충분한 규모의 환승주차장이 마련되어 있었다.

지방 대도시들은 수도권 사례를 세심하게 살펴볼 필요가 있다. 수도권의 도시들이 환승 인프라의 확충을 통해 도시의 개발 잠재력을 어떻게 높이고 있는지, 나아가 수도권 전체가 하나의 광역경제권을 만들고 공간적 분업체계를 어떻게 만들어가고 있는지 눈여겨볼 필요가 있다.

광역철도는 중장거리 지역 교통수단이어서 개인 통행(person trip)의 최초 출발지와 최종 목적지를 오고 가기 위해서는 환승을 수반할 수밖에 없다. 따라서 환승 인프라의 확충은 광역철도의 개통 못지않게 중요하다. 이제 비수도권의 대도시들도 광역철도의 건설과 함께 환승수요에 대한 면밀한 분석을 바탕으로 환승 인프라의 구체적인 공급계획(유형, 입지, 규모, 시기 등)을 마련해야 한다. 그것이 바로 메가시티(mega-city)로 가는 길이다.

일본 오이타역 키스 앤 라이드(Kiss & Ride)를 위한 무료 주차공간

일본 오이타역 키스 앤 라이드(Kiss & Ride)를 위한 무료 주차 안내판

일본 하찌오찌역 대중교통환승센터

일본 하찌오찌역 부근 개인 자전거 보관시설

일본 도쿄 지하철역 오토바이 주차장

독일 다름슈타트역 환승주차장

독일의 자전거 적재가 가능한 열차

독일 프라이부르크역 대중교통환승센터

프랑스 파리 교외 대중교통환승센터

네덜란드 암스테르담 중앙역 자전거 주차장

블록 단위 주차장 확충해야

많은 도시에서 신개발지역은 주차장의 계획적 확충이 가능하지만, 자동차의 대량 보급을 예상치 못한 채 수십 년 전에 개발이 이루어진 구(舊)시가지는 주차장의 부족으로 몸살을 앓고 있다. 따라서 도심 인근 구시가지와 오래된 단독주택지역의 경우 블록 단위 공동주차장 확충방안이 마련되어야 한다. 비록 도심과 역세권 지역의 경우 다른 지역에 비해 주차장공급상한제의 적용에 따라 건축물 부설주차장을 적게 공급하더라도, 개별 건축물별로 건축물 부설주차장을 확보할 것이 아니라 블록 단위로 공동주차장을 마련하여 공급하는 것이 바람직하다.

사실 일본 도시들의 공동주차장 공급사례에서 배울 점이 많다. 일본의 경우 개별 주택마다 차고지 증명제를 시행하고 있는데, 개별 주택 내에서 차고를 확보해도 되지만, 공동주차장에서 차고지를 확보해도 된다. 이런 이유로 일본 도시에서 불법주차는 찾아보기 힘들다.

우리나라도 건축물을 신축할 때 법정 주차대수를 확보하도록 제도가 확립되어 있다. 그러나 문제는 여기서 발생한다. 필지 규모가 큰 건축물의 경우에는 지하 주차장을 파도 되지만, 필지 규모가 작은 건물의 경우에는 지하 주차장을 파도 적절한 주차면 수를 확보하기 어렵다. 따라서 소규모 필지를 소유한 지주들의 경우 개별 필지별로 주차장을 확보하지 않더라도 공동주차장 건설을 위한 공탁금을 납부하면 건축물의 신축이나 증개축이 가능하도록 제도가 개선되어야 한다. 그리고 공탁금을 받은 지방자치단체가 블록 단위 공동주차장을 건설하면 된다. 이렇게 함으로써 도심과 구시가지의 난개발을 방지할 수 있고, 건축물 부설주차장의 적절한 공급이 가능하다.

현실적으로 소규모 필지의 경우에는 주차장 확보를 위해 지상층(1층)을 주차장으로 쓰는 필로티 구조의 건물을 지을 수밖에 없다. 왜냐하면 소규모 필지의 경우 지하 주차장을 파기도 어렵고, 인근지역에서 주차장을 확보하기도 어렵기 때문이다. 따라서 지상층은 주차장으로 인해 죽은 공간이 되고, 2층 이상만 원래의 목적을 위한 용도(주거 혹은 상업·업무 공간)로 사용할 수밖에 없다.

사실 도로와 접한 1층(지상층)은 주차장이 아니라, 상점가를 비롯한 다른 용도로 쓰여야 가로의 활기를 찾을 수 있다. 개별 건물의 층별 불합리한 공간 배치는 가로 상권의 활성화를 가로막기도 하고, 걷고 싶은 거리 조성도 어렵게 할 뿐만 아니라, 보행자의 안전에도 위험 요인으로 작용한다.

필로티 구조 건물

필로티 구조 건물

필로티 구조의 카페 건물

이면도로 정비, 어떻게 해야 하나

교통문제도 시대에 따라 그 유형과 중요성이 변한다. 1960년대와 1970년대의 경우 대중교통의 승차난이 가장 심각한 교통문제였다면, 최근의 경우 가장 대표적인 교통문제는 역시 도로교통 혼잡과 주차문제이다. 특히 도심과 그 인근지역의 이면도로 주차문제는 심각한 실정이어서 이면도로가 교통소통에 제 기능을 담당하지 못할 뿐만 아니라, 비상시에 소방차나 구급차의 진입이 어렵고 이웃 간의 주차 시비를 일으키기도 한다.

우리나라 대부분의 도시를 보면 간선도로는 비교적 잘 정비되어 있으나, 이면도로에 해당하는 폭 10m 미만의 소로(小路)가 전체 도로 면적의 많은 비중을 차지하고 있어 증가하는 교통량을 처리하기에는 비효율적인 도로망체계를 유지하고 있다. 그리고 이들 이면도로는 불법주차와 노상 적치로 제 기능을 발휘하지 못하고 있다.

이면도로의 주차문제는 어제오늘의 이야기가 아니다. 해 묵은 문제이며, 많은 대도시가 골치를 앓아 온 문제이다. 서울의 경우에는 주차문제 해결을 위해 오래전부터 거주자 우선주차제를 시행하고 있다. 그리고 다른 대도시들도 거주자 우선주차제를 부분적으로 시행하고 있다.

아무튼 도시 내 도로 가운데 상당한 비중을 차지하는 이면도로가 교통소통에 거의 역할을 담당하지 못하는 것이 우리나라 도시의 현실이다. 갈수록 심해지는 도로교통 혼잡을 해결하기 위해 전적으로 간선도로의 신설과 확장에만 의존한다면 향후 계속 증가할 것으로 예상되는 자동차증가에 대비하여 얼마나 많은 건설비용이 투입되어야 할지 가늠하기 힘들다.

일본 도시들의 경우 영업용택시를 타면 이면도로를 효율적으로 이용하여 목적지까지 가곤 한다. 즉 이면도로가 교통소통에 중요한 역할을 담당하고 있는 것이다. 물론 일본 도시들의 경우 효율적인 불법주차단속으로 인해 이면도로에 불법 주차된 차량을 찾기 어렵다. 그만큼 이면도로가 잘 정비되어 관리되고 있다.

그러면 우리의 사정은 어떠한가. 우리나라 대도시들의 경우 대부분의 차량이 주로 간선도로만을 이용하여 통행한다. 그만큼 이면도로가 차량통행에 불편하기 때문이며, 이는 이면도로의 불법주차와 노상적치로 인한 결과이다.

이제 이면도로의 바람직한 기능에 대해 꼼꼼히 생각해보자. 이면도로는 도로의 전통적 기능인 이동성(mobility)과 접근성(accessibility)의 두 가지 기능을 동시에 가져야 한다. 따라서 이면도로는 차량과 보행 통행이 동시에 이루어져야 하고, 차량의 원활하고 안전한 통행과 보행자의 안전이 동시에 보장되어야 한다.

이러한 점을 감안하면 이면도로 정비의 방향은 불법주차에서 거주자 우선주차제의 시행을 통한 합법주차로, 그리고 양방(兩方)통행에서 일방(一方)통행으로 전환되어야 한다. 특히 우리나라 도시들이 선진국들에 비해 일방통행제의 도입이 저조하다는 점을 고려하면 이면도로의 일방통행제 도입을 확대할 필요가 있다. 이처럼 합법주차와 일방통행의 두 가지 큰 방향을 설정한 후 지역과 도로의 여건을 감안하고 시민사회의 합의과정을 거친 후에 적절한 주차면을 확보하면서 차량소통이 가능토록 이면도로 정비는 하루라도 빨리 시작되어야 한다. 이면도로 문제는 더 이상 무대책(無對策)이 상책이 될 수 없다.

지방 중소도시의 버스교통, 어떻게 할 것인가

수도권을 제외한 전국 대부분 중소도시는 심각한 인구감소를 겪고 있다. 그 가운데 일부 도시는 인구감소와 함께 고령화도 심각하여 지방소멸까지 우려되고 있다. 인구감소는 공공인프라 투자축소, 산업기반 약화, 공공재원 부족으로 이어지는 악순환의 과정을 거친다.

지방 중소도시는 지속적인 인구감소와 고령화로 인해 교통수요가 전반적으로 감소하고 있다. 그러나 고령인구의 비중이 높은 지역의 경우 대중교통에 대한 수요는 여전히 일정 부분 존재한다. 여기에다 매우 넓은 공간에 주민들은 분산되어 분포한다. 예컨대 경북 안동시의 면적은 1,520.40km²로 서울시 면적의 2.5배에 달한다. 이 넓은 면적에 15만 명 남짓한 인구가 산다. 짐작만 해도 대중교통 서비스 공급의 어려움을 알 수 있다.

지방의 중소도시는 교통수요의 특성도 다르다. 중소도시는 인구구조와 산업구조의 차이로 인해 교통수요의 시간대별 발생패턴도 대도시와 다르다. 대도시의 경우는 직장인의 통근통행과 학생들의 통학통행은 시간대별로 뚜렷이 다른 발생패턴을 가진다. 이러한 이유로 인해 시간대별 배차간격의 조정이나 시간대별 차등요금제의 적용도 가능하다. 그러나 중소도시는 사정이 다르다.

여기에다 지방의 중소도시는 재정 여건도 매우 취약하다. 산업구조가 취약하여 세수입과 세외수입 모두 적을 수밖에 없고, 재정자립도 역시 낮다. 이런 이유로 이들 도시가 채택할 수 있는 버스교통 정책의 한계도 뚜렷하다. 왜냐하면 지방재정의 한계를 극복하면서 버스교통 운영의 효율성을 추구하는 것은 쉽지 않기 때문이다.

효율성(efficiency)과 형평성(equity)은 행정이 추구하는 가장 중요한 두 가지 가치다. 중소도시에서 제공되는 교통 서비스도 이러한 관점에서 검토되고 발전되어 왔다. 이러한 이유로 버스교통 외에 다양한 교통수단(택시 등)을 활용한 수요응답형 교통수단(DRT: Demand Responsive Transit)도 일부 중소도시에 도입되어 운영되고 있다. 수요응답형 교통수단(DRT)은 정기적인 노선과 배차간격에 따라 제공되는 버스교통 서비스에 비해 수요자에 대한 맞춤형 서비스를 제공할 수 있으면서 운영비용도 줄일 수 있다.

지방 중소도시에서 버스 운영의 효율성을 확보하기 위해서는 노선 개편부터 해야 한다. 노선 개편은 간선과 지선 체계의 기능적 구분부터 이루어져야 한다. 간선 노선은 지역 거점을 연결하는 장거리 노선으로, 신속성 및 정시성을 확보해야 한다. 반면 지선 노선은 주로 지역 내에서 운행하는 단거리 노선으로, 접근성(accessibility)이 우선 요구된다. 따라서 간선 노선은 버스의 배차간격과 굴곡 노선을 줄여서 신속성과 정시성을 확보해야 한다. 반면 지선 노선은 소형차량을 활용함으로써 비용을 줄이고, 탄력적 운영을 통해 수송의 효율성을 확보해야 한다.

한편 관광도시와 같이 계절별 혹은 요일별로 다른 대중교통 수요를 보이는 지역은 통행수요가 증가하는 기간에는 기존 노선버스와 다른 맞춤형 서비스를 제공해야 한다. 이 경우 수요응답형 교통수단(DRT)의 도입이나 성수기에만 운영하는 별도의 노선버스 도입도 검토될 수 있다.

수요응답형 교통수단(DRT)으로는 지역 여건에 따라 택시, 소형 승합차, 소형 버스 등 다양한 유형의 차량이 활용되고 있다. 그리고 시간표에 따라 운행하는 지역도 있고, 그렇지 않은 지역도 있다. 만약 수요응답형 교통수단(DRT) 운영 업체로 기존의 버스업체가 참여하게 되면 기존의 버스와 연계하여 더욱 효율적인 운영이 가능할 것이다.

많은 대도시에서 운영되고 있는 시내버스 준공영제는 인센티브 제도를 운영하고 있지만, 중소도시는 그렇지 못하다. 그 이유는 중소도시는 소수의 버스업체가 독과점적인 지위를 유지하는 곳이 대부분이기 때문이다. 이런 이유로 인해 서비스 향상에 대한 동기유발(motivation)도 별로 없다. 따라서 버스교통 서비스를 향상시킬 수 있는 방법도 찾아야 한다.

새로운 요금체계에 대한 검토도 필요하다. 가장 먼저 생각할 수 있는 것은 환승할인 제도의 확대와 정기권 제도의 도입이다. 특히 정기권 제도는 정기적으로 버스를 이용하는 사람들에게 요금의 할인 혜택을 주기 위한 것으로 더 많은 버스 이용수요를 확보하는 데 도움이 될 수 있다.

버스 이용수요의 확대를 위해서는 실시간 버스 운행정보의 전달도 활성화되어야 한다. 일반적으로 인구 과소지역의 버스정류장은 BIT(Bus Information Terminal)의 설치를 위한 우선순위에서도 밀린다. 따라서 이들 지역에 BIT의 설치가 활성화될 수 있도록 해야 한다.

중소도시에서 버스 운영의 효율성을 높이기 위해서는 다양한 비용절감 노력도 필요하다. 기존의 경유(輕油) 버스에 비해 비용이 훨씬 적게 드는 CNG 버스의 도입이 확대되어야 한다. CNG 버스의 도입 확대는 중앙정부나 상급 지방자치단체의 재정적 지원과 여건 조성(예: 충전시설 확충)이 중요한 역할을 한다.

지방 중소도시 버스교통에서 공공의 역할

지방 중소도시에서 버스교통을 자유경쟁 시장에만 맡길 수는 없다. 왜냐하면 '시장의 실패'(market failure)가 발생하기 때문이다. '시장의 실패'는 공공재(public goods), 규모의 경제로 인한 자연독점(natural monopoly), 외부효과(externalities)의 세 가지 경우가 발생할 때 나타난다.

공공재의 두 가지 특성은 비배제성(non-exclusion)과 비경쟁적 소비(non-rival consumption)이다. 중소도시의 버스요금은 전적으로 수익자부담의 원칙이 적용되지는 않는다. 따라서 무임승차(free rider)가 불가능하기는 하지만, 저렴한 요금의 적용으로 인해 이용자의 비용부담도 크지 않다. 그리고 중소도시의 경우는 버스 내의 혼잡도 없어서 어떤 사람의 소비가 다른 사람의 소비에 영향을 미치지도 않는다. 이런 이유로 비경쟁적 소비가 이루어지는 서비스로 볼 수 있다. 따라서 중소도시의 버스교통은 순수 공공재(pure public goods)는 아니더라도 준공공재(quasi-public goods or impure public goods)의 성격을 가진다. 버스요금과 노선의 결정 권한이 공공에 있는 것도 버스교통의 공공재적 성격에 따른 것이다.

그리고 중소도시의 버스교통은 규모의 경제로 인해 자연독점이 나타나는 영역이다. 현실적으로 이들 도시의 버스교통은 시장 규모가 매우 작다. 이런 이유로 대다수 중소도시에서 버스교통은 1~2개 업체가 독과점적 지위를 유지하면서 서비스를 공급한다. 따라서 이들 도시의 버스교통 서비스 공급에서 공공의 역할은 필연적으로 있을 수밖에 없다.

버스교통의 활성화는 나쁜 외부효과(negative externalities)를 줄이는 효과도 있다. 버스교통 서비스가 원활하게 공급되지 않으면 대체 교통수단으로 승용차나 택시와 같은 소형 교통수단들이 활용될 수밖에 없다. 이렇게 되면 교통혼잡과 대기오염을 악화시키는 외부효과가 발생하게 된다. 이런 이유로 승용차나 택시의 이용을 억제하기 위해 버스교통을 활성화할 필요가 있다.

도시에서 주민의 이동권은 인간의 기본권에 속하는 문제로 인식되고 있다. 우리나라에서는 전통적으로 버스교통 서비스는 민간이 공급하되, 요금체계, 노선조정, 운영체계 등에 대해서는 중앙정부나 지방정부가 공적 개입을 통해 버스교통 정책을 이끌어 왔다. 도시마다 버스 운영체계는 다소 다르지만, 공공이 어떤 형태로든 버스 운영에 개입하는 것은 공통적이다.

일반적으로 버스 운영체계는 크게 민영제, 준공영제, 공영제로 나누어진다. 우리나라 도시에서는 민영제와 준공영제를 주로 채택해 왔으나, 최근 들어 공영제를 도입하는 도시도 나타나고 있다. 따라서 도시마다 여건에 따라 다른 운영체계를 도입하고 있는 것이 현실이다.

민영제는 민간 버스 사업자가 버스를 운영하는 것으로, 수요의 변화에 신축적인 대응이 가능하고 비용 절감이 가능한 장점이 있지만, 수익성에 치중하여 버스 서비스의 공공성 확보가 어려운 단점이 있다. 현재 우리나라에서 운영되고 있는 민영제는 민간 버스 사업자가 모든 재량권을 가지고 버스 운영을 책임지는 순수민영제는 거의 없으며, 지방자치단체의 보조금이 투입되는 재정지원형 민영제가 대부분이다. 왜냐하면 버스요금과 노선의 결정 권한이 공공에 있고, 대부분의 버스회사가 적자 운영되고 있어 지방자치단체의 재정지원이 필수적이기 때문이다.

공영제는 공공이 직접 버스를 운영하는 것으로, 버스 서비스의 안정적인 공급과 버스 운영의 공공성 확보가 가능한 장점이 있으나, 운영의 비효율성, 비용의 증가, 행정력의 낭비, 그리고 서비스수준 저하가 발생할 수 있는 단점이 있다.

준공영제는 민영제와 공영제가 가지고 있는 단점을 보완하기 위하여 민영제의 효율성과 공영제의 노선 운영의 공공성을 함께 추구하는 운영방식으로, 2000년대 이후 서울을 비롯한 많은 대도시에서 도입하고 있다. 준공영제는 노선 운영에 대한 의사결정은 지방자치단체가 하되, 표준운송원가를 기준으로 적용하여 산정한 운송수입금 부족분에 대하여 보조금을 지원하는 제도이다. 따라서 준공영제는 노선 운영의 공공성은 강화할 수 있지만, 민영제와 비교할 때 인건비 상승으로 인해 지방자치단체의 재정 부담이 가중되는 문제점이 있다.

한편 지방자치단체가 보조금을 지급하는 재정지원형 민영제나 준공영제를 채택하면 표준운송원가를 산정해야 한다. 표준운송원가는 하루 버스 1대를 운영하는 데 들어가는 총비용을 뜻하며, 이 비용에는 인건비, 연료비, 정비비, 보험료, 차량 감가상각비, 차고지 임차료 등이 포함된다. 따라서 투명하고 정확한 운송수입금 관리와 표준운송원가의 산정이 매우 중요하다. 표준운송원가의 산정은 전문기관이 담당하고, 이에 대한 점검과 관리는 지방자치단체의 몫이다. 따라서 지방자치단체의 관리능력도 향상되어야 한다.

그럼 다른 나라는 버스교통에 대한 공공의 역할을 어느 정도 수준에서 유지할까. 국가마다 다소 다르기는 하지만, 버스교통 서비스에 대해 보조금을 지급하는 곳이 많고, 공공이 직접 운영하는 곳도 있다. 특히 교통수요가 적은 지역에서는 더욱 그렇다. 예컨대 미국과 유럽 국가들은 버스 공영제를 채택하는 곳이 많다.

우리나라 대부분의 지방 중소도시에서 버스교통은 적자로 운영되고 있다. 지방 중소도시는 버스 교통수요가 적어 요금 수입으로 운영비용을 모두 충당할 수 없다. 따라서 공공의 재정지원은 필수적이다. 그렇다고 버스교통의 운영을 전적으로 공공이 담당하는 완전 공영제는 비효율성과 행정비용의 낭비를 초래할 수 있다. 따라서 민영제 혹은 준공영제의 기본적 틀 속에서 교통 서비스를 효율적으로 공급할 수 있는 구체적 방법을 찾는 것이 바람직하다. 예컨대 운영비용 최소화를 목표로 하는 노선 입찰제를 검토할 수 있다. 아울러 버스 운영의 효율성을 추구하면서 최소한의 서비스수준과 편리함을 유지할 수 있도록 규제와 인센티브 제도를 갖춰야 한다. 그리고 필요에 따라서는 지방자치단체와 민간 사업자 간 서비스수준을 정하고, 이 서비스수준을 준수하는 것을 조건으로 해서 지원금을 주는 서비스수준 계약제를 도입할 수도 있다.

중앙정부와 광역자치단체는 중소도시와 같은 인구과소 지역 주민의 이동권은 국민의 기본권이자 기본욕구(basic needs)라는 인식에 기초를 두고 적절한 재원의 확보와 함께 행·재정적 지원을 강화해야 한다. 재정이 취약한 기초자치단체에 버스교통에 대한 모든 책임을 미루는 것은 국가의 책무를 망각하는 것이다. 버스 공영제를 채택하는 미국과 유럽 국가들의 경우 전체 운영비용의 많은 부분을 국가(중앙정부)가 부담하고 있는 것도 모두 이유가 있다. 인구과소 지역의 버스교통에 대한 중앙정부의 실질적 지원이야말로 최근 국가적 이슈로 떠오르고 있는 지방소멸을 막는 첫걸음이다. 그리고 탄소중립이라는 시대적 과제를 푸는 해결책의 하나이다.

교통계획, 빅데이터 활용 확대해야

정보통신기술의 비약적인 발전은 교통계획을 위한 새로운 자료의 활용 가능성을 높이고 있다. 스마트폰 기반의 내비게이션 정보, 유료도로의 요금 결제를 위해 이용하는 하이패스, 대중교통 요금 결제를 위한 교통카드, 통신사 기지국 기반의 통신자료 등의 자료는 과거에는 교통계획을 위해 활용되지 않았던 자료들이다. 이들 자료는 거의 실시간으로 수집되기 때문에 자료의 양(量)이 방대하여 자료의 분석에 어려움이 있는 것이 사실이지만, 최근 자료의 저장 및 분석 기술의 향상으로 각광을 받고 있는 빅데이터(big data) 분석 기술을 활용하면 교통계획에 큰 도움이 되는 정보를 얻을 수 있다(한상진, 2017, p. 13).

스마트폰 기반의 내비게이션 정보, 하이패스, 교통카드 등의 자료들을 교통계획에 활용하기 위해서는 우선 이들 자료가 통합적으로 관리될 필요가 있다. 이러한 차원에서 교통과 관련된 자료들을 주고받을 수 있는 공간, 즉 교통 빅데이터 플랫폼이 필요하다. 그리고 교통 빅데이터 플랫폼의 구축과 운영은 공공이 맡으면서 지속적이고 체계적인 관리가 필요하다.

교통계획에 빅데이터를 활용할 경우 기대되는 효과는 다음과 같다(윤서연 외, 2016, pp. 31-32).

첫째, 전통적인 교통계획을 위해 활용되는 자료는 특정 시점에 이루어지는 가구 통행실태조사나 설문조사 혹은 교통량조사를 통해 수집되는 자료가 대부분이다. 여기에 비해 빅데이터는 상시 수집되는 자료이기 때문에 특정 시점의 자료가 가지는 시간적 불연속성을 보완할 수 있고, 시점의 변화에 따른 통행 및 교통현상의 변화를 확인할 수 있다. 아울러 전통적인 설문조사나 교통량조사가 가지는 표본 수 확보의 한계를 극복할 수 있다.

둘째, 빅데이터는 공간적 해상도가 높기 때문에 행정구역 경계를 기준으로 구분된 존(zone) 단위는 물론이고, 그보다 작은 단위의 공간적 분할을 다양하게 시도할 수 있고, 그렇게 분할된 구역에 대해 다양한 통행특성을 분석할 수 있다.

셋째, 빅데이터는 원천적으로 개인 단위의 자료를 실시간으로 수집한 미시적 자료이므로 이를 가공하여 활용하면 새로운 교통정책의 추진에 따른 세부적 검증이 훨씬 쉬워질 것으로 예상된다.

향후 사물인터넷(IoT: Internet of Things), C-ITS(Cooperative Intelligent Transportation Systems), 자율주행 등이 확대되면 활용할 수 있는 빅데이터는 더욱 급격히 늘어

날 것으로 예상된다. 따라서 향후 교통계획에서 더욱 정밀하고 과학적인 분석을 위해 빅데이터의 활용이 확대되어야 한다.

제9장

모빌리티 혁신의 미래

모빌리티 혁신의 미래

사람이나 화물을 어떤 장소에서 다른 장소로 이동시키는 교통 서비스가 공급자의 관점에서 만들어진 용어라면, 최근 들어 빈번하게 쓰이는 모빌리티(mobility) 서비스는 수요자의 관점에서 만들어진 용어라고 볼 수 있다. 모빌리티 서비스는 사람과 화물의 이동의 수요를 충족시키기 위한 것으로, 기술혁신과 함께 빠르게 발전하고 있어 그 끝을 짐작하기 힘들 정도이다. 공상과학(SF) 영화에서나 나올 법한 하늘을 나는 플라잉 카(flying car)부터 운전자 없이 무인으로 운행되는 자율주행차까지 머지않아 현실이 될 것으로 보인다.

플라잉 카로 불리는 도심항공교통(UAM: Urban Air Mobility)은 수직 이착륙이 가능한 만큼 활주로가 필요 없다. 따라서 도시 내 교통수단으로 활용이 가능하며, 특히 도로교통 혼잡이 심한 대도시에서 상용화가 기대된다. 국내외 관련 업체들이 앞다투어 개발하고 있고, 기술적 장애는 크지 않을 것으로 보인다. 다만 우리가 경험해 보지 못한 교통수단의 등장으로 항로와 관제 시스템의 개발과 함께 제도적 측면에서 많은 준비가 필요하다. 이뿐만 아니라 이착륙장인 버티포트(verti-port)를 포함한 관련 인프라의 건설, 다른 교통수단과의 환승

시스템 구축을 포함해서 도시 전체의 교통계획 차원에서 대응과 준비가 필요하다. 물론 도심항공교통의 상용화와 활성화는 기술적 난관의 극복과 인프라 확충, 그리고 운영 시스템과 제도의 정비만으로 보장되지는 않는다. 더 중요한 것은 교통수단으로서의 경쟁력을 확보하는 것이다. 결국 다른 교통수단과 비교해서 통행시간과 통행비용 측면에서 경쟁력을 가질 수 있는가가 관건이다.

자율주행차의 개발은 모빌리티 혁신의 또 다른 큰 줄기이다. 자율주행차의 개발은 도심항공교통보다 해결해야 할 기술적 난관이 더 많은 것으로 판단된다. 테슬라의 최고경영자 일론 머스크(Elon Musk)가 "자율주행차 개발이 이렇게 어려울 줄 몰랐다"(2021)고 실토한 것으로 충분히 짐작이 가는 대목이다. 자율주행차는 자본력과 기술력을 가진 글로벌 빅테크 기업들이 뛰어들면서 기술 혁신의 속도가 빠를 것으로 예측되었으나, 예상보다 더딘 기술개발로 인해 운전자가 필요 없는 완전 자율주행차의 출현은 다소 시간이 걸릴 것으로 전망된다. 따라서 자율주행차와 관련된 기술은 단계별로 적용되고 실현될 것으로 판단된다.

아무튼 자율주행차 관련 기술의 실용화는 교통사고 감소와 도로교통 소통에 큰 기여를 할 것으로 기대된다. 아울러 자율주행차의 보급은 공유교통 활성화의 새로운 모멘텀이 될 것으로 예상된다. 공유교통 서비스를 제공하는 우버(Uber), 리프트(Lyft) 등과 같은 기업들은 운전자 없는 자율주행차의 활용으로 비용 절감을 이룰 수 있고, 개인들의 경우 더욱 값싼 비용으로 편리한 공유교통 서비스를 받을 수 있어 자동차 소유가 줄어들고 도로수요와 주차수요도 함께 줄어들 것으로 전문가들은 내다보고 있다.

모빌리티 혁신은 역사적으로 보면 우마차(牛馬車)에서 자동차와 철도로, 그리고 이제는 플라잉 카와 무인 자율주행차로 나아가고 있다. 이러한 모빌리티 혁신은 인간의 활동을 담는 도시공간의 혁신을 추동(推動)할 것임은 자명하다. 이제 우리도 모빌리티 혁신을 담을 수 있는 미래 도시 청사진을 차근차근 준비해야 한다.

자율주행차와 도시의 미래

자율주행차는 '자동차 스스로 주변 환경을 인식하고 위험을 판단해 운전자의 차량 운전을 최소화하며, 출발지에서 목적지까지 주행경로를 스스로 계획하여 안전하게 주행이 가능한 자동차'이다(이백진, 김광호, 2017, p. 28). 자율주행차의 개발은 기술적인 난관도 많고, 상용화를 위해서는 제도적으로 해결해야 할 과제도 없지 않다.

현재 자율주행 기술은 운전자가 모든 것을 조작하는 0단계부터 완전한 무인 운전이 가능한 5단계까지 6단계로 구분되어 개발되고 있다. 1단계는 운전자 보조, 2단계는 부분 자동화, 3단계는 조건부 자동화, 4단계는 고도 자동화, 5단계는 완전 자동화 단계이다. 현재는 기업마다 다소의 차이는 있지만 대부분 3~4단계의 기술개발이 진행 중인 것으로 알려진다. 따라서 자율주행차와 관련된 기술은 단계별로 적용되어 상용화될 것으로 보인다.

자율주행차의 출현으로 나타날 사회적 편익은 기술의 발전 단계에 따라 다소 다를 수 있지만, 가장 크게 기대되는 편익은 교통사고 감소이다. 자율주행은 운전자의 부주의나 졸음, 음주 등으로 발생할 수 있는 교통사고를 획기적으로 줄일 수 있을 것이다. 그리고 도로교통 혼잡을 해소하는 데도 도움을 줄 것이다. 자율주행차는 최소한 고속도로(자동차전용도로)나 인프라가 잘 갖춰진 신도시에서는 교통혼잡에 대한 효과적인 대응이 가능할 것으로 판단되기 때문이다. 여기에다 자율주행차의 출현은 값싸고 편리한 교통 서비스의 혜택을 가능하게 하여 승용차(자가용) 수요의 감소와 함께 도로와 주차수요의 감소도 함께 나타날 것이다. 이렇게 되면 도로와 주차장에 과도하게 많이 할애된 도시공간의 재편이 가능할 것이다. 궁극적으로 자동차가 아닌 시민을 위한 도시공간의 비중이 커지게 된다.

이뿐만 아니라 자율주행차는 도로 투자의 경제적 타당성을 분석할 때 쓰이는 통행의 시간가치(value of time)에 대한 개념을 획기적으로 바꿀 것이다. 왜냐하면 자율주행차는 이동 중에 운전자가 영화나 공연을 보거나 업무를 볼 수도 있기 때문이다. 아울러 교통 서비스 사각지대에 있는 교통약자(고령자, 장애인 등)의 여러 가지 제약요인도 크게 경감시킬 수 있을 것으로 판단된다.

한편 자율주행차의 상용화를 위해서는 제도적으로 해결해야 할 과제도 많다. 가장 중요한 것은 사고 발생 시 법적 책임에 관한 문제이다. 사고가 나면 자율주행차 제조사의 책임인지, 아니면 운행자의 책임인지 가려내기 어려운 경우가 많이 발생할 수 있기 때문이다.

자율주행차의 상용화에 여러 가지 걸림돌이 있지만, 자율주행차의 출현은 예고되어 있다. 자율주행차는 교통수단으로서의 편리함과 통행시간 감소, 도로와 주차수요의 감소에 더해 도시공간구조에도 많은 변화를 초래할 수 있다. 역사적으로 보면 교통수단의 변화와 혁신에 따라 도시의 운명이 바뀌기도 했고, 도시 내에서 새로이 뜨거나 쇠퇴하는 지역도 나타났다. 이제 자율주행차의 출현을 변수가 아닌 상수로 두고 도시의 미래를 준비해야 한다.

자율주행차가 가져올 파급효과

제4차 산업혁명시대에 모빌리티(교통)의 가장 혁신적인 변화는 자율주행차의 등장일 것이다. 자율주행은 경로선택, 차선(차로) 유지, 차선 변경, 가감속 제어, 긴급 시 제동 등을 운전자가 아닌 차량이 수행한다. 따라서 자동차의 자율주행은 인지(도로, 교통 상황 등), 판단(상황 대처), 제어(차량 제동) 등의 일련의 과정을 거쳐 수행된다(김규옥, 2015, p. 21). 자율주행차의 도입이 교통현상과 교통계획에 미칠 수 있는 영향과 교통계획 대안의 평가(비용-편익 분석) 시 고려가 필요한 사항을 살펴보면 다음과 같다(이백진, 김광호, 2017, pp. 30-32).

① 교통 이용행태: 자율주행차로 통행하는 시간, 즉 통행시간에 대한 가치가 변화할 것이다. 통행시간이 '소비'가 아니라 '이용'이라는 개념으로 전환되는 것이다. 자율주행차를 이용하면 긴장된 상태로 운전하는 것이 통행이 아니라, 이동 중 업무, 회의, 엔터테인먼트(entertainment) 등의 다양한 활동이 가능해져 자동차가 이동수단에서 움직이는 사무실(mobile office)로 기능적인 변화를 할 수도 있다. 따라서 교통수요 분석 시 여러 단계에서 중요하게 고려되는 변수인 통

행시간이 번거롭고 불편하기만 한 마찰인자(friction factor)나 비효용(disutility)의 요소가 아니라, 다른 활동에 활용이 가능한 시간으로 전환될 수 있다. 이렇게 될 경우 교통수요 분석의 여러 단계에 획기적인 영향을 미칠 수 있다. 아울러 교통계획 대안의 평가를 위한 비용－편익 분석에도 획기적인 영향을 미칠 것으로 보인다. 예컨대 많은 교통 프로젝트(예: 도로 건설)는 통행시간 절감편익을 가져다주는데, 자율주행차의 도입으로 통행시간 절감편익이 획기적으로 줄어들 수 있다. 한편 자율주행차는 편리해진 차량 운전과 조작으로 청소년들과 고령자들의 차량통행(vehicle trip) 발생을 급격히 증가시킬 수도 있어 통행시간 가치의 변화와 함께 교통수요 분석의 대부분의 단계에 큰 영향을 미칠 것으로 전망된다.

② 교통운영: 자율주행차는 차량끼리 통신함으로써 군집운행이 가능하다. 그리고 군집 내 모든 차량이 동시에 가감속을 할 수 있어 차간 거리를 좁힐 수 있다. 아울러 차량 좌우의 거리도 좁힐 수 있어 차선 개념이 없어지거나, 2차로를 3차로처럼 이용할 수도 있다. 이에 따라 궁극적으로 도로용량이 증가되고, 이로 인해 자동차 배기가스 배출량의 감소도 기대된다. 이러한 영향은 교통수요 분석의 여러 단계에서 고려가 필요하고, 아울러 교통계획 대안의 평가를 위한 비용－편익 분석에서도 고려가 필요할 것으로 보인다.

③ 교통안전: 자율주행차는 인적 요인(예: 졸음운전, 운전미숙)으로 인해 발생하는 교통사고를 획기적으로 감소시킬 수 있을 것으로 전망된다. 이러한 영향은 교통계획 대안의 평가를 위한 비용－편익 분석에서 고려가 필요할 것이다.

④ 도시공간구조: 자율주행차는 사람들의 공간적 이동성, 접근성, 편리성을 획기적으로 개선할 것이다. 이에 따라 사람들의 활동 영역이 공간적으로 더 확대될 수 있다. 그리고 장거리 운전에 대한 부담이 줄어들어 직장과 주거지의 입지를 선택하는 데 유연성이 높아져 도시의 공간적 확산을 유도할 수도 있다. 이러한 도시공간구조의 변화는 교통계획 대안의 검토 시에 고려할 필요가 있다.

자율주행차의 도입은 차량 자동화 기술의 발전과 자율주행을 지원할 수 있는 교통 인프라의 구축에 달려 있다. 최근 급속하게 발전하고 있는 자율주행 기술의 발전으로 자율주행차의 도입은 머지않아 실현될 것으로 전망되는 만큼, 교통수요 측면에서 자율주행차의 도입이 미치는 파급효과를 분석하는 것이 중요하다. 즉 자율주행차의 보급에 따른 통행행태와 교통수요의 변화 등에 대한 분석이 필요하다. 아울러 교통계획 대안의 평가에서 고려가 필요한 사항을 분석하는 것도 중요한 연구과제이다.

도심항공교통(UAM)이 상용화되려면

하늘을 자유롭게 날아다니는 것은 인류의 오래된 꿈 중의 하나이다. 라이트 형제가 세계 최초의 동력 비행기를 만들고 1903년 시험 비행에 성공한 지 120년이 지난 이제 플라잉 카(flying car)로 불리는 도심항공교통(UAM: Urban Air Mobility)의 상용화가 우리 눈앞에 다가왔다. UAM은 많은 국내외 기업과 연구소들이 기체를 개발하고 있는데, 그 가운데는 수직 이착륙이 가능해서 활주로가 필요 없는 것도 있고, 이륙을 위해 활주로가 필요한 것도 있다. 그리고 도로를 달리다가 비행 모드로 전환해 비행할 수 있는 것도 있고, 그렇지 않은 것도 있다. 국내 대기업과 연구소는 수직 이착륙이 가능한 기체(eVTOL: electric Vertical Take-off & Landing)를 개발 중이며, 전기를 동력으로 해서 무인 자율비행이 가능한 저소음 기체를 개발 중이다. 그러나 도로 주행 기능까지는 포함하지 않는 것으로 알려져 있다.

UAM은 도로교통 혼잡이 심한 대도시에서 먼저 상용화될 것으로 전망된다. UAM 기체 제작을 선도하는 미국 Joby사(Joby Aviation)가 개발 중인 기체(S-4)는 미국 연방항공청(FAA)으로부터 기체 인증을 받은 만큼, 머지않은 장래에 상용화가 예상된다. Joby사는 서비스 시행 초기 요금을 1마일(약 1.6km) 당 3달러(약 3,700원)으로 제시하고 있다. 그렇게 되면 서울역에서 인천공항까지 약 13만 원을 지불하고 10분 만에 갈 수 있다. 그러면 UAM 요금은 택시비의 2배가 되고, 통행시간은 6분의 1로 줄어든다. 이 정도의 요금 수준이면 바

쁘고 시간가치가 큰 기업가는 물론이고, 대기업의 임원이나 전문직 종사자들에게는 매력적인 교통수단이 될 수 있다. 따라서 교통혼잡이 심하고 고소득자가 많은 서울과 수도권에서는 UAM의 상용화가 가능한 시장이 만들어질 것이다.

그러나 지방도시의 경우 도로 교통체증이 심각하지 않은 도시들도 많고, 고소득자가 상대적으로 적어서 UAM의 시장이 만들어질지 의문이다. 아울러 UAM 서비스는 도로 교통체증이 심각한 도시 외에도 산악지역이나 도서(島嶼) 지역과 같이 육상교통이나 해상교통이 불편한 지역에 수요가 많다. 그러나 산악지역이나 도서지역 주민들은 요금을 감당할 수 있는 경제적 능력(affordability)이 문제다.

UAM의 상용화를 위해서는 갖추어야 하는 인프라도 많다. 가장 중요한 인프라는 UAM의 이착륙을 위한 버티포트(verti-port)다. 도시의 특성에 따라 다소 다르겠지만, 버티포트의 확보는 매우 중요하고 어려운 과제다. 버티포트는 일정 규모 이상의 부지를 필요로 하고, 이착륙에 따른 소음과 안전도 함께 고려해서 입지가 결정되어야 한다. 그리고 UAM은 다른 대중교통수단과 마찬가지로 문전(door-to-door) 서비스가 불가능한 근본적인 한계를 가진다. 따라서 버티포트의 입지는 이용자들의 접근성이 좋고, 다른 교통수단과의 환승이 편리한 곳(예: 철도역, 도시철도역)이어야 활성화될 수 있다.

UAM은 여러 가지 기술적 한계로 주행거리가 제한된 도시 교통수단이다. 그리고 UAM의 상용화는 기체 개발을 위한 기술적 난관의 극복만으로 되는 것은 아니다. 따라서 도시의 여건에 맞는 요금체계와 관련 인프라의 적절한 확충이 무엇보다 중요하다. 이제 UAM의 개발과 상용화를 위한 기술적 이슈뿐만 아니라, 제도, 인프라, 운영 등에 대해서도 광범위한 논의가 필요하다.

출처: 한국항공우주연구원

한국항공우주연구원이 제작한 도심항공교통(UAM) 기체

출처: 현대건설, '한국형 버티포트 컨셉디자인 최초 공개', 2022. 11. 10.

현대건설이 공개한 도심항공교통(UAM) 버티포트(복합환승센터형)의 컨셉디자인

공유교통의 현주소

최근 동서양을 막론하고 인간은 '소유'에서 '공유'로 소비패턴을 변화시키면서 공유경제(sharing economy)가 소비경제의 새로운 경향으로 자리 잡아가고 있다. 비록 자본주의가 발달하면서 사유재산 제도가 강화되어 많은 사람이 '공유'의 개념을 낯설어 하지만 21세기 들어 점점 익숙해지는 용어가 되었고, '공유'는 소비에 있어서 효율성을 확보하기 위한 수단으로 많은 분야에서 채택되고 있다.

공유경제는 이미 생산된 제품이나 서비스를 여럿이 공유해서 사용하는 소비경제를 말하며, 예를 들면 우버(Uber)와 에어비앤비(Airbnb)가 대표적이다. 공유경제가 우리의 삶에 들어오면서 그 핵심에 공유교통(transport sharing)이 자리를 잡기 시작했고, 우리나라의 많은 도시에서도 다양한 형태의 공유교통이 도입되고 있다(신희철, 2019, p. 34).

21세기 들어 공유경제의 시대를 맞아 자동차의 개념이 '소유'에서 '공유'로 바뀜에 따라 차량은 서비스의 제공 수단이라는 인식의 변화가 일어나고 있다. 공유교통은 승차 공유(ride sharing), 차량 공유(car sharing), 주차 공유(parking sharing)는 물론이고, 최근에는 국내외 많은 도시에서 퍼스널 모빌리티(personal mobility)에 해당하는 자전거, 전동킥보드, 스쿠터 등에도 공유의 개념이 도입되어 활용되고 있다.

승차 공유는 일부 부작용과 사회적 이슈를 내포하고 있어 우리나라 도시에 도입하는 데는 심도 있는 사전 검토가 필요하다. 그러나 차량 공유는 우리나라에서 현행법을 벗어나지 않는 범위 내에서 이미 여러 곳에서 도입되어 운영되고 있다.

차량 공유, 주차 공유, 퍼스널 모빌리티의 공유는 대체로 사회적 부작용이 적고, 설령 부작용이 있다고 하더라도 매우 사소한 이익의 충돌에 불과한 것으로 판단된다. 따라서 적극적인 도입방안을 검토할 필요가 있다. 차량 공유, 주차 공유, 퍼스널 모빌리티의 공유는 해외는 물론이고 국내에서도 많은 도입사례가 있고, 최근 하루가 다르게 발전하고 있는 정보통신 기술을 접목하면 효율적인 공유교통 운영에 필요한 기술적인 장애가 없다. 이런 이유로 시민들의 교통 서비스 만족도를 높이는 데 기여가 가능할 것으로 판단된다.

차량 공유 서비스는 미국 등 선진국을 중심으로 민간기업이 사업 주체가 되어 일상적인 서비스를 제공하고 있다. 최근에는 코로나 팬데믹으로 주춤했지만, 이들 기업이 선진국과 후진국을 막론하고 많은 나라에서 음식 배달, 전기자전거, 오토바이, 전동킥보드 및 스쿠터 등의 퍼스널 모빌리티(personal mobility)와 연계한 다양한 서비스를 제공하고 있다. 차량 공유 서비스를 제공하는 대표적인 기업은 우버(Uber)이며, 이외에도 리프트(미국, 캐나다), 고젝(인도네시아), 그랩(말레이시아 등 동남아시아), 올라(인도), 디디추싱(중국) 등의 기업들이 차량 공유 서비스를 제공하고 있다(신희철, 2019, p. 38).

공공자전거 대여 시스템은 자전거가 필요한 사람이 주변 자전거 터미널에서 자전거를 대여받아 이용한 후, 원하는 터미널에 반납하는 시스템이다. 공공자전거 대여 시스템은 프랑스 파리, 네덜란드 암스테르담 등의 유럽 도시들에서 일찍이 도입되었으며, 이제는 전 세계 많은 도시에서 도입되어 운영되고 있다.

최근에는 선진국 도시들에서 퍼스널 모빌리티(personal mobility) 공유 서비스가 속속 도입되고 있으며, 전동킥보드 및 스쿠터 등이 주로 활용되고 있다. 이들 퍼스널 모빌리티들은 공공자전거 대여 시스템과 마찬가지로 필요한 사람이 대여받아 이용한 후, 원하는 곳에 반납하는 단기간 대여방식으로 운영되고 있다. 퍼스널 모빌리티 공유 시스템은 라임(Lime)사가 자전거 셰어링 시스템의 자전거 보관 및 재배치 관련 문제를 해결하는 과정에서 개발되었다. 본격적인 서비스는 2017년 미국 캘리포니아주에서 시작되어 폭발적인 인기를 누리면서 현재는 미국 도시들과 유럽, 남미, 아시아 등에도 전파되어 있다. 이 시스템은 스마트폰 애플리케이션을 기반으로 하는데, 이용자는 앱을 통해서 근처의 전동킥보드 및 스쿠터를 검색하고 이용할 수 있으며, 반납 시에도 앱을 활용해 이용을 종료하고 비용을 지불한다. 아울러 이 시스템은 전동킥보드 및 스쿠터의 대여 및 이용뿐만 아니라, 충전 및 재배치와 같은 사후관리까지도 이용자들이 일정 금액을 대가로 받으면서 자발적으로 수행하는 것을 특징으로 한다(최성택, 2019, p. 6).

출처: WIKIPEDIA(en.wikipedia.org)

프랑스 파리 공공자전거 대여 시스템 '벨리브'

미국 로스앤젤레스(LA) 퍼스널 모빌리티 공유 시스템

미국 UC 버클리(University of California, Berkeley) 주변 공공자전거 대여 시스템

서울 공공자전거 대여 시스템 '따릉이'

공유교통의 미래

공유교통은 정보통신 기술의 발달과 혁신적인 플랫폼 기업의 등장으로 빠르게 발전하고 있다. 다만 현실적으로 기존 사업자의 이해관계와 근로자들의 생계에 미치는 충격을 최소화하면서 도입이 쉬운 영역부터 도입하는 것이 필요하다. 그렇다고 다른 국가들에서 빠르게 도입하고 있는 공유교통 서비스를 기존 사업자와 근로자의 보호를 위해서 무작정 도입을 미룰 수는 없다. 왜냐하면 수요자도 좋은 서비스를 받을 권리가 있고, 관련 산업의 발전도 팽개칠 수 없기 때문이다.

공유교통 가운데 공공자전거 대여 서비스와 퍼스널 모빌리티 공유 서비스는 다른 공유교통에 비해 상대적으로 기존의 경쟁자가 없어 도입에 큰 부담이 없다고 볼 수 있다. 그러나 이들 두 가지 서비스는 안전과 관련된 취약점과 함께 기존 도로에서 통행로를 확보하는 데 다소의 제약이 있는 만큼, 이에 대한 개별 도시 차원의 대책이 필요하다. 특히 공공자전거와 퍼스널 모빌리티는 중장거리 교통수단으로 볼 것이 아니라, 단거리 지선(feeder) 서비스 중심으로 운영한다면 대중교통수단의 수송 분담률을 높이는데도 크게 기여할 수 있을 것으로 판단된다.

승차 공유와 차량 공유 서비스는 주로 민간이 제공할 수 서비스 영역으로, 기존의 유사 서비스를 제공하는 사업자와 이해 상충이 발생할 수도 있고, 법과 제도적인 여건이 마련되어야 도입이 가능한 것도 있다. 따라서 이들 서비스는 사회적으로 수용이 가능한 범위 내에서 도입을 검토하는 것이 바람직하다. 차량 공유 서비스는 지방자치단체가 제한된 범위 내에서 추진하면 정치적 부담이나 사회적 갈등을 수반하지 않으면서 추진할 수 있는 사업으로 판단된다. 예컨대 저소득층과 취약계층을 대상으로 제한적인 서비스를 제공하면 기존 사업자(택시업계)의 반발도 무마할 수 있고, 시민들의 호응을 받을 수 있을 것이다.

향후 자율주행차의 도입은 차량 공유 서비스의 시장 확대에 엄청난 영향을 미칠 것으로 전망되고 있다. 자율주행차의 도입은 차량 공유 사업자에게는 비용 절감을 가능하게 하고, 수요자에게는 지금까지 경험하지 못한 편리함을 제공할 것으로 판단된다. 이러한 이유로 자율주행차의 상용화는 승용차 수요를 감소시키고, 동시에 주차장 수요도 감소시킬 것으로 전망되고 있다.

한편 주차장 공유제는 우리나라의 많은 도시에서 주차문제가 심각한 만큼, 도입의 필요성이 매우 큰 영역이다. 그리고 주차장 공유제는 큰 정치적 부담이나 사회적 갈등을 수반하지 않으면서 추진할 수 있는 공유교통의 하나다. 주차장 공유제는 주차장 이용의 피크 시간대가 시설 용도별로 다소 다르다는 사실을 감안하여 공공시설(공공청사, 학교 등)이나 민간시설(아파트 포함)의 주차장을 특정 시간대에 개방하여 이용하는 사업이다. 이때 지방자치단체는 중개자의 역할을 하면서 주차장 공유를 신청하는 기관, 업체, 아파트 등에 일정한 인센티브를 제공하여야 한다. 주차장 공유제의 활성화는 지방자치단체의 의지와 주차장 공유에 따른 인센티브의 크기에 달려있는 만큼, 현실적이고 실효성 있는 인센티브와 제도를 구체적으로 설계할 필요가 있다.

MaaS는 희망의 등대가 될 수 있을까

MaaS(Mobility as a Service)는 '서비스로서의 이동 수단'이라는 뜻이다. 버스, 택시, 철도, 공유차량 등 다양한 이동 수단에 대한 정보를 통합해 사용자에게 최적의 경로를 제공하는 새로운 모빌리티(mobility) 서비스다. MaaS가 실용화되면 하나의 통합된 플랫폼에서 모빌리티 검색·예약·결제 서비스를 일괄 제공할 수 있고, 차량은 구매하는 대신 공유 또는 구독할 수 있게 된다.

MaaS는 승용차는 물론 전동휠·자전거·버스·택시·철도·비행기 등 모든 교통수단이 개별적으로 서비스를 제공하는 현재의 방식에서 벗어나, 하나의 통합된 플랫폼에서 서비스를 일괄 제공하는 형태로 운영될 전망이다. 이러한 이유로 인해 산업구조 재편이 불가피하다. 승용차·전동휠·자전거 등은 소유에서 구독으로, 버스와 택시는 호출·공유로, 그리고 철도와 비행기는 패키지 예약상품으로 이용 방법이 달라진다.

승객은 지하철 노선도 앱에서 최단 시간과 최소 환승 노선을 검색하듯이 MaaS 앱에서 출발지와 목적지 간 최단 시간 및 최소 환승 방법을 검색하고,

결제까지 할 수 있다. 이동 중에는 외식, 쇼핑, 영화 감상 등 각종 콘텐츠 소비도 가능해진다. 그야말로 모빌리티를 중심으로 온갖 서비스가 통합되는 것을 목표로 한다.

통합 교통 서비스는 서비스 통합 수준에 따라 몇 개의 단계로 나누어진다. 초기 단계에서는 교통수단별 요금과 경로 등의 정보를 한 번에 보여주는 '정보의 통합'이 이루어질 것이다. 마지막 단계에서는 교통수단별 예약과 결제를 앱에서 한 번에 할 수 있는 '서비스 제공의 통합'이 이루어질 것이다.

MaaS는 하나의 플랫폼을 통해 통행자들이 여러 교통수단, 즉 버스, 지하철, 고속철도 등 대중교통수단과 다양한 공유교통수단을 통합한 연계 서비스를 이용할 수 있게 한다. 그리고 요금은 통행사슬(trip chain)로 표현된 통행수요에 맞게 교통수단들을 조합한 패키지 요금이나 구독요금제를 적용할 수 있다.

그러나 MaaS의 도입을 위해서는 풀어야 할 과제도 많다. MaaS의 도입 필요성에 대한 공감대를 높이기 위해서는 교통수단 간 편리한 환승체계가 갖추어져야 한다. 여기에다 마지막 문전 서비스(First/Last-Mile)를 위한 편리한 교통수단도 공급되어야 한다. 그리고 각기 다른 교통수단별 요금체계의 통합이 가능하고, 운영주체 간 수입금의 정산과 배분에 대한 합의가 쉽게 이루어질 수 있어야 한다. 아울러 이를 실현하기 위해서는 다수단 모빌리티 연계 환승 시스템 혁신 기술이 개발되어야 한다.

MaaS의 성공적 도입을 위해서는 관련 기술의 개발도 중요하지만, 통행자들이 이용할 수 있는 모든 교통수단의 통합을 이루는 것이 무엇보다 중요하다. 교통수단 간 통합을 이루기 위해서는 정보의 투명성, 정보 공개 등에 대한 서비스 공급자 간의 통합조건에 대한 합의가 필요하다. 만약 이러한 조건들이 충족되지 않으면 교통수단과 교통수단을 실시간으로 끊어짐 없이 연결하는 여행계획(journey plan) 수립이 어렵고, 정확한 수입 배분을 전제로 하는 패키지 요금제의 도입도 어렵다. 따라서 MaaS의 도입과 발전을 위해서는 관련 주체들 간 파트너십의 구축이 무엇보다 중요하다(황기연, 2022, pp. 5-6).

MaaS에 대한 기대효과도 크다. MaaS를 도입하면 끊어짐 없는 모빌리티 서비스로 인해 통행자들은 시간을 절약할 수 있고, 패키지형 요금체계의 적용으로 인해 비용도 절약할 수 있다. 여기에다 통행자들은 맞춤형 실시간 수요대응형 모빌리티 서비스를 이용할 수 있어 승용차 소유에 대한 동기도 줄어든다. 따라서 MaaS는 궁극적으로 대중교통 중심의 교통체계를 구축하는 데 기여할 것으로 기대된다. 아울러 도로 교통혼잡의 감소와 환경개선 효과도 기대된다(황기연, 2022, p. 7).

MaaS를 향한 진화는 계속 일어날 것이고, 통행자에게 편리함을 더할 것이다. 그러나 궁극적으로 MaaS는 통행자에게 주는 편리함을 넘어 바람직한 교통정책을 구현할 수 있는 플랫폼으로 진화해야 한다.

제10장

도시, 새로운 기회를 만들어야

지역발전과 공항의 역할

지역발전을 위해서는 산업정책도 중요하지만, 사회간접자본(SOC: Social Overhead Capital) 투자가 무엇보다 중요하다. 왜냐하면 사회간접자본이야말로 공정한 지역 간 경쟁을 위한 기본 인프라이기 때문이다. 지역발전을 위한 핵심적인 사회간접자본은 공항, 항만, 철도(광역철도 포함), 도로라고 볼 수 있다. 특히 국제공항은 지역발전을 위해서 필수적이고 핵심적인 사회간접자본이다. 얼마 전까지만 해도 KTX 역을 중심으로 광역경제권 혹은 광역도시권이 형성된다고 많이 이야기했고, 실제로도 그런 현상이 나타났다. 그러나 앞으로는 국제공항을 중심으로 광역경제권 혹은 광역도시권이 형성될 것으로 전망된다. 왜냐하면 세계적인 경제성장, 특히 아시아 국가들의 경제성장 및 소득성장, 그리고 저비용항공사(LCC: Low Cost Carrier)들의 시장점유율 확대로 인한 항공요금 인하 효과로 인해 국제항공수요의 폭발적 증가가 예상되기 때문이다. 물론 최근 발생한 코로나 팬데믹과 같은 상황이 발생하지 않는 경우를 가정했을 때이다.

이러한 관점에서 보면 공항을 단순히 출입국을 위한 관문 혹은 통로(gate-way)로만 볼 것이 아니라, 지역발전을 위한 성장거점(growth pole)으로 활용해야 한다. 이를 위해서 공항 건설 자체에만 집중할 것이 아니라, 공항 주변에 공항도시 건설을 위한 청사진 계획과 주변지역 개발계획을 수립하는 데 힘을 모아야 한다. 특히 앞으로 공항은 내국인들의 아웃바운드(out-bound) 여객수요 못지않게 외국인들의 인바운드(in-bound) 여객수요를 겨냥하여야 하며, 이를 위해 공항도시와 주변지역 개발계획을 수립할 때 인바운드 해외여행객들을 위한 문화관광·쇼핑 관련 인프라의 확충이 필수적이다. 그리고 우리나라에 산재해 있는 역사문화관광자원을 보완할 수 있는 새로운 관광자원 확충에 힘써야 한다. 예컨대 공항 주변에 해외여행객들을 위한 호텔, 리조트, 카지노, 테마파크, 프리미엄 아울렛몰 등의 유치가 필요하고, MICE(Meeting· Incentives·Convention·Events and Exhibition) 산업 관련 인프라의 확충도 필요하다. 또한 이러한 관광자원이 지역에 산재한 역사문화관광자원과 결합하여 시너지를 낼 수 있도록 공항도시와 주변지역 개발계획을 수립하는 것이 긴요하다.

지방공항의 새로운 기회요인

최근 가덕도 신공항과 대구·경북 신공항을 비롯한 새로운 지방공항의 건설이 추진되고 있다. 향후 특별한 사정이 없다면 지방공항의 항공수요는 폭발적으로 증가할 것으로 전망된다. 따라서 지방공항의 활성화는 어렵지 않을 것으로 보인다. 왜냐하면 새롭게 펼쳐질 지방공항의 많은 기회들은 지금까지 경험하지 못했던 사회환경 변화와 기술혁신에 의해 영향을 받을 것으로 보이기 때문이다.

지방공항의 항공수요 증가는 우리나라와 가까운 아시아 국가의 가파른 경제성장에 기인할 것으로 보인다. 중국, 인도와 같이 14~15억의 인구를 가진 국가는 물론이고, 인도네시아, 베트남 등과 같이 젊은 노동력이 많은 국가들까지 모두 높은 경제성장률이 전망되고 있다. 따라서 코로나 팬데믹이 종식되면 이들 국가의 높은 경제성장률은 우리나라 공항들의 인바운드(in-bound) 항공여객수요를 획기적으로 증가시키는 요인으로 작용할 것이다.

또 다른 기회 요인은 저비용항공사(LCC)의 항공시장 점유율 확대로 나타날 것이다. 현재 유럽과 북미 국가들에 비해 저비용항공사(LCC)들의 항공시장 점유율이 절대적으로 낮은 아시아 국가들의 경우 저비용항공사(LCC)의 성장이 지속되고 있어 우리나라 공항들의 항공여객수요를 폭발적으로 증가시키는 촉매제가 될 것으로 전망된다. 여기에다 항공사들은 허브 앤 스포크(hub and spoke) 노선 대신 직항(point to point) 노선의 비중을 확대할 것으로 전망되고 있다. 이렇게 되면 결국 허브공항을 통한 환승수요는 줄어들고, 지방공항에는 새로운 기회요인으로 작용할 것이다. 여기에 발맞추어 대부분의 국가들이 소수의 허브공항 육성 대신에 개별 지역마다 공항을 건설하고 육성하는 전략을 채택하고 있는 것이 현실이다.

지방공항의 새로운 기회는 전 세계적인 전자상거래의 활성화에 따른 해외직구 택배와 물류의 증가를 통해서도 나타날 것이다. 전자상거래 업체들의 성장과 시장 확대는 공항 주변에 이들 택배와 물류를 처리할 수 있는 물류산업 인프라와 생태계만 잘 구축되어 있으면 지방공항도 물류공항으로 성장할 수 있는 가능성을 선진국의 사례들이 보여준다.

아울러 지방공항의 새로운 기회는 플라잉 카(flying car)로 불리는 도심항공교통(UAM: Urban Air Mobility)의 상용화를 통해서도 나타날 것으로 판단된다. 일반적으로 공항의 활성화는 항공수요가 많은 주요 도시로부터의 접근성(통행시간)에 의해 많이 좌우된다. 따라서 도심항공교통(UAM)이 공항의 접근 교통수단으로 활용이 가능하면 지방공항 활성화의 새로운 요인으로 작용할 것이다.

물류특화공항의 가능성 검토해야

현재 추진되고 있는 새로운 지방공항 건설은 지역의 산업생태계를 획기적으로 바꾸는 새로운 모멘텀이 될 것으로 기대된다. 그 대표적인 산업이 물류산업이고, 이 가운데 특히 국제특송화물의 증가를 기회로 삼아야 한다.

새로운 공항의 건설과 관련된 대내외적 여건은 매우 좋다. 이미 전 세계적인 전자상거래의 활성화에 따른 해외직구 택배와 물류의 증가는 돌이킬 수 없는 추세가 되었다. 현재는 대부분 토종 전자상거래 업체를 통해 상품을 구매하지만, 앞으로는 글로벌 전자상거래 업체들의 시장점유율 확대로 인해 해외직구 택배는 꾸준히 증가할 것이다.

이러한 전자상거래 업체들의 성장과 시장 확대는 공항 주변에 이들 택배와 물류를 처리할 수 있는 물류산업 인프라와 생태계만 잘 구축되어 있으면 지방공항도 물류공항으로 성장할 수 있는 가능성을 선진국의 사례들이 보여준다. 미국 테네시주의 멤피스공항은 비록 항공여객수요는 많지 않은 소규모 공항이지만, 국제특송업체인 페덱스(FedEx) 익스프레스의 항공운송 허브 역할을 하면서 세계 최대의 물류공항으로 성장했다. 그리고 미국 오하이오주의 신시내티공항(Cincinnati/Northern Kentucky International Airport)은 1980년대 중반 이후 DHL의 항공운송 허브 역할을 하다가, 2020년대 들어서는 전자상거래업체인 아마존(Amazon)의 허브공항 기능까지 담당하면서 물류공항으로 가파른 성장을 보이고 있다.

인천공항 주변에 국제업무단지, 문화관광 관련 산업 외에도 물류산업이 번창하는 것을 우리는 볼 수 있다. 비록 현재 건설이 추진되고 있는 지방공항의 규모는 인천공항에 비할 바는 아니지만, 기존의 국내 공항에서 다소 미흡한 가공·포장·검역·통관·선적·수송 등의 화물운송 서비스를 효율적으로 처리할 수 있는 시스템을 구축한다면 물류특화공항으로 성공할 수 있을 것으로 판단된다.

이를 위해 향후 꾸준히 증가할 것으로 보이는 전자상거래와 연계된 국제택배물류의 원활한 처리를 위해 공항 주변지역에 물류단지(배송센터, 물류창고 등)를 조성하고 물류기업들을 유치할 수 있어야 한다. 아울러 새로운 공항과 국내 다른 지역 사이의 배송을 위한 교통(도로, 철도, 도심항공교통, 드론) 인프라의 확충도 매우 긴요하다.

새로운 공항이 물류특화공항으로 태동하기 위해서는 공항 주변지역에 새로운 물류산업 생태계를 만드는 것이 중요하다. 이를 위해 물류산업 클러스터를 만드는 것이 무엇보다 중요하다. 물류산업 클러스터에는 물류 관련 기업, 공공기관, 그리고 지원 서비스(보험, 금융 등)들이 모여 네트워크를 통한 상호작용으로 시너지를 발휘할 수 있어야 한다.

출처: MEM(flymemphis.com)

출처: MEM(flymemphis.com)

미국 멤피스공항 전경

출처: MEM(flymemphis.com)

미국 멤피스공항에 계류 중인 페덱스(FedEx) 익스프레스 화물기

출처: CVG(cvgairport.com)

신시내티공항 내부 전경

출처: CVG(cvgairport.com)

신시내티공항 내부 모습

출처: CVG(cvgairport.com)

신시내티공항에서 화물을 싣고 있는 DHL 화물기

지방공항의 성공조건

새롭게 건설될 공항의 초기 활성화를 결정하는 가장 중요한 관건은 주요 도시로부터 30~40분 내에 접근이 가능한 공항철도의 건설과 접근도로망의 확충이다. 인천공항이 공항철도를 이용하더라도 서울로부터 1시간 이상 걸리는 문제로 인해 2000년대 이전 서울의 관문공항이었던 김포공항의 국제공항 기능이 다시 살아나는 현상을 주목해야 한다.

어디 그뿐인가. 도쿄의 관문공항인 나리타공항이 도쿄로부터 접근성이 떨어져 1980년대 이전 도쿄의 관문공항이었던 하네다공항의 국제공항 기능이 다시 살아나는 현상으로부터 우리는 교훈을 얻어야 한다. 그만큼 공항의 항공수요는 항공수요가 많은 주변 도시로부터의 편리한 교통망(특히 공항철도 접근성)에 의해 좌우되고, 주변 도시로부터의 통행시간에 의해 민감하게 영향을 받는다는 점을 알 수 있다.

다음으로 중요한 과제는 제대로 된 '반듯한' 민간공항을 건설하는 것이다. 따라서 중장거리 국제항공수요를 처리할 수 있도록 중대형 항공기의 이착륙이 가능한 활주로가 건설되고 운영되어야 한다. 여기에다 24시간 운영이 가능한 공항을 건설하는 것이 바람직하다. 만약 부득이한 사정으로 그것이 어렵다면 야간 이착륙 제한시간(curfew time)이 최소화되어야 한다. 아울러 항공수요가 증가하면 활주로와 터미널의 추가적인 건설이 가능해야 한다. 이를 위해서는 향후 확장 가능성을 고려하여 공항 부지를 조성하는 것이 필수적이다.

새로운 공항의 건설과 관련 인프라의 확충은 오랜 시간이 소요될 수 있고, 특히 공항도시 건설과 주변지역 개발은 오랜 시간이 걸리는 사업이다. 따라서 단기적으로 추진해야 할 사업과 중장기적으로 추진해야 할 사업을 단계별로 구분해서 접근하는 지혜도 필요하다.

공항 경제권 만들어야

농경시대에는 농사에 가장 중요한 수자원을 확보할 수 있는 곳에 사람들이 모여 살게 되면서 취락과 소규모 경제권이 형성되었다. 그 후 산업혁명을 거치면서 물자의 수송이 편리한 항만과 운하를 끼고 있는 도시들이 성장하기 시작했다. 따라서 당시에는 항만(내륙항 포함)을 중심으로 경제권이 형성되었다.

그러다가 19세기 초중반 이후 선진국을 중심으로 철도가 도입되기 시작하면서 철도역을 중심으로 새로운 경제권이 만들어졌다. 어느 나라 할 것 없이 내륙도시의 경우 철도가 사람과 물자의 수송을 주로 담당했기 때문이다. 그래서 최근까지 항만과 철도 인프라가 크고 작은 경제권을 만드는 데 결정적인 역할을 했다. 산업혁명 이후 만들어진 많은 경제권은 교통 허브를 중심으로 만들어졌음은 역사가 주는 교훈이다.

이제 공항을 주목해야 한다. 두바이공항과 네덜란드 스키폴공항을 보면 이들 공항이 어떻게 항공 허브를 넘어 경제 중심지(허브)로 발전하고 있는지 알 수 있다. 물론 이들 두 공항은 지리적인 요충지에 자리 잡고 있어 세계적인 경제 중심지로 발돋움할 수 있었다.

그러나 기회는 세계적인 허브공항뿐만 아니라 우리나라 공항에도 찾아올 것이다. 그 이유는 뚜렷하다. 가장 먼저 생각할 수 있는 것은 가까운 아시아 국가들의 가파른 경제성장에 기인하는 인바운드 항공여객수요의 증가이다. 여기에 더해 여러 가지 이유로 아시아 국가들에서 저비용항공사의 항공시장 점유율이 증가할 것임은 명약관화(明若觀火)하다. 그렇게 되면 우리나라 공항들의 항공여객수요는 더욱 빨리 증가할 것이다. 예컨대 K-팝 공연을 보기 위한 중국과 일본인의 단기(1~2일) 여행수요도 폭발적으로 증가할 것이다. 따라서 인바운드 해외여행객을 위한 산업 재편과 공간개발 전략을 마련하는 것이 중요하다. 예컨대 리조트, 테마파크, 명품 쇼핑, 국제업무, MICE(전시 컨벤션), 공연 산업을 위한 공간개발 전략이 필요하다.

공항의 새로운 기회는 항공 물류의 증가를 통해서도 나타날 것이다. 전통적인 기업물류(수출입물류)뿐만 아니라, 최근에는 전자상거래의 활성화에 따른 해외직구 택배와 물류의 증가세가 뚜렷하다. 전자상거래 업체들의 성장과 시장 확대는 공항 주변에 물류산업 인프라와 생태계만 잘 구축되어 있으면 새로운 공항 경제권을 만드는 데 또 다른 기회요인이 될 것이다.

항공 물류는 인바운드뿐만 아니라 아웃바운드 물류에도 많은 기회를 제공할 것이다. 첨단산업 제품의 수출입 물류뿐만 아니라, 신선 농축산물의 해외 판로 확보에도 크게 기여할 수 있다. 예컨대 중국 부유층들을 겨냥한 밀키트(meal kit) 공급도 가능하다. 따라서 물류산업과 첨단산업은 물론이고, 농축산물 포장·가공 산업을 위한 공간개발 전략도 필요하다.

최근 들어 항공수요(여객과 화물)의 증가로 공항을 중심으로 경제권이 만들어지고 있는 것이 세계적인 추세다. 향후 우리나라 대부분의 거점공항은 현재의 KTX 역처럼 많은 유동 인구를 집분산(集分散)시키는 교통 허브의 하나가 될 것이다. 따라서 공항을 중심으로 새로운 산업생태계를 어떻게 만들지, 그리고 공간적 분업체계와 교통 네트워크는 어떻게 구축할지 구체적인 공간개발 전략을 준비해야 한다. 이제 지방도시들도 공항 경제권을 통해 새로운 도약의 발판을 마련해야 한다.

두바이공항에 주기 중인 에미레이트 항공 여객기

두바이의 인공 눈썰매장

두바이 도시 전경

두바이의 초고층 건물

두바이의 초고층 건물

출처: enterprise-cio.com/

출처: CURBED(archive.curbed.com)

스키폴공항 전경

출처: aerostockphoto.com

스키폴 물류단지 전경

도시에 문화의 옷을 입혀야

최근 들어 도시의 산업구조는 전통적인 제조업보다는 서비스산업(생산자서비스업과 소비자서비스업), 문화산업, 정보통신산업, 제조업의 R&D 기능 등과 같은 도시형 산업 위주로 바뀌고 있다. 이런 변화는 특히 대도시일수록 더 뚜렷하게 나타나고 있다. 이러한 도시 산업구조 변화의 원인은 국가 경제가 선진화될수록 기술집약적인 지식산업 위주로 산업구조가 재편되기 때문이다. 여기에다 도시 토지가격의 상승으로 토지를 많이 필요로 하는 산업은 시가지 내에서 높은 토지비용을 감당하면서 수익을 내기도 어렵다. 결국 토지를 집약적으로 이용하는 업종만 도시 내에서 생존할 수 있게 된다.

전통적인 입찰지대(bid rent) 이론이 이러한 토지이용의 원리를 잘 설명한다. 입찰지대 이론에 의하면, 토지마다 용도별로 각기 다른 입찰지대를 가지는 만큼, 토지의 이용은 가장 높은 입찰지대를 보장하는 용도로 결정된다(윤대식, 2011, p. 480).

한편 산업구조의 고도화와 소득 성장으로 인해 국민의 문화적 욕구가 계속 증가하고 있다. 특히 대도시일수록 탈산업화의 경향이 뚜렷하게 나타나면서 도시는 상품과 서비스를 생산하는 공간에서 문화를 소비하는 공간으로 변하고 있다. 과거 도심은 업무와 상업 기능이 핵심이었다면, 이제 문화의 생산과 소비 장소로 변하고 있다.

여기에다 우리나라 도시를 방문하는 외국인 관광객도 증가하고 있다. 일본, 중국, 대만과 같은 동북아시아 국가들의 경제성장과 저비용항공사의 성장으로 인한 항공요금 인하는 외국인 관광객을 지속적으로 증가시키는 요인이 되고 있다. 실제로 유럽 국가들의 경우에는 관광산업이 도시를 먹여 살리기도 한다. 파리, 런던, 로마와 같은 전통적인 대도시는 물론이고, 관광으로 먹고사는 중소도시들도 많다. 그만큼 유럽 도시들은 풍부한 문화유산을 가지고 있고, 이를 관광자원으로 활용하기 때문이다.

유럽은 한때 세계를 제패했던 국가들도 많고, 르네상스를 꽃피운 도시들도 많다. 그리고 산업혁명으로 자본주의를 꽃피운 국가와 도시들도 많다. 이제는 유럽에서 전통적인 제조업은 다소 퇴조했지만, 쇠퇴한 산업도시에 문화예술을 접목하여 다시 일어선 도시들도 많다. 대표적인 도시가 영국의 글래스고(Glasgow)와 스페인의 빌바오(Bilbao)다.

글래스고는 18세기와 19세기 산업혁명을 거치면서 영국의 대표적인 산업도시 가운데 하나로 성장했다. 글래스고는 19세기 초부터 섬유, 화학, 유리 등을 생산하는 경공업으로 출발해서 19세기 중후반에는 주변 지역의 풍부한 자연자원(철광석, 석탄 등)을 활용하여 조선, 철강, 기관차 제조 등 중공업 위주의 산업기반을 확보하면서 성장하기 시작했다. 산업혁명기 글래스고는 노동자들의 유입으로 인구도 큰 폭으로 증가했으며, 1960년대 들어 쇠퇴하기 전까지 조선과 철강산업의 중심지였다.

글래스고는 19세기 말에서 20세기 초에 인구가 1백만 명 이상 되는 도시로 성장했고, 1960년대까지 100만 명 이상의 인구를 유지했다. 그러나 1960년대 이후 다른 전통적인 산업도시와 마찬가지로 쇠퇴의 길로 들어서게 되었다. 도시의 기반 산업이었던 조선업과 같은 중공업이 해외의 값싼 노동력과 경쟁에서 밀리기 시작하면서 글래스고는 쇠퇴하기 시작했다. 도시경제의 쇠퇴로 고소득계층과 고급인력을 중심으로 도시 내부의 인구이탈이 나타났고, 도시 중심부는 심각한 공동화를 경험했다.

글래스고는 도시의 침체로 인한 위기를 극복하기 위해 1976년 도심부 공공임대주택단지 재개발계획인 GEAR(Glasgow Eastern Area Renewal) 프로젝트를 통해 도심부 주거환경개선을 추진했다. 그러나 이것만으로 쇠퇴한 도심부를 살리기에는 미흡했다. 글래스고는 산업혁명기를 거치고 1950년대 초반까지 지역경제를 이끌었던 Merchant City(글래스고 중심업무지구의 한 부분)를 1981년 특별계획지구(Special Project Area)로 지정하고, 새로운 주택건설과 함께 다양한 문화시설을 확충하기 시작했다. 글래스고가 문화도시전략을 추진하기 시작한 것이다(서준교, 2006, pp. 216－219).

글래스고는 1980년대 초반 오랫동안 방치되어온 18세기 교회를 연극공연장(Tron Theatre)으로 개조하는 것을 시작으로 문화도시 인프라를 확충하기 시작했다. 1984년 Georgian Town House(도매상품창고)를 호텔로 개조하고, 1985년에는 노후한 교회를 술집과 식당(John Street Jam)으로 전환했고, 노후 건물을 개조하여 미술관과 음악 및 드라마 스튜디오를 건립했다. 여기에다 기존의 시립 음악당(City Concert Hall)을 새롭게 보수하고, 교회 지하에 실험극장을 설치하는 등 많은 노후 건물을 문화예술공간으로 전환하였다. 이러한 노력이 글래스고 도심의 공동화 문제를 해소하는 데 큰 도움이 되었다(서준교, 2006, pp. 219－220).

현재 글래스고는 오페라와 발레, 축구에서부터 예술 감상에 이르기까지 다양한 문화 활동을 위한 인프라를 갖추고 있다. 여기에다 종교, 현대 미술을 포함하는 다양한 박물관과 도서관들을 갖추고 있다. 아울러 많은 문화 유적으로 인해 글래스고는 1990년 유럽 문화의 도시로 지정되었다. 그리고 영국에서 런던과 에든버러 다음으로 3번째로 관광객이 많은 도시로 발전했다. 최근에는 글래스고 지역경제에서 제조업 비중은 감소했지만, 금융과 비즈니스 서비스, 통신, 생명공학, 의료, 고등 교육, 소매업, 관광과 같은 제3차 산업이 성장하면서 글래스고는 영국의 대표적인 문화도시이자 첨단산업도시로 탈바꿈하게 되었다.

한편 스페인의 빌바오도 글래스고의 경험을 벤치마킹하여 도시재생에 성공한 도시로 주목받고 있다. 빌바오는 17세기에는 철광석을 원료로 하는 제품을 생산하여 수출하기 시작했고, 18세기에는 스페인의 식민지 국가들과의 무역으로 크게 번영하였다. 그리고 18세기와 19세기의 산업혁명기를 거치면서 철강과 조선업을 중심으로 하여 스페인의 가장 중요한 산업도시로 발전했다. 그러나 20세기 들어 철강 자원의 고갈과 조선업의 경쟁력 약화로 도시가 쇠퇴의 길로 들어섰다.

이러한 위기를 타개하기 위해 1980년대 후반 이후 장기적인 계획에 의한 대규모 도시재생 프로젝트를 추진한 결과 빌바오는 회생의 길로 들어서게 되었다. 그 핵심은 도시산업을 제조업에서 문화산업과 서비스산업으로 탈바꿈하는 것이었다. 빌바오의 도시혁신은 종합적인 전략구상에 기초하여 다양한 프로젝트를 통해 실현되었다.

구겐하임 빌바오 미술관(Guggenheim Museum Bilbao)은 항만시설과 철도부지가 있던 지역을 복합 문화예술지구로 변모시킨 핵심적인 프로젝트의 하나로 건립되었다. 구겐하임 빌바오 미술관의 개관 이후 빌바오의 다른 미술관들도 활력을 찾기 시작했다. 아울러 도시 곳곳에 다양한 문화 인프라를 확충하고, 디자인 요소를 도입한 새로운 건축물의 건립과 수변공간 개발을 통해 아름답고 쾌적한 도시를 만드는 데 주력하였다(김태환, 2010, pp. 60－62).

빌바오는 전통적인 제조업의 쇠퇴로 인한 도시의 어려움을 극복하고 유럽의 대표적인 문화도시이자 경제도시로 발돋움하기 위해 문화 기반 도시재생을 성공적으로 추진하였다. 빌바오는 영국의 글래스고와 마찬가지로 문화도시전략을 추진함으로써 매력적인 기업환경을 만들어 금융·보험과 같은 고급 서비스산업과 하이테크산업을 유치하는 데 힘을 기울였다.

한편 문화예술공연을 통해 관광객들을 모으는 도시들도 세계에 수두룩하다. 미국 라스베이거스의 다양한 공연, 러시아 모스크바 볼쇼이 극장의 공연, 중국 주요 도시마다 있는 실경 뮤지컬 공연 등 세계적인 관광 도시들은 나름의 공연문화를 갖추고 있다.

이제 우리나라 도시들도 문화도시전략을 구체화해야 한다. 앞으로 우리나라 도시들도 산업의 고도화와 함께 탈산업화의 길을 걸을 것이다. 도시에 문화의 옷을 입혀야 도시형 산업인 고급 서비스산업과 하이테크산업을 유치할 수 있다. 아울러 문화예술 기반이 튼튼해야 관광산업도 활성화될 수 있다. 향후 우리나라 도시들도 관광산업의 비중이 커질 것이다. 동북아시아 지역에서 큰 관광시장이 만들어질 것이기 때문이다. 일본, 중국, 대만 등 동북아시아 국가 도시들은 우리나라 도시들과 항공으로 1~3시간 거리 내에 있고, 저비용항공사의 증가와 노선 확대로 항공 비용도 줄어들 것이다. 이러한 미래여건의 변화를 고려하면 우리나라 도시들도 관광산업의 활성화를 위한 대책을 마련해야 한다.

출처: 나무위키(https://namu.wiki)

글래스고 도시 전경

출처: 나무위키(https://namu.wiki)

글래스고 도시 전경

구겐하임 빌바오 미술관(Guggenheim Museum Bilbao)

출처: WIKIPEDIA(en.wikipedia.org)

빌바오 구시가지

출처: WIKIPEDIA(en.wikipedia.org)

빌바오의 19세기 후기 건축물

산업관광자원 개발해야

제러미 리프킨(Jeremy Rifkin)은 그의 저서 <소유의 종말>(The Age of Access, 2000)에서 문화 체험을 상품으로 제공하는 산업은 세계 어느 나라에서나 각광받는 산업이고, 새로운 체험경제의 선봉장은 역시 관광산업임을 강조한다. 관광산업은 20세기 중후반부터 각광을 받기 시작하여 이제 세계에서 가장 규모가 큰 산업의 하나가 되었고, 문화 체험의 상품화에 가장 부합하는 산업임을 강조한다(이희재 옮김, 2002, p. 214).

최근 들어 전 세계가 코로나 팬데믹에서 벗어나면서 해외여행과 관광에 대한 기대가 커지고 있다. 여행과 관광을 주요 산업으로 하는 국가들은 유럽에 많다. 예컨대 프랑스와 이탈리아는 조상들이 뿌려 놓은 역사문화관광자원을 바탕으로 하는 관광산업이 활성화되어 있다. 그리고 스위스와 같은 나라는 천혜의 자연자원을 바탕으로 하는 관광산업이 발달되어 있다.

해외여행과 관광이 증가할 것으로 전망되는 이유는 차고 넘친다. 지난 몇 해 동안은 코로나로 인해 해외여행과 관광이 거의 불가능하다시피 했지만, 코로나로 인한 빗장이 풀리면서 해외여행과 관광은 어느 나라 할 것 없이 폭발적으로 증가하고 있다. 중장기적으로 봐도 해외여행과 관광의 증가는 뚜렷이 나타날 것이다.

우리나라는 지금까지 역사문화관광자원을 바탕으로 많은 해외관광객을 유치했지만, 역사문화관광자원은 어느 나라 할 것 없이 많이 개발되어 있다. 이러한 사실은 우리 주변의 일본과 중국만 보더라도 쉽게 알 수 있다. 따라서 우리도 해외에서 몰려올 관광객들을 위한 새로운 관광자원 개발에 나서야 한다. 그 가운데 하나가 산업관광자원이다.

우리나라는 한때 세계가 주목했던 산업화의 역사를 가지고 있다. 그래서 산업관광자원을 새로운 관광자원으로 개발할 필요가 있다. 오늘날의 한국을 세계적인 경제 강국으로 만든 철강, 자동차, 조선, 전자산업의 역사를 해외관광객들에게 보여주는 것은 국익은 물론이고, 우리 기업들의 홍보에도 큰 도움이 될 수 있다.

필자가 오래전 방문했던 일본 토요다시(토요다의 본사 소재)에 있는 자동차박물관의 경우 연간 500만명의 관광객을 유치하고 있다고 한다. 그리고 몇해 전 방문했던 미국 오레곤주 틸라묵 치즈공장(Tillamook Creamery)의 경우 공장 견학코스와 치즈 관련 제품의 판매가 함께 이루어지는 산업관광코스로 많은 국내외 관광객을 끌어들이고 있었다.

우리나라에는 세계적인 철강도시 포항과 전자산업의 메카 구미가 있고, 자동차산업의 메카 울산도 있다. 그리고 전통적인 지연산업(地緣産業)을 가진 중소도시들도 많다. 이들 도시의 경우 산업박물관을 건립하고, 관광객을 위한 견학코스도 함께 개발하여 관광객 유치가 가능하다.

산업관광자원의 개발은 필요에 따라 관련 대기업의 재정적 지원과 역할도 가능할 것이다. 일부 대기업의 재정지원을 받아 기업관(삼성관, LG관, 포스코관 등)을 운영할 수 있도록 하면 재정적 부담도 줄일 수 있다. 그리고 산업 안보의 문제가 없는 범위 내에서 현장 견학을 함께 추진하는 것도 가능하다. 이제 산업관광자원의 개발을 통해 더 많은 국내외 관광객을 유치할 수 있도록 구체적인 추진방안을 마련해야 한다. 산업관광자원과 전통적인 역사문화관광자원의 결합과 접목을 통해 도시의 새로운 활력을 찾아야 한다.

출처: トヨタ博物館(toyota-automobile-museum.jp)

일본 토요다 자동차박물관 전경

출처: トヨタ博物館(toyota-automobile-museum.jp)

출처: トヨタ博物館(toyota-automobile-museum.jp)

출처: トヨタ博物館(toyota-automobile-museum.jp)

일본 토요다 자동차박물관 내부 모습

출처: Tillamook(tillamook.com)

출처: Tillamook(tillamook.com)

틸라묵 치즈공장 전경

출처: Tillamook(tillamook.com)

틸라묵 치즈공장 내부 기념품 판매점

출처: statesmanjournal.com

출처: travellens.co

틸라묵 치즈공장 생산라인

수도권 vs. 지방도시

얼마 전 모 일간지에서 “서울 도심 집값 세계 2위, 홍콩 다음으로 비싸다”라는 기사를 읽었다. 그리고 최근 몇 년 사이 언론을 통해 접한 기사들을 보면 서울시민들의 통근소요시간이 지나치게 길다는 기사는 물론이고, 서울의 비즈니스 비용이 세계적인 대도시들 가운데 매우 상위권에 속한다는 내용까지 다양하다. 모두 서울과 수도권의 과밀로 인한 문제점을 적시한 내용들이다. 이러한 언론보도를 볼 때마다 전 인구의 50%가 몰려 살고 경제력 집중이 심각한 수도권집중에 대한 근본적인 성찰이 필요함을 느낀다.

실제로 서울, 인천, 경기도를 포함하고 있는 수도권 인구의 비중은 계속 증가하여 2019년 우리나라 전체인구의 50%를 점한 후, 그 비중이 계속 커지고 있다. 한편 수도권의 경제력 집중은 더 심각하다. 우리나라 전체 GDP 가운데 수도권 GRDP의 비중은 꾸준히 증가하여 2015년 50%를 상회한 후, 그 비중이 계속 커지고 있다.

오래전부터 국가경쟁력 강화를 위해 수도권집중이 필요하다는 주장과 수도권집중은 국가균형발전을 저해하고 수도권의 과밀로 인한 사회적 비용의 증가로 수도권의 경쟁력마저 저하시킬 것이라는 주장이 첨예하게 대립해 왔다.

수도권집중의 당위성을 강조하는 논자들은 수확체증(increasing returns to scale)의 원리로부터 경제성장의 동인(動因)을 찾는다. 그리고 밀도가 높고 경제활동의 근접성이 있으면서 집적이 많이 이루어져 있으면 수확체증이 발생한다고 강조한다. 그들은 국가경쟁력 향상을 위한 공간정책의 방향은 수확체증현상을 감안한 경제원리에 역행하지 않아야 함을 강조하면서 세계적인 경쟁력을 가진 공간영역으로 수도권을 육성해야 함을 강조한다.

물론 이러한 주장은 일리가 있으며, 수도권을 세계적인 경쟁력을 가진 대도시권으로 육성해야 하는 것은 당연하다. 그러나 수도권집중의 바람직한 수준은 수도권집중으로 인한 과밀의 사회적 비용(주거 및 교통 혼잡비용)이 집적이익을 초과하지 않는 범위 내에서 한정된다.

현재와 같이 수도권에 산업과 인구가 집중하는 현상은 시장원리의 산물이라고 많은 사람이 주장하고 있지만, 사실은 중앙정부가 주도해온 관치경제(官治經濟)의 산물이라는 표현이 더욱 적절하다. 특히 수확체증현상은 고급기술이나 지식을 많이 이용하는 산업에서 발생하는데, 수도권의 경우 지금까지 중앙정부가 주도해온 관치경제에 의해 고급기술이나 지식이 많이 축적되어 왔다고 볼 수 있다.

지리적 공간상에서 나타나는 4가지 흐름은 인구이동, 자본이동, 의사결정, 혁신의 확산이고, 이들은 상호 밀접한 영향을 미친다(Friedmann, John, 1973, pp. 65−84). 우리나라의 경우 개발연대를 거치면서 권력(의사결정)이 집중되는 곳에 자본과 인구도 함께 집중함으로써 수도권집중이 나타났고, 이러한 집중현상이 이제는 돌이킬 수 없는 관성으로 작용하고 있는 것이다. 기업의 입지요인으로 생산요소(원료와 노동력), 시장, 집적경제(agglomeration economies), 환경요인, 정부의 영향력 등이 있는데, 이 가운데 우리나라의 경우는 지금까지 중앙정부의 영향력이 강하게 작용했음을 부인할 수 없다.

그러나 선진국의 경우는 다르다. 미국의 예를 보면, 첨단산업의 입지요인으로 권력에의 접근성이 중요하지 않다는 사실은 워싱턴 D.C. 주변에 첨단산업이 집중하지 않는 사실로부터 알 수 있다. 오히려 미국의 첨단산업은 명문대학과 국립연구소에의 접근성 및 기후 등의 환경적 요인이 중요한 입지요인으로 작용하고 있는 것을 볼 수 있는데, 이러한 현상이야말로 시장원리의 결과로 볼 수 있다.

재화 및 서비스의 생산비용뿐만 아니라 현재 수도권에서 볼 수 있는 주거 및 교통 혼잡비용까지 고려한다면 일극(一極) 집중의 공간적 구조가 아니라, 분산된 집중(decentralized concentration) 형태의 공간적 구조를 만드는 것이 국가 전체의 경쟁력 강화를 위해서도 바람직하다. 여기에다 수도권이 오직 규모의 경제로 인해 경쟁력을 가질 때 수도권의 질적 성장이 지속될 수 있을지에 대한 의문과 함께 외국 대도시와의 경쟁력이 지속될 수 있을지에 대한 의문은 여전히 남는다.

거시적 관점에서 보면 투자의 한계생산성이 높은 지역에 대한 지원과 투자가 바람직하다. 따라서 지금이야말로 수도권의 한계생산성이 지속적으로 증가할 수 있을까 하는 문제에 대해 진지한 성찰과 분석이 필요한 시점이다.

국가경쟁력 강화와 지역균형발전은 어느 하나 놓칠 수 없는 정책과제이다. 다행히 이 두 가지 과제는 동시에 추구할 수 있는 목표로 판단되며, 이러한 목표를 달성하기 위해 비수도권 지역 중에서 상대적으로 투자의 효율성이 높은 지역에 집중적인 투자가 필요하다. 이러한 관점에서 보면 투자의 효율성이 높을 것으로 판단되는 지방 대도시의 육성이 매우 긴요하다.

지방도시, 스스로 역량 키워야

정권이 바뀔 때마다 지역균형발전이나 국가균형발전은 빠지지 않고 등장하는 이슈다. 그런데 지역균형발전은 중앙정부의 의지도 중요하지만, 지방도시 스스로의 역량도 함께 키워야 가능하다. 지역균형발전을 위한 사업들 가운데 일부는 중앙정부가 직접 추진해야 하는 것들도 있고, 일부는 실질적으로는 지방정부가 추진하면서 중앙정부의 재정지원을 받아 추진하는 것들도 있다. 그러나 이들 사업 모두 지방정부의 세부적인 계획이 수반되어야 추진이 가능한 것은 분명하다.

한편 지방정부는 국책사업으로 추진할 대형 프로젝트뿐만 아니라, 지역주민들의 '소소하고 확실한 행복'(소확행: 小確幸)을 실현할 수 있는 중소형 프로젝트도 발굴하고 추진해야 한다. 특히 최근에는 '소확행'을 추구하는 국민들이 늘어나면서 '삶의 질'에 대한 관심과 함께 생활 정치의 중요성이 커지고 있다. 그만큼 지방정부에 대한 주민들의 기대와 요구는 크다.

중앙정부의 역할은 국정철학을 반영한 정책방향의 제시, 법체계와 제도의 정비, 예산의 배정, 대형 국책과제의 추진 등이라면, 지방정부의 역할은 중소형 자체 과제의 추진, 대형 국책과제의 세부계획 수립과 추진, 국가위임사무의 집행 등이라고 볼 수 있다. 따라서 예산과 재정에 대한 권한을 제외하고는 주민들의 삶에 영향을 미치는 크고 작은 프로젝트의 세부적인 추진은 지방정부의 손에 달려 있다고 볼 수 있다. 물론 예산과 재정이 무엇보다 중요한 만큼, 예산 확보를 위해 중앙정부를 설득하는 것 역시 지방정부의 몫이기도 하다.

결국 지역발전은 지방정부의 열의(熱意)와 역량에 의해 좌우되고, 대부분의 프로젝트는 지방정부의 세부적인 계획수립과 추진역량에 따라 성패가 결정된다. 과거의 사례를 보면 아이디어와 방향은 좋은데 세부계획이 잘못되어 실패한 프로젝트들도 적지 않다. 그만큼 지방정부가 직·간접적으로 추진하는 프로젝트들은 디테일(details)이 무엇보다 중요하다. 예컨대 사회간접자본(인프라)과 공공시설 건설사업, 산업단지와 물류단지 건설사업은 공간입지정책과 세부계획이 무엇보다 중요하다. 따라서 전문가의 지혜를 빌리는 것이 필요한 만큼, 전문가를 잘 활용할 수 있는 시스템을 만드는 것이 중요하다. 전문가를 활용하는 방법은 단순히 연구나 계획수립 용역에만 의존할 것이 아니라, 필요에 따라서는 전문가를 더욱 적극적으로 활용할 수 있는 방법도 찾아야 한다.

전문가의 활용방법은 추진위원회나 자문위원회를 구성해서 운영하는 방법도 있지만, 현재 일부 도시에서 운영하는 총괄건축가나 공공건축가와 같은 제도를 다른 전문영역으로 확대하는 방법도 있다. 특히 중요한 지역개발사업의 경우에는 초기 계획단계부터 종합적인 식견과 통찰력을 가진 전문가를 총괄계획가(Master Planner)로 선임해서 협업을 하는 것이 바람직하다.

지역발전을 위해서는 지방정부의 철학이 반영된 프로젝트를 발굴하고, 디테일이 무엇보다 중요한 프로젝트들의 경우 공직자들의 열정과 전문가의 지혜(분석과 통찰력)가 결합되어야 좋은 성과를 낼 수 있다. 이제 지방정부 스스로의 역량을 키우는 일을 게을리하지 말아야 한다.

지역균형발전, 예비타당성조사 제도 개편해야

대선이나 총선이 있을 때마다 정치인들은 가는 곳마다 수많은 지역개발 공약을 거침없이 쏟아낸다. 그런데 이들 공약 중에는 대통령이나 정치인의 뜻대로 쉽게 실현이 가능한 공약들도 있지만, 그렇지 않은 것들도 많다. 왜냐하면 총사업비가 일정 규모 이상이면서 국가의 재정지원 규모가 일정액을 넘는 대부분의 사업은 예비타당성조사를 거쳐야 하기 때문이다.

1999년 우리나라에 최초로 도입된 예비타당성조사 제도는 국가재정의 낭비를 막고 정치인들의 무분별한 공약(空約)에 제동을 거는 순기능을 가져왔음은 부인할 수 없다. 예비타당성조사 제도가 가지는 이러한 순기능에도 불구하고 2019년 예비타당성조사 제도 개편 이전까지 이 제도는 수도권과 비수도권에 동일한 잣대를 적용함으로써 많은 인구가 모여 사는 수도권에 유리한 제도라는 평가를 받아 왔다. 2019년 예비타당성조사 제도 개편 이전까지 20년 동안 예비타당성조사는 수도권과 비수도권 구분 없이 경제성 35~50%, 정책성 25~40%, 지역균형발전 25~35%의 가중치를 부여하여 뭐니 뭐니 해도 경제성에 방점을 두었다.

그런데 경제성이라는 관점에서 보면 사람들이 많이 모여 사는 수도권이 비수도권보다 비용(costs) 대비 편익(benefits)이 클 수밖에 없어 수도권은 비수도권에 비해 상대적으로 예비타당성조사에서 쉽게 통과될 수 있었다. 따라서 지금까지 예비타당성조사를 거쳐야 하는 SOC(사회간접자본) 사업들이 수도권에 집중되는 결과를 초래했다.

선거가 있을 때마다 정치인들이 제시하는 지역개발 공약을 보면 지역균형발전에 역행하는 것들도 많고, 실현가능성이 없는 것들도 많다. 지역발전에 필요한 가장 기본적인 인프라는 SOC이고, 이들 대부분은 예비타당성조사 대상이다. 2019년 예비타당성조사 제도 개편 때 수도권의 경우에는 경제성의 비중을 대폭 높이고, 비수도권의 경우에는 경제성의 비중은 다소 낮추면서 지역균형발전의 비중은 다소 높인 것은 긍정적으로 평가할 수 있다. 그럼에도 불구하고 아쉬움은 여전하다. 수도권의 경우 지역균형발전 항목을 아예 없애고 경제성의 비중을 60~70%로 대폭 높임으로써 수도권에 대한 SOC 집중투자의 가능성은 열려 있는 반면에 지방의 SOC 사업은 여전히 예비타당성조사 문턱을 넘기 어려운 것이 현실이다.

이제 정부는 말로만 지역균형발전을 외치거나 현실적으로 실현이 불가능한 지역개발 공약을 제시할 것이 아니라, 지역균형발전을 제도적으로 정착시킬 수 있도록 예비타당성조사 제도부터 개편을 서둘러야 한다. 예비타당성조사 제도는 지역균형발전의 정책기조를 바탕으로 SOC 투자의 지역별 선택과 집중에 대한 정책방향을 명확하게 담을 수 있도록 개편하는 것이 바람직하다. 아울러 현재 시행되고 있는 예비타당성조사 면제제도는 정치적으로 악용될 소지가 큰 만큼, 예비타당성조사 면제제도의 개선책도 마련해야 한다.

제3부

도시의 미래, 어디로 갈 것인가

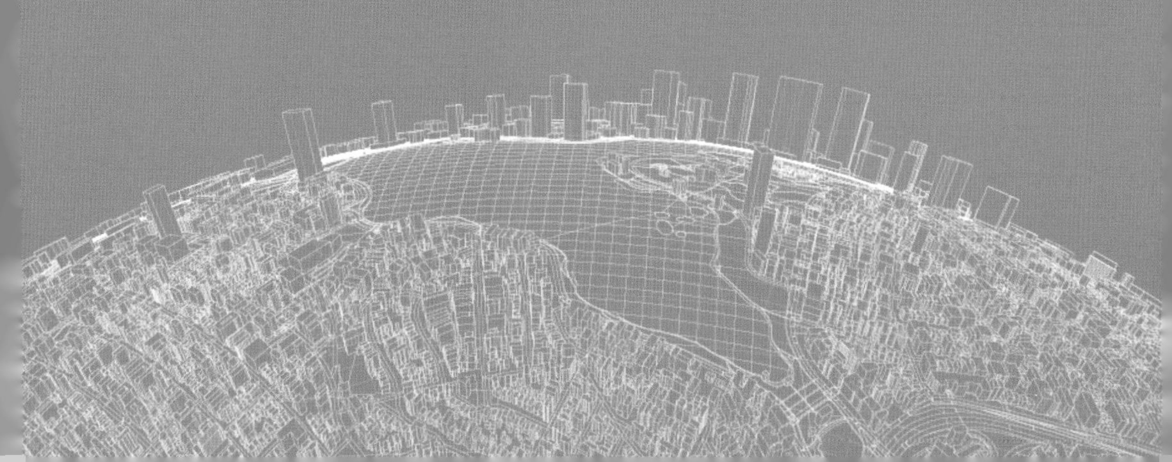

제11장

도시의 진화

도시계획 사조의 변천: 공중위생개선 운동에서 도시미화운동까지

기원전 5세기경 그리스 아테네의 도시계획을 담당했던 도시계획의 선구자 히포다무스(Hippodamus)와 도시의 이상적인 모습을 제시했던 철학자 플라톤(Plato) 이래 도시계획의 범위와 초점은 시대가 처했던 정치 및 사회적 배경을 바탕으로 변해 왔다. 그러나 산업혁명 이전의 도시계획은 시대에 따라 약간의 차이가 있긴 하였지만, 대체로 절대왕정의 권위를 물리적 형태로 표현하는 것에 불과하였다. 실제로 현대의 도시계획과 같은 맥락에서 이해될 수 있는 도시계획의 역사는 시민사회의 형성이 시작되고 근대적 산업이 시작된 산업혁명 이후라고 볼 수 있다. 따라서 산업혁명 이후 도시계획 사조의 변천 과정을 살펴보고자 한다(권태준, 1982, pp. 42-49).

18세기 영국에서 시작된 산업혁명은 인간의 생활양식과 정주(定住) 형태에 획기적인 변화를 초래하였다. 그리고 산업혁명으로 인해 출현한 산업도시는 다양한 도시문제를 드러내기 시작했다. 산업혁명기 도시의 가장 큰 문제는 농촌지역에서 대량 이주해 들어오기 시작한 도시 노동자들의 불량한 주거환경으로부터 시작되었다. 산업혁명은 도시에서 노동자들의 불량한 주거환경과 전염병의 빠른 전파(확산)와 같은 새로운 문제를 초래하였다.

도시가 인프라도 채 갖추어지지 않은 상태에서 일어난 유럽의 산업혁명은 심각한 도시문제를 낳았다. 18~19세기 유럽을 강타했던 결핵, 콜레라, 장티푸스와 같은 전염병의 유행으로 수많은 노동자가 목숨을 잃었다. 당시 산업도시의 도심부에 공장들이 있었고, 그 주변에 있었던 노동자들의 주택은 과밀과 부실 건축으로 인해 슬럼화가 심각하였다. 당시는 상하수도가 매우 취약했고 공장에서 발생하는 매연도 심해서 수인성(水因性) 전염병과 호흡기 질환에 취약할 수밖에 없었다. 그리고 당시 팽배하기 시작한 자본주의 사상으로 인해 토지가격 상승과 부동산 투기도 심각해서 이 역시 과밀과 혼잡을 부추기는 요인이 되었다(Gallion, Arthur B. and Simon Eisner, 1975, p. 82).

산업혁명의 또 다른 그늘도 있었다. 산업혁명을 거치면서 노동자에 대한 인권 유린도 나타났다. 공장주(工場主)들은 노동자들에게 장시간 노동을 강요했고, 어린이 노동문제도 심각했다. 당시 노동자들의 비참한 삶은 노동운동과 사회주의 사상이 싹트는 계기를 마련했다.

사실 산업혁명은 18세기 말 증기기관의 발명과 같은 새로운 기술혁명으로 시작되었다. 증기기관의 발명은 모든 산업에 걸쳐 생산성을 높이는 데 획기적인 공헌을 했다. 예컨대 당시 증기기관으로 작동되는 방적기와 섬유 직조기의 발명으로 섬유생산량이 비약적으로 증가했다. 그리고 애덤 스미스(Adam Smith)가 <국부론>(The Wealth of Nations, 1776)을 펴내면서 팽배하기 시작한 자유방임주의 시장경제원리에 따라 산업자본주의는 발전하게 되었다.

19세기 초부터 도시 노동자들의 건강과 위생에 대한 관심이 유럽의 여러 나라에서 나타나기 시작했다. 산업혁명기 도시에서 나타난 문제들을 해결하기 위해 불량주택과 상하수도 정비의 필요성이 대두되기 시작한 것이다. 그리고 이를 위한 법과 제도의 정비가 이루어지기 시작했다. 예컨대 영국의 공중위생법(Public Health Act, 1848)은 상하수도의 설치에 관한 규정들을 포함함으로써 근대적 도시계획 입법의 선도적 역할을 하였다. 이러한 이유로 근대 도시계획제도는 공중위생법으로부터 태동한 것으로 보고 있다. 공중위생법을 통한 새로운 제도의 도입은 당시 팽배했던 시장원리에 기초를 둔 자유방임주의 사상에 비추어보면 획기적인 일이었다(대한국토·도시계획학회 편저, 2016, p. 101). 한편 19

세기 중반 프랑스 파리의 시장이었던 오스망(Haussmann)은 파리 개조계획을 실행에 옮기면서 하수도, 도로 등의 전근대적인 도시기반시설에 대한 대개조를 추진하였다.

유럽의 다른 나라에서도 산업혁명기 도시들의 문제를 해결하기 위한 제도적 노력이 있었다. 그러한 노력은 특히 도시확장의 계획적 관리에 초점을 두었다. 이탈리아에서는 도시확장법(Town Extension Act, 1865)이 제정되었고, 비슷한 유형의 조치(입법)들이 스웨덴에서는 1873년에, 그리고 오스트리아와 헝가리에서는 1875년에 있었다. 이들 국가에서는 기존도시의 주변에 국가가 소유하는 토지들이 영국보다 더 많았기 때문에 산업혁명으로 인해 새로이 도시로 유입되는 인구로 인한 도시의 무질서한 확장에 대한 공적 규제가 더 쉬웠다고 볼 수 있다. 아무튼 이들 국가도 영국과 마찬가지로 도시의 저소득층 인구의 급증에 따른 주거환경의 악화와 도시 변두리의 무질서한 정착을 규제하는 데 도시계획의 초점을 두었다.

한편 서구사회에서 근대적 의미의 도시계획에 대한 본격적인 입법은 영국에서 1909년 제정된 「주택 및 도시계획 등에 관한 법」(Housing and Town Planning Act)이 시초라고 할 수 있다. 이 법은 영국의 산업혁명 이후 도시로 이주해 들어오기 시작한 노동자 계층의 비위생적인 주거환경을 개선하기 위한 노력의 일환으로 제정되었다. 이 법은 도시 노동자들의 주택공급과 함께 저렴한 임대주택의 건설과 토지공급의 확대를 위해 지방정부에 도시기본계획(town planning scheme)을 수립할 수 있는 권한을 부여하는 것을 핵심적인 내용으로 했다(김제국, 구지영, 2008, p. 25). 이러한 역사적 맥락에 비추어볼 때, 서구에서 근대적 도시계획은 기본적으로 도시빈민층의 주거환경개선과 상하수도, 도로 등 물리적 시설의 개량과 정비를 위한 대책으로 출발했다고 할 수 있다.

다른 한편으로, 몇몇 인도주의적 기업가와 귀족들에 의한 새로운 도시 서민주택단지의 개발 노력이 영국을 비롯한 유럽 전역에 퍼지게 되었다. 이를 계기로 도시계획은 서서히 공공보건 대책의 영역을 탈피하는 전기를 맞이하게 되었다.

한편 유럽의 여러 나라에서 산업혁명으로 인해 도시로 밀려드는 노동자들의 위생 문제와 주거환경 개선을 위한 노력이 어느 정도 성과를 거두기 시작하면서 도시미화에 대한 관심이 일어나기 시작하였다. 영국에서는 햄스테드(Hampstead) 전원교외 단지의 설계자인 레이몬드 언윈(Raymond Unwin) 등이 19세기 말부터 도시미관의 정비를 주장하였고, 미국에서는 1893년 시카고 세계박람회를 계기로 프레데릭 로 옴스테드(Frederick Law Olmstead), 다니엘 번햄(Daniel H. Burnham), 존 루트(John Root) 등이 중심이 되어 도시의 조경, 레크리에이션시설, 건축물의 조형미 등에 새로운 관심을 불러일으키기 시작했다.

19세기 말에서부터 20세기 초(1890년대에서 1920대 사이)에 이르는 동안 서구의 여러 나라에서 시작된 이와 같은 도시미관과 조형미에 대한 관심을 도시미화운동(City Beautiful Movement)이라 한다. 도시미화운동은 근대 도시계획사에 있어 하나의 중요한 전기로 간주된다. 도시미화운동을 통해서 도시의 전체적인 물리적 환경에 대한 관심이 더욱 고조되었으며, 따라서 종래 공중위생과 주택 정책적인 배려에서 시작된 도시계획 사상이 확장되는 계기를 마련하였다. 도시미화운동을 통하여 도시공간 전체에 대한 종합적 계획(comprehensive planning)의 사회적 수용 태세가 서서히 갖추어지기 시작하였다.

그러나 이 당시 도시계획의 종합성에는 한계가 있었다. 당시 도시계획의 내용은 공공적·물리적 시설계획에 한정된 것이었다. 당시에도 패트릭 게데스(Patrick Geddes)와 같이 도시의 생태계와 그 사회경제적 여건에 관심을 기울여야 한다고 주장을 하는 사람들도 있었다. 그러나 이러한 주장이 제도화되기에는 초기 자본주의적 민간경제 활동과 부동산의 사적(私的) 소유권에 대한 제도적 제한 장치가 미처 형성되어 있지 못했기 때문에 도시계획의 대상은 공공투자로 개발될 수 있는 시설물에 한정될 수밖에 없었다.

출처: WIKIPEDIA(en.wikipedia.org)

산업혁명 당시 영국 버밍햄(Birmingham)의 공장 지역

출처: WIKIPEDIA(en.wikipedia.org)

산업혁명 당시 공장 지역의 대기오염

출처: brooklynmuseum

출처: WIKIPEDIA(en.wikipedia.org)

산업혁명 당시 저소득층 주택

출처: clydetan-industrialrevolution.weebly.com

산업혁명 당시 영국의 주택 내부 모습

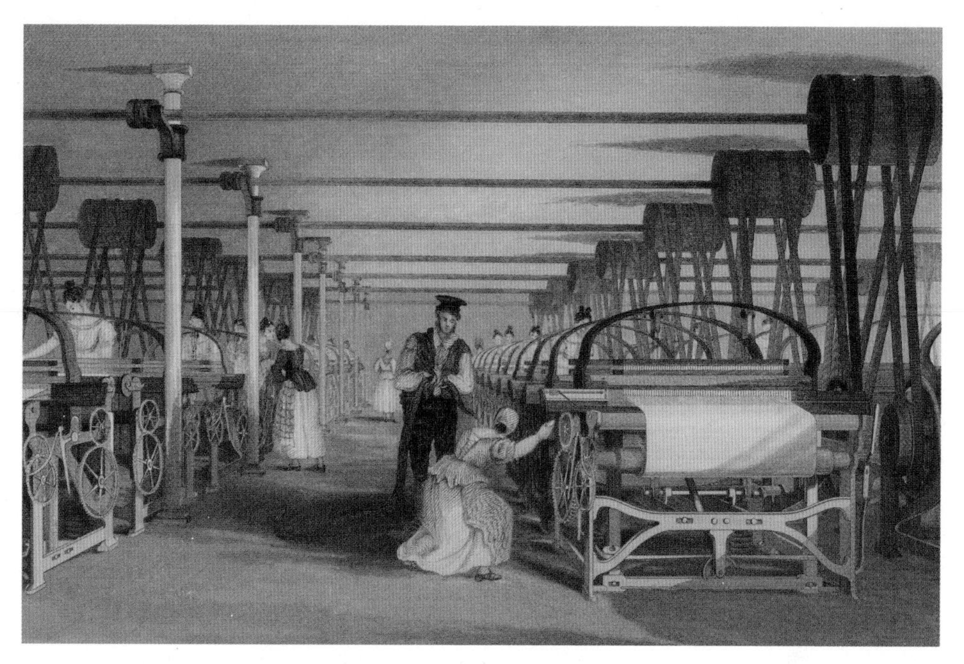

출처: WIKIPEDIA(en.wikipedia.org)

산업혁명 당시 기계식 직조기의 모습

에베네저 하워드(Ebenezer Howard)의 전원도시 구상

산업혁명을 거치며 도시에 대한 부정적 인식과 함께 전원도시 운동(Garden City Movement)이 싹트기 시작했고, 그 중심에 에베네저 하워드(Ebenezer Howard: 1850~1928)가 있었다. 에베네저 하워드는 영국 런던에서 태어나 관청의 서기로 일하다가 21살이 되던 1871년 미국으로 건너가 시카고에서 재판소 속기사로 일했다. 그리고 26세가 되던 1876년에 영국으로 돌아와 의회의 속기사로 일하면서 영국의 도시 개조 운동에 관심을 가지게 되었다. 당시 영국은 산업혁명 이후 급격한 도시화로 인해 노동자들의 주택과 도시환경은 매우 열악했고, 이러한 이유로 인해 진보적인 도시계획 사상이 싹트고 있었다.

에베네저 하워드는 인간의 존엄성이 사라지고 기계화되어 가는 도시민의 삶을 비판하고 이상주의적 사상에 심취해 있었다. 에베네저 하워드는 <진보와 빈곤>

(Progress and Poverty, 1879)의 저자인 헨리 조지(Henry George: 1839~1897)의 영향을 받았다. 그리고 전원도시 구상을 구체화하여 1898년 ＜내일: 진정한 개혁에 이르는 평화로운 길＞(Tomorrow: A Peaceful Path to Real Reform)이라는 제목으로 그의 저서를 출판하면서 전원도시 운동의 선구자가 되었다. 그 후 그의 책은 1902년 ＜내일의 전원도시＞(Garden Cities of Tomorrow)로 개정되어 출판되었다.

에베네저 하워드의 전원도시 구상은 실제로 전원도시 개발로 이어졌다. 그 첫 번째 도시가 1903년 시작된 레치워스 전원도시(Letchworth Garden City)이고, 두 번째 도시가 1920년 시작된 웰윈 전원도시(Welwyn Garden City)이다. 그리고 그의 전원도시 구상을 따라 다른 나라에서도 전원도시가 잇따라 개발되었다. 그렇게 건설된 대표적인 전원도시가 미국 뉴저지주의 래드번(Radburn) 신도시다.

에베네저 하워드가 구상한 전원도시는 매우 이상적인 도시로, 도시 내부는 주거, 산업, 농업 기능이 균형을 이루고, 도시 주변은 녹지(그린벨트)로 둘러싸여 도시와 전원의 장점이 조화를 이루는 자족적 계획도시였다. 그리고 그가 제시한 전원도시는 공공 토지 임대제도를 근간으로 하였다. 에베네저 하워드가 제시한 전원도시의 조건은 다음과 같다(정일훈, 2001, pp. 187-188).

- 도시의 계획인구를 제한할 것
- 도시 주변에 넓은 농업지대를 영구히 보전하며, 이를 도시의 물리적 확장을 제한하기 위해 사용할 것
- 시민의 경제활동 유지에 필요한 산업을 충분히 확보할 것
- 상하수도, 가스, 전기, 철도는 개별 도시 전용으로 사용하고, 도시의 성장과 번영에 따라 생긴 이익의 일정 부분은 지역사회를 위해 보유할 것
- 토지는 사유를 인정하지 않으며, 차지(借地)의 이용에 관해서는 규제를 가할 것
- 주민은 자유 결합의 권리를 최대한 향유할 수 있을 것

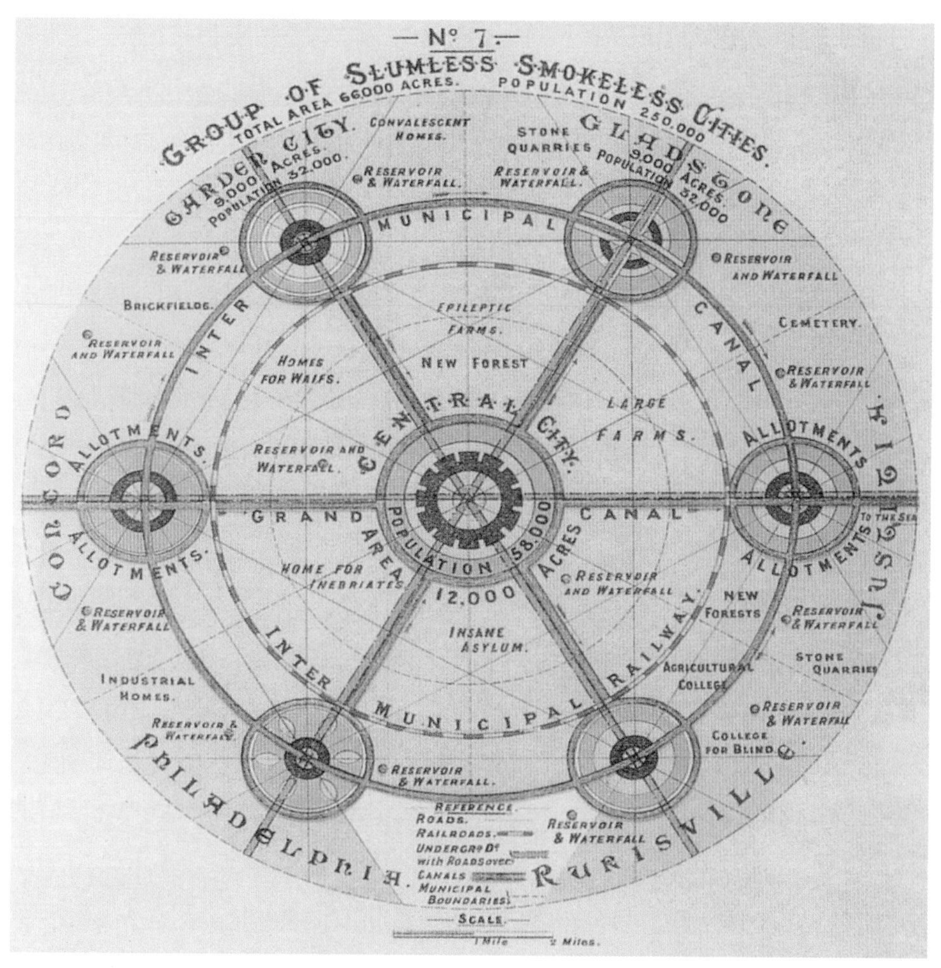

출처: WIKIPEDIA(en.wikipedia.org)

에베네저 하워드(Ebenezer Howard)의 전원도시 개념

20세기 도시, 용도지역제를 갖추다

용도지역제(zoning)는 처음에는 양립할 수 없는 토지의 용도를 다른 용도로부터 분리하여 부정적인 영향을 최소화하는 수동적인 입장에서 출발하였다. 그러다가 차츰 지역 특성을 고려하여 주민의 편익 증대를 위한 집적이익의 추구와 시설물의 적정 배치를 이루는 적극적 의미의 용도지역제로 변화하였다.

역사적으로 보면 개인의 재산권을 법적으로 제한할 수 있는 지구를 설정했던 사례는 16세기로 거슬러 올라간다. 1573년 스페인의 필립(Philip) 왕은 신세계(개척지)에 새로운 커뮤니티를 만들 때, 길은 바람에 휩쓸리지 않는 방향으로 내도록 하고, 도살장은 주민들에게 악취를 풍기지 않게 도시의 외곽지역에 만들도록 명령했다.

16세기 엘리자베스 1세 당시의 영국에서도 지역에 해롭거나 지가를 하락시키는 토지이용 행위는 공해법을 이용하여 제한했다. 미국의 매사추세츠 법(Massachusetts Law, 1692)에서도 도시 내의 특별지구에서 공해를 발생시키는 토지이용 행위를 제한하도록 했고, 보스턴에서는 화약저장창고를 도시의 중심지로부터 격리했던 법이 있었다. 그리고 나폴레옹은 1810년에 유해하거나 불쾌한 악취가 발생하는 토지이용 행위는 특별허가를 받도록 하는 법령을 발표했다. 여기에는 세 가지 등급이 있었는데, 이 가운데 첫 번째 등급의 토지이용은 사람들의 주거지로부터 일정 거리 내에서는 허용되지 못하도록 규제하였다. 이처럼 용도지역제의 출발은 도시계획의 목적보다는 공해방지 목적이 핵심을 이루었다(국토개발연구원, 1981, p. 39).

더욱 현대적인 의미에서 용도지역제가 처음으로 등장한 곳은 독일이다. 나폴레옹 법령을 기초로 한 프러시아 공업법(Prussian Industrial Law)이 1845년에 발표되었고, 이것은 1869년 북부 독일연방(North German Confederation)의 공업법(Industrial Law)으로 더욱 발전되었다. 이 법에 따라 단순한 형태의 토지이용 규제를 시행하다가 1909년에 이르러 밀도, 고도, 토지이용 등에 대해 종합적으로 규제하는 용도지역제가 시행되었다.

미국에서도 20세기 초부터 도시의 발전을 도모하기 위하여 도시의 토지를 특정 용도지역으로 구분하여 지정하는 용도지역제를 여러 도시에서 채택하기 시작했다. 미국에서는 공해법의 개념을 확대한 형태로 용도지역제를 도입하여 주거 환경보호와 개인의 재산 가치 하락 방지를 위한 법적 도구로 사용하였다. 용도지역제 조례가 최초로 통과된 것은 1909년 로스앤젤레스였으나, 그 규제지역이나 규제 대상이 매우 제한되어 있었다. 용도지역제 조례는 그 후 여러 도시에서 도입되었고, 특히 1922년에 연방정부가 제정한 표준 용도지역제 법

(Standard Zoning Enabling Act)과 1927년에 제정된 표준도시계획법(Standard City Planning Enabling Act)에 의해 토지 용도의 지정 권한이 지방정부로 대폭 위임되어 지방정부는 이 두 법을 기초로 용도지역제 조례를 제정할 수 있게 되었다(국토개발연구원, 1981, pp. 40-41).

이상에서 살펴본 역사적 사실들은 용도지역제가 도입되는 시발점에 불과했다. 진정한 의미의 용도지역제는 1916년 뉴욕에서 용도지역제 조례가 통과된 지 10년이 지난 1926년 오하이오주 클리블랜드 주변 유클리드(Euclid) 마을의 소송사건을 계기로 연방최고재판소에서 용도지역제를 합헌적인 것으로 인정하면서 시작되었다.

피터 홀(Peter Hall)은 미국 도시에서 용도지역제가 도입된 가장 중요한 이유는 커뮤니티의 자산가치 보호라고 설명한다. 그는 당시 미국에서 용도지역제가 잘 갖추어진 도시는 부동산 가치가 안정되거나 증가하였다고 설명한다. 이런 이유로 당시 용도지역제는 시민들에게 이익이 된다는 생각이 널리 퍼지게 되었으나, 다른 한편으로 뉴욕과 시카고와 같은 대도시에서는 저소득층을 배제하기 위한 수단으로 악용되기도 했다(임창호, 안건혁 옮김, 2005, pp. 93-96).

당시 미국의 용도지역제는 경직성과 누적성의 두 가지 특징을 갖고 있었다. 여기서 경직성은 도시를 몇 개의 용도지역으로 구분하고, 각 용도지역에서 허용하는 용도와 조건을 자세하게 명시해 줌으로써 융통성이 없음을 말하는 것이다. 이러한 이유로 이처럼 경직적인 용도지역제를 유클리드 용도지역제(Euclidean Zoning)라고도 부른다. 그 후 많은 나라에서 유사한 형태의 용도지역제가 도입되어 활용되고 있다. 한편 최근 들어서는 이러한 유클리드 용도지역제가 지닌 규제의 경직성을 보완하기 위한 시도가 여러 나라에서 나타나고 있다.

20세기 도시의 실패, 뉴어바니즘을 만나다

뉴어바니즘(new urbanism)은 1980년대 후반부터 미국에서 새로이 나타나기 시작한 도시계획 사조(思潮)이다. 뉴어바니즘은 도시 토지이용의 지나친 기능분리와 도시의 외연적 확산이 교통문제와 환경문제를 악화시킬 뿐만 아니라 시민들의 삶의 질도 악화시킨다는 인식에 기초를 두고 이를 개선하기 위한 노력의 일환으로 대두되었다. 뉴어바니즘은 20세기 미국 도시에서 나타난 도심의 황폐화, 도시의 무질서한 공간확산 및 주거지의 교외화, 그리고 이로 인한 통행거리의 증가와 낭비적 교통수요의 발생, 아울러 도시 내 대기오염의 증가와 생태계 파괴 등의 문제를 종합적으로 개선하기 위해 도시계획가와 도시 전문가들의 뜻이 모여 시작되었다.

뉴어바니즘이라는 새로운 도시계획 사조를 잉태한 이러한 문제 인식은 미국 도시들에서 나타난 여러 가지 문제점들을 개선하는 데 매우 적절한 것은 물론이고, 우리나라 도시들의 문제점들을 개선하는 데도 매우 적절한 인식으로 볼 수 있다. 왜냐하면 우리나라 도시들도 개별 도시마다 약간의 차이가 있긴 하지만, 대체로 미국 도시들의 개발과정을 시차(時差)를 두고 답습했던 부분들이 많았기 때문이다.

우선 미국 도시들의 경우를 보면 승용차의 대량 보급과 함께 미국인들의 쾌적하고 넓은 주택수요를 충족시키기 위해 도시 외곽지의 택지개발을 추진한 결과 도시의 외연적 확산이 보편화되었다. 반면에 도심은 야간에는 불이 꺼진 유령의 도시가 되었다. 그 결과 미국 도시들의 경우 도심은 범죄의 온상이 되었고, 주거 기능은 쇠퇴하게 되었다. 그리고 도심에 남아 있는 일부 주거 기능은 저소득층의 주택수요를 충족하기에 급급하게 되었다.

우리나라 도시들도 마찬가지다. 우리나라의 많은 도시에서 새로운 주택공급을 위해 도심에서 멀리 떨어진 외곽지역에 주택단지나 신도시를 개발함으로써 시민들의 통행거리와 통행시간을 증가시킨 사례를 많이 볼 수 있다. 이러한 사례는 대도시는 물론이고 중소도시들에서도 많이 볼 수 있다. 물론 주택공급을 최우선적인 목표로 하다 보니 시민들의 통행거리와 통행시간 증가는 중요하게 생각하지 않은 결과일 수도 있다. 뿐만 아니라 많은 도시에서 도심의 쇠퇴를 초래한 것은 물론이고, 도심에서 주거 기능이 거의 사라짐으로써 학교가 폐교되고 야간에는 도심이 활기를 잃는 결과를 초래하기도 했다.

이처럼 도심의 주거 기능 축소, 도시의 무질서한 공간확산 및 주거지의 교외화, 도시 토지이용의 지나친 기능 분리 등으로 인하여 발생한 다양한 도시문제를 종합적으로 개선하기 위해 뉴어바니즘이 새로운 도시계획 사조로 나타난 것이다. 뉴어바니즘은 1990년대부터 다양하고 구체적인 도시계획 기법을 통해 현실에 접목되기 시작했다. 예를 들면 스마트 도시성장(smart urban growth), 압축도시(compact city), 혼합적 토지이용(mixed land use), 대중교통 지향형 개발(TOD: Transit Oriented Development), 도시마을(urban villages)을 들 수 있다.

스마트 도시성장은 도시의 외연적 확산과 주거지의 교외화가 가져온 부작용을 치유하기 위해 시도되었다. 스마트 도시성장은 신개발지의 개발보다는 기개발지 내에서 주택, 상업, 업무 기능의 개발을 강조함으로써 신개발로 인해 발생하는 사회적 비용을 줄여보자는 것이 취지이다. 요즘 우리나라에서 많이 추진되고 있는 도시재생사업도 스마트 도시성장을 주요 목적으로 한다고 볼 수 있다.

압축도시는 도시의 무질서한 외연적 확산 대신에 기개발지나 신개발지를 개발할 때 고밀도로 개발함으로써 자연환경의 무분별한 훼손을 막고 직주근접을 유도하여 시민들의 통행거리 감소와 에너지 절약을 도모하기 위한 목적을 가진다. 그러나 무분별한 압축도시의 개발은 녹지공간의 확보를 저해할 수 있어 개발밀도의 선택과 녹지공간의 확보 사이에 적절한 조화가 필요하다.

혼합적 토지이용은 도시 내에서 토지이용의 지나친 기능 분리는 시민들의 장거리 통행을 발생시키고 교통비용의 증가와 에너지의 낭비를 초래할 것이라는 인식 아래 토지이용의 무분별한 분리 입지보다는 토지이용의 적절한 혼합이 바람직하다는 취지에서 시도되기 시작하였다. 우리나라에서도 2010년대 중반(2015년) 혼합적 토지이용을 활성화하기 위한 제도가 마련되어 고무적이다. 입지규제최소구역이 바로 그것이다. 입지규제최소구역은 도시지역에서 복합적인 토지이용을 증진시켜 도시 정비를 촉진하고 지역 거점을 육성할 필요가 있는 지역에 「국토의 계획 및 이용에 관한 법률」에 따라 지정하는 용도구역의 하나이다. 토지를 보다 압축적이고 효율적으로 이용하며, 지역 특성을 살린 다양하고 창의적인 도시공간을 조성할 수 있도록 토지이용 규제를 유연하게 하는 것을 목적으로 한다. 입지규제최소구역으로 지정되면 건폐율, 용적률, 건축물의 높이 등을 유연하게 적용할 수 있어 사업시행자가 맞춤형 개발을 할 수 있는 장점이 있다.

대중교통 지향형 개발은 도시철도 역세권이나 버스정류장 주변지역 등 대중교통 이용이 편리한 곳에 고밀도 도시개발을 유도하여 시민들의 승용차 의존도를 줄이고 대중교통 이용을 활성화하는 목적을 가진다. 따라서 대중교통 지향형 개발도 궁극적으로 도로교통 혼잡을 완화하고 에너지 소비를 줄이는 결과를 초래한다고 볼 수 있다.

도시마을은 1980년대 후반부터 영국에서 시작된 개념으로 혼합적 토지이용, 도보권 내 공공시설 및 초등학교 배치, 보행자 우선의 교통체계 구축, 적정 개발규모 등의 개념을 도입하였다. 아울러 교외지역의 신개발보다는 기존 시가지의 재생에 주안점을 두고 있다.

뉴어바니즘을 현실에 접목하기 위해 시도되기 시작한 이러한 도시계획 기법들은 우리나라 도시들에서도 활발하게 적용되어야 한다. 도시의 장기적 비전을 제시하는 도시기본계획은 물론이고, 도시관리계획과 각종 사업계획에서도 스마트 도시성장, 압축도시, 혼합적 토지이용, 대중교통 지향형 개발, 도시마을의 개념이 구체화되어 적용되어야 한다. 특히 많은 도시에서 추진되고 있는 도시재생사업과 도시정비사업에서도 스마트 도시성장, 압축도시, 혼합적 토지이용, 대중교통 지향형 개발, 도시마을의 개념이 도시의 규모와 특성에 맞게 적용되어야 한다.

도시의 번영은 계속될 것인가

다가올 도시의 미래를 전망하기 위해서는 인간이 왜 도시에 모여 살고 있는지에 대한 근본적인 질문을 던져야 한다. 도시에 인간이 모여 사는 것은 일자리가 도시에 있기 때문이다. 산업혁명 이전의 농경사회에서는 일자리가 농촌에 있었기 때문에 많은 사람이 농촌에 살았다. 그러나 산업혁명이 일어나면서 도시의 공장에 모여 일하는 노동의 형태가 나타났고, 농촌에서 도시로 이동하는 이른바 이농향도(離農向都) 현상이 나타나기 시작했다. 그래서 도시는 산업생산의 공간으로 자리 잡게 되었다. 왜냐하면 전통적인 제조업의 경우 사람들이 모여서 물건을 만들 수밖에 없었기 때문이다.

그러나 산업혁명 이후 진행된 과학혁명과 기술혁신은 제조업의 새로운 변화를 유도하였다. 기업들은 소프트웨어에 의한 노동자의 대체와 리엔지니어링(re-engineering)을 통해 비용의 축소와 소비자의 요구에 대한 적절한 대응이 가능하게 되었다. 그리고 그러한 변화는 앞으로도 지속될 것으로 전망된다.

제러미 리프킨(Jeremy Rifkin)은 그의 저서 <노동의 종말>(The End of Work, 1996)에서 기업들은 증가하는 경쟁과 인건비의 상승으로 인해 인간의 노동력을 기계의 작동으로 바꾸어 왔고, 그러한 노력은 앞으로 더 가속화될 것으로 보았다. 그 결과 생산제조와 서비스 제공과정에서 기계가 인간의 노동을 대체하는 시대가 올 것으로 보고 있다. 그리고 시장경제에만 의존하면 창의적 직종에 종사하는 소수의 고급 인재와 기업가에게는 축복일지 모르지만, 대다수 노동자의 운명은 불투명한 것으로 보았다. 아울러 그는 노동에 토대를 두지 않는 사회는 우리가 알고 있는 사회조직원리와는 너무나 다르므로 사회계약에 대한 기본 토대에 대해 다시 생각해야 할 필요가 있다고 주장한다(이영호 옮김, 2007, pp. 59-71).

제러미 리프킨의 우려는 도시의 미래에도 여러 가지 질문을 던진다. 그의 표현대로 '노동의 종말'이 현실이 되면 도시가 현재와 같은 번영을 지속할 수 있을까. 이에 대해서는 두 가지 가능성이 일어날 수 있을 것이다. 첫 번째 가능성은 서비스의 생산과 문화의 소비를 위한 도시의 기능은 그대로 유지되거나 활성화될 수 있다는 점이다. 예컨대 뉴욕과 같은 대도시는 문화예술, 금융, 그리고 비즈니스 서비스업으로 특화되어 여전히 번영을 누리고 있다. 물론 뉴욕의 번영은 세계 최고의 금융중심지에다 세계 최고의 비즈니스 서비스를 제공할 수 있는 기업들이 몰려 있고, 고급인재들도 그곳에 있기에 가능하다. 두 번째 가능성은 '노동의 종말'로 인한 도시의 쇠퇴다. 인간이 함께 모여서 상품이나 서비스를 생산할 필요가 없어진다면 구태여 도시에 모여 살 이유가 없고, 그렇게 되면 제러미 리프킨이 예상하는 '노동의 종말'은 '도시의 종말'로 이어질 수도 있을 것이다.

한편 에드워드 글레이저(Edward Glaeser)와 데이비드 커틀러(David Cutler)는 그들이 함께 쓴 저서 <도시의 생존>(Survival of the City, 2021)에서 도시의 미래에 대해 대체로 낙관적인 전망을 제시하고 있다. 코로나19와 같이 21세기 도시가 맞이한 위기는 도시의 변화를 가져오겠지만, 대부분의 도시 근로자는 대면 소통이 필요한 업무에 더 많이 종사할 것이고, 도시에서 사무실 공간은 없어지지 않을 것으로 보고 있다(이경식 옮김, 2022, p. 291).

에드워드 글레이저와 데이비드 커틀러에 의하면, 도시를 중심으로 해서 사람들을 도시로 끌어들이는 구심력과 사람들을 도시 바깥으로 밀어내는 원심력이 함께 작용한다는 것이다. 그러면서 20세기가 원심력의 시대였다면, 21세기는 구심력이 더 크게 작용하는 시대가 될 것임을 주장한다. 그리고 그러한 경향은 20세기 말부터 이미 나타나고 있다고 주장한다(이경식 옮김, 2022, p. 293).

에드워드 글레이저와 데이비드 커틀러는 도시는 창의성이 폭발하는 공간이며, 그런 이유로 실리콘밸리와 같은 지리적 공간에 사람들이 모여 기업가 정신이 싹트고 새로운 혁신이 일어난다고 강조한다. 그리고 대부분의 혁신은 비공식적인 소통과 협업을 통해 발생한다는 것이다(이경식 옮김, 2022, pp. 311-312).

에드워드 글레이저와 데이비드 커틀러는 수십 년 전 앨빈 토플러(Alvin Toffler)가 그의 저서 <제3의 물결>(The Third Wave, 1980)에서 예측했던 정보통신 기술의 발달이 도시의 쇠퇴를 초래할 것이라는 예측이 잘못되었음을 강조한다. 앨빈 토플러는 도시의 끈질긴 힘을 과소평가했다는 것이다(이경식 옮김, 2022, p. 307). 당시 앨빈 토플러는 통근 대용으로서의 통신의 가능성, 생산 현장의 지리적 분산, 집중을 피한 생산과 노동, 전자주택(electronic cottage)의 출현을 예고했다(유재천 역, 1981, pp. 219-232).

에드워드 글레이저와 데이비드 커틀러는 앨빈 토플러의 가설을 반박하는 증거들이 이미 오래전부터 나타나고 있음을 지적하고 있다. 예컨대 정보 집약적인 금융회사들이 금융업을 주도하면서 월스트리트가 호황을 누려 왔다는 것이다. 그리고 앨빈 토플러의 주장이 잘못되었다는 걸 실리콘밸리가 입증하고 있음을 주장한다(이경식 옮김, 2022, pp. 311-312).

에드워드 글레이저와 데이비드 커틀러는 대면 근무의 가치가 21세기에도 지속될 것임을 강조한다. 대면접촉의 유리한 측면은 뉴욕, 런던, 샌프란시스코와 같은 도시들이 부흥한 배경을 잘 설명한다고 주장한다(이경식 옮김, 2022, p.

327). 그러면서 화상회의와 재택근무의 등장은 도시 전체를 위험에 빠뜨리지는 않겠지만, 이것으로 인해 어떤 도시는 직면한 위험이 더 커질 수 있다고 주장한다. 오랫동안 안고 있는 도시문제를 더 심각하게 할 수는 있다는 것이다(이경식 옮김, 2022, p. 334).

그럼 도시의 번영은 계속될 것인가. 에드워드 글레이저와 데이비드 커틀러가 도시의 번영 사례로 많이 들고 있는 하이테크 도시(리차드 플로리다가 명명한 창조도시)와 세계적인 대도시들은 번영을 계속 유지할 수 있을 것이다. 이들 도시는 대부분 고급 인재를 필요로 하는 산업들에 특화되어 있고, 도시의 문화적 환경과 쾌적성도 잘 갖추어져 있는 곳이 대부분이기 때문이다.

그러나 중소규모의 도시와 전통적인 제조업을 주력산업으로 하는 도시는 어려움에 직면할 가능성이 상대적으로 크다. 산업구조 자체가 문제가 될 수도 있고, 도시의 문화적 토양이나 쾌적성도 새로운 산업을 받아들이는 데 걸림돌이 될 수 있기 때문이다. 특히 첨단산업, 비즈니스 서비스업, 스타트업들은 입지에 매우 민감하고, 창의적 아이디어가 꽃필 수 있는 공간을 무엇보다 선호하기 때문이다. 그리고 이런 산업들의 경우 사람(고급 인재)이 직장을 따라가지 않고, 직장이 사람(고급 인재)을 따라가기 때문이다. 이러한 이유로 도시의 경쟁력은 삶의 공간으로서의 경쟁력에 의해 크게 좌우될 것으로 보인다. 우리가 살기 좋은 도시를 만드는 데 역량을 집중해야 하는 이유도 바로 여기에 있다.

도시, 대마불사(大馬不死)일까

도시에 사람들이 모여 살기 시작한 것은 모여 살면서 얻는 이익이 크기 때문이다. 도시경제학은 왜 사람들이 도시에 모여 사는가에 대한 해답을 경제이론으로 잘 설명하고 있다. 전통적인 도시경제학은 도시가 형성되는 원인을 규모의 경제(scale economies), 집적의 경제(agglomeration economies), 지역 비교우위(comparative advantage of regions)의 세 가지로 요약해서 설명한다(김경환, 서승환, 2006, pp. 7－17).

규모의 경제는 한 기업이 상품을 대량 생산하면 평균 생산비용을 줄일 수 있고, 이런 이유로 상품을 대량 생산하여 다른 지역에 판매하는 큰 기업이 생긴다는 것이다. 그렇게 되면 이들 기업 주변에 다수의 종업원과 그 가족들이 거주하면서 주택, 도로, 학교, 상점 등 도시기반시설이 갖추어지면서 도시가 만들어진다는 것이다.

집적의 경제는 인구와 경제활동의 공간적 밀집에 따른 경제적 이익을 의미한다. 유사한 업종의 기업이 가까운 공간에 밀집함으로써 얻는 이익을 말하며, 미국의 실리콘밸리, 동대문 의류산업 클러스터, 서울디지털산업단지(옛 구로공단), 대구의 약전골목이 그 사례이다. 유사한 업종의 밀집으로 인해 기술혁신이 쉽게 일어나고, 경쟁과 협력의 활성화로 산업과 도시가 함께 발전하게 된다.

지역 비교우위는 각각의 도시나 지역이 다른 지역에 비해 비교우위가 있는 상품과 서비스를 생산하고 교역을 하게 되면 모든 도시나 지역이 함께 잘 살 수 있다는 것이다. 지역 비교우위는 원래 국제 자유무역의 기본적인 아이디어로 출발했지만, 도시화의 이론적 기초를 제공하기도 한다. 지역 비교우위를 바탕으로 도시는 특화된 산업에 집중할 수 있고, 이를 통해 도시의 성장을 견인할 수 있기 때문이다.

그럼 도시화의 경제이론에 따라 도시가 커질수록 경쟁력도 높아질 것인가. 그렇지는 않다. 도시화로 인한 사회적 비용이 증가하고, 도시공간의 비효율성이 나타나면 언제든지 쇠퇴할 수 있다. 도시가 쇠퇴하는 데는 여러 가지 원인이 있다. 미국의 시카고, 피츠버그, 디트로이트, 클리블랜드 같은 도시들은 산업의 쇠퇴로 도시의 쇠퇴가 시작되었고, 뉴욕은 항만과 교통 인프라의 경쟁력 저하로 한때 어려움을 겪었다. 그리고 고대도시 로마는 귀족과 상류층의 선정적 문화와 악덕(惡德)이 도시의 몰락에 힘을 보탰다.

우리나라에서 대마불사(大馬不死)의 신화는 오랫동안 지속되었다. 특히 기업들의 경우 더욱 그러했다. 우리나라에서 재벌의 문어발식 경영과 사업확장에는 정부의 관치경제가 한몫을 했던 시절이 있었다. 그러나 기업의 대마불사의 신화는 IMF 금융위기를 겪으면서 우리나라에서 깨졌다.

그럼 우리나라 도시들은 어떨까. 우리나라는 산업화 이후 도시화의 역사가 상대적으로 짧아서 도시의 흥망성쇠를 역사적 사실을 통해 명쾌한 인과관계로 설명하기에는 다소 이른 감이 있다. 그러나 해방 이후 우리나라 도시의 성장과 쇠퇴를 보면 몇 가지 줄거리는 만들어진다. 지금까지 거대도시는 계속적인 인프라 투자를 통해 도시의 덩치를 키워 왔다. 그러나 대부분의 지방도시는 인구의 감소로 쇠퇴의 길을 가고 있다. 그럼 거대도시는 덩치만 키우면 경쟁력을 강화하고, 뉴욕, 런던, 파리, 도쿄, 홍콩과 같은 다른 세계도시와 경쟁할 수 있는 것일까. 그건 아니다. 거대도시는 거대도시대로, 중소도시는 중소도시대로 규모와 관계없이 경쟁력 있고 강한, 그래서 오래 지속될 수 있는 도시를 만드는 것이 무엇보다 중요하다.

우리나라 도시들이 직면한 과제는 경쟁력 있는 도시공간을 만드는 것이다. 개별 도시들이 직면한 과제는 다소 다를지라도 크게 보면 비슷하다. 규모의 경제, 집적의 경제, 지역 비교우위를 통해 도시 나름의 경쟁력도 확보하면서 시민들의 '삶의 질'도 함께 높이는 것이 무엇보다 중요하다.

왜 도시의 회복력이 중요한가

제러미 리프킨(Jeremy Rifkin)은 그의 저서 <회복력 시대>(The Age of Resilience, 2022)에서 산업자본주의의 가장 중요한 가치인 효율성이 일시적 가치라면 회복력(resilience)은 특정한 조건임을 주장한다. 그리고 효율성을 높이면 회복력이 약화된다는 것이다. 이런 이유로 산업화 시대를 거치면서 지구의 산소는 유례를 찾아볼 수 없을 만큼 빠르게 소멸했고, 이제 기후 위기로 지구상에서 생명체의 멸종을 바라보고 있다고 경고한다(안진환 옮김, 2022, pp. 29-33).

인간은 살아가면서 여러 가지 형태의 재난에 직면한다. 그러한 재난 가운데는 천재지변부터 인재(人災)에 이르기까지 다양하다. 최근 인류가 경험한 코로나19부터 현재 여전히 진행 중인 기후 위기, 그리고 태풍, 산불, 홍수, 산사태, 지진은 물론이고, 이태원 참사, 일본 후쿠시마에서 일어난 원전 사고까지 인간은 수많은 재난에 노출된 채 살아가고 있다. 그리고 최근에는 인간이 만든 각종 인프라가 새로운 종류의 재난의 대상이 되기도 한다. 예컨대 통신 인프라의 훼손이나 사이버 테러로 통신이나 인터넷이 마비되는 새로운 유형의 재난이 발생하기도 한다.

급격한 도시화는 불투수 면적의 확대를 초래하여 홍수피해로 이어지기도 한다. 많은 도시에서 시가지가 빌딩, 아파트, 아스팔트, 콘크리트 등으로 덮여 있어 집중호우가 발생하면 빗물이 땅속으로 스며들지 못하고, 쉽게 침수 피해가 나타난다. 그리고 불투수 면적의 확대는 빗물의 지하 침투량을 감소시켜 지하수 고갈 및 하천 건천화의 원인이 되기도 한다.

도시는 인간이 직면할 수 있는 예기치 못한 재난에 매우 취약하다. 코로나19가 우리나라에 처음 발생했을 때 도시들이 직면한 상황은 매우 처참했다. 이동의 제한부터 도시의 봉쇄까지 지금까지 경험하지 못한 통제 속에 있었다. 마스크를 사기 위해 약국 앞에 줄 서서 기다리는 일은 평소에는 상상하기 힘든 일이었다. 코로나19는 경제의 위기로 이어져 물류 시스템의 붕괴와 의약품과 생활필수품의 품귀까지 초래했다. 아마 중세와 산업혁명기 도시에서 페스트, 천연두, 결핵, 콜레라, 장티푸스와 같은 전염병이 유행했을 때는 상황이 더 심각했을 것이다.

과거 어느 때보다 과학기술의 혜택과 풍요를 누리는 21세기에도 인간은 수많은 재난에 노출되어 있고, 도시는 잠재적인 재난의 볼모로 잡혀 있는 것이 현실이다. 도시의 고층 아파트에 전력, 가스, 수도(물)가 공급되지 않는 상황을 상상해보라. 그리고 국가나 도시의 물류시스템이 붕괴되어 음식물을 비롯한 생활필수품을 조달할 수 없는 상황을 상상해보라. 이런 점에서 도시는 비도시지역보다 훨씬 취약하다.

특히 기후 위기는 인류가 당면한 가장 위험한 재난 가운데 하나다. 기후 위기는 기온 상승과 강수량의 변화, 기온 상승으로 인한 부수적 재해의 증가, 특히 해수면 상승을 초래할 것이다. 그리고 기후 위기는 단기간에 해결할 수도 없고, 한 국가의 노력만으로 해결할 수 있는 것도 아니다. 따라서 기후 위기의 극복을 위해서는 국가 간 협력과 협약이 무엇보다 중요하다. 그리고 탄소배출권 거래와 탄소세, 그리고 빗물세와 같은 시장친화적 해결책이 매우 중요하다.

2018년 노벨 경제학상 수상자인 윌리엄 노드하우스(William Nordhaus)는 휘발유, 경유 등 석유 가격에는 미래 세대가 감당할 비용이 포함되어 있지 않으므로 이를 극복하기 위해 탄소세(carbon tax)를 제안했고, 그러한 공로를 인정받았다. 한편 독일과 미국 등 일부 선진국에서는 공공 하수처리시설로 흘러드는 강우유출수를 발생시키는 원인(불투수층) 제공자에게 빗물세(rain tax)를 부과하고 있다. 빗물세의 부과를 통해 강우유출수에 의한 수질오염과 홍수를 완화하고, 궁극적으로는 불투수 면적의 감소, 즉 인공적인 토지피복의 감소를 유도하기 위한 것이다.

도시는 공간적·물리적 인프라뿐만 아니라 사회적·문화적 요소를 함께 포함하고 있다. 따라서 재난이 발생한 후 파괴된 시설을 신속하게 복구하는 것도 중요하지만, 도시의 기능을 완전하게 회복하기 위해서는 회복력(resilience)을 갖추는 것이 무엇보다 중요하다. 도시의 회복력은 도시가 재난 이전의 상태로 되돌아가는 능력으로 정의할 수 있다(김현주, 신진동, 2015, pp. 17–18).

회복력이 있는 도시는 재난에 의한 피해 발생 확률을 감소시킬 뿐만 아니라, 인명피해, 물리적 피해, 경제적 피해의 크기와 복구시간을 감소시킨다. 따라서 도시에서 발생할 수 있는 다양한 재난을 예방하고 적절히 대응하기 위해서는 도시의 토지이용계획과 기반시설계획 단계부터 재난에 대비한 회복력을 갖출 수 있도록 제도적 장치가 마련되어야 한다. 왜냐하면 도시의 회복력이 도시의 생존과 경쟁력을 좌우하기 때문이다.

제12장

도시의 미래, 무엇을 준비해야 하나

도시의 변화를 이끄는 힘: 기술과 자본, 그리고 인재

제임스 와트(James Watt: 1736~1819)가 발명한 증기기관이 산업혁명을 촉발한 이래 인류는 수많은 발명과 기술혁명을 경험했다. 그리고 이러한 발명과 기술혁명은 산업자본과 결합하여 인간의 삶을 획기적으로 바꾸고, 인류에게 풍요로운 삶을 선물했다.

18세기 말 제임스 와트가 발명한 증기기관은 공장 노동자의 노동방식을 획기적으로 바꾸었다. 제임스 와트의 증기기관에 여러 대의 기계를 연결할 수 있게 되면서 기계들을 한곳에 모아놓고 물건을 만드는 공장식 생산 방식이 일반화되었다. 사람들은 집에서 일하는 대신, 공장에서 증기기관으로 작동되는 기계를 이용해서 일하게 되었다. 공장에 함께 모여서 일하는 방식으로 바뀌게 된 것이다.

그로 인해 물건을 대량으로 값싸게 만들 수 있게 되었고, 사람들은 더 많은 물건을 소비할 수 있게 되었다. 대량생산과 대량소비가 가능하게 된 것이다. 아울러 증기기관을 이용한 기차가 출현하면서 역마차(驛馬車)의 시대는 퇴조하기 시작했고, 저렴한 비용으로 여행과 물품 수송이 가능하게 되었다.

인간 생활에 또 다른 큰 변화를 가져온 것은 전기의 발명이다. 전기는 수천 년 동안 알려진 자연현상이지만, 과학자들이 전기의 원리를 이해하고 활용하기 시작한 것은 19세기부터다. 전기의 발명과 활용에 많은 과학자의 기여가 있었다. 그중에 한 명이 토마스 에디슨(Thomas Edison: 1847~1931)이다. 토마스 에디슨은 1879년에 최초의 실용적인 백열전구를 개발했고, 전력 산업의 발전에도 크게 기여했다. 전기의 발명으로 산업생산은 물론이고, 인류의 삶과 생활이 더욱 풍요로워질 수 있었다. 그리고 도시의 생활양식과 거리의 풍경도 변화하게 되었다. 전기로 밝히는 가로등이 나타났고, 전기의 힘으로 야간 상점가의 번쩍이는 간판과 화려한 전시도 가능하게 되었다(Gallion, Arthur B. and Simon Eisner, 1975, p. 70).

이제 제1장에서 살펴본 루이스 멈포드(Lewis Mumford)의 기술 유기체론을 다시 잠시 살펴보자. 루이스 멈포드는 서구 자본주의가 기계식 시계의 산물이라고 주장했다. 루이스 멈포드는 시계가 처음에는 시간을 지키기 위해 발명되었으나, 인간의 활동을 통제하는 수단이 되어 인간이 '기계의 규칙적인 집단 리듬과 박자'에 따라 일과를 진행하게 되었다고 보았다.

기계식 시계의 발명 이전에 해시계와 물시계도 있었지만, 널리 활용되지는 못했다. 그러다가 기계식 시계의 보급이 확대되면서 원래의 의도와는 달리 시계는 시간을 지키는 것 외에 시간에 따라 일하기, 시간 계산하기, 시간 할당하기 등에 활용되고, 인간의 노동행위를 표준화하고 제어하는 기능을 갖게 되었다. 루이스 멈포드는 시계를 도시의 생활양식과 노동의 리듬을 구축하는 도구로 보았으며, 이런 이유로 노동의 대가도 시간 단위로 계산하게 되었다고 주장했다. 그의 주장대로라면 시계가 산업자본주의가 추구한 대량생산과 대량소비를 가능하게 한 또 다른 발명품이었다.

인류의 문명을 바꾼 또 하나의 발명품은 자동차이다. 현재와 같은 모습의 자동차는 제임스 와트가 증기기관을 발명하면서부터 발전하기 시작했다. 18세기 후반 프랑스에서 최초의 증기 자동차가 등장했다. 그러나 증기 자동차는 차체가 크고 시끄러운 엔진 소음으로 인해 자취를 감추었다.

자동차 산업의 획기적인 발전은 내연기관의 개발로부터 시작되었다. 1885년에 독일의 기술자인 칼 벤츠(Karl Benz)와 고트립 다임러(Gottlieb Daimler)가 내연기관을 자동차에 알맞게 만들면서 자동차의 시대는 열리기 시작했다. 여기에다 19세기 말 프랑스의 고무생산업자인 미쉘린(Michelin)이 공기주입식 타이어를 내놓기 시작하면서 자동차 산업은 날개를 달기 시작했다.

그리고 자동차 산업의 발전에 획기적인 영향을 미친 두 가지 사건이 일어났다. 1901년 미국 텍사스주에서 유전(油田)이 발견된 것이다. 따라서 텍사스 유전의 풍부한 매장량으로 인해 값싼 연료의 공급이 가능하게 되었다. 다음으로 1901년에 랜섬 올즈(Ransom Olds), 그리고 몇 년 후에는 헨리 포드(Henry Ford)가 자동차 생산라인에 컨베이어 벨트를 도입하면서 자동차 대량생산의 길을 열었다. 포드주의(Fordism) 산업생산방식이 출현하게 된 것이다. 아울러 저렴한 가격의 자동차가 보급되기 시작했다. 훗날 도시의 모습을 바꾸게 된 자동차 혁명의 시작이었다.

이후 포드주의(Fordism)는 자본주의 대량 생산방식을 표현하는 키워드로 자리 잡게 되었다. 포드주의는 제조업을 근간으로 하는 대규모 산업도시의 출현과 발전에 획기적인 영향을 미치게 되었다. 그리고 포드주의에 기반을 둔 산업생산의 효율성은 소비자에게도 영향을 미쳐 대량소비로 이어졌다. 아울러 20세기 중반 이후 자동차의 대량 보급과 함께 특히 미국에서 도시의 교외화와 외연적 확산에 큰 영향을 미치게 되었다.

이제 포드주의와 함께 자본주의 산업생산방식을 바꾼 테일러주의(Taylorism)에 대해 살펴보자. 사실 테일러주의는 포드주의에 앞서 나타난 산업생산방식이다. 미국에서는 19세기 후반에 철도, 통신, 철강, 화학, 기계 산업의 눈부신 발전에 힘입어 기업과 시장의 규모도 증가했다. 그러나 노동이 기술이 아닌 단순한 육체노동이 되면서 노동자들은 저임금, 기업주(企業主)의 일방적 해고, 과도한 노동시간에 시달리고 있었다.

필라델피아의 부유한 변호사 집안에서 태어난 프레드릭 테일러(Frederick Winslow Taylor: 1856~1915)는 1878년부터 필라델피아에 있는 미드베일 제철회사(Midvale Steel Company)에서 엔지니어로 일하면서 당시 보편화되어 있었던 '은밀한 태업'(soldiering)의 관행에 강한 의문을 가지게 되었다. 은밀한 태업은 공식적 태업(sabotage)과 달리 적당히 일함으로써 생산량을 조절하는 것을 뜻한다. 프레드릭 테일러는 이런 문제를 획기적으로 해결하는 방법에 대해 생각하기 시작했다.

그는 노동자들의 작업을 체계적으로 분석해서 작업을 과학화하기 시작했다. 프레드릭 테일러는 스톱워치를 이용해 개별 노동자의 과업을 가장 작은 단위의 확인 가능한 작업 요소로 나누어서 효율성을 추구하였다. 그 후 테일러는 미드베일 제철회사를 떠나 경영컨설턴트로 일하게 되었다. 그는 1911년 저서 <과학적 관리법>(Principles of Scientific Management)을 출판했고, 이를 계기로 그의 명성은 알려지기 시작했다. 이 책이 출간되었을 때 스톱워치를 구하기 어려울 정도로 스톱워치 수요가 폭발하기도 했다.

오늘날 테일러주의(Taylorism)로 불리는 과학적 관리는 작업순서(work flow)를 체계적으로 분석해서 관리하는 생산관리이론이다. 나중에 포드자동차는 작업을 표준화하고 컨베이어 시스템을 도입해 생산량을 극대화하는 대량생산 시스템, 즉 포드시스템으로 발전시켰다. 포드주의 산업생산방식으로 불리는 포드시스템은 프레드릭 테일러의 과학적 관리법이 접목된 것으로, 당시 어려워진 포드자동차의 경영개선을 위해 도입되었다. 프레드릭 테일러의 과학적 관리법은 포드시스템으로 진화하면서 자본주의 산업생산방식의 진화에 힘을 보탰다.

미국의 경우 20세기 중반까지 철강, 자동차, 기계 등을 생산하는 전통적인 제조업이 포드주의와 테일러주의 산업생산방식을 따르면서 성장을 거듭했고, 이러한 업종에 특화된 도시들이 성장 가도를 달렸다. 예컨대 피츠버그, 클리블랜드, 시카고, 디트로이트 등 러스트 벨트에 있는 도시들이 그랬다. 그러나 20세기 중반 이후 이른바 하이테크 산업들이 꽃을 피우기 시작하면서 도시의 명암(明暗)도 바뀌기 시작했다. 전통적인 제조업 도시는 쇠퇴하기 시작했고, 하이테크 도시들이 떠오르기 시작했다.

하이테크 도시의 대표적인 사례가 실리콘밸리다. 실리콘밸리는 애플, 구글, 인텔, 어도비, 페이스북, 휴렛팩커드 등 글로벌 IT 기업들이 거점을 둔 세계 최대의 IT 산업 클러스터다. 실리콘밸리의 태동과 성장에는 스탠퍼드대학교와의 산학협력이 결정적인 역할을 했으며, 그 중심에 실리콘밸리의 아버지로 불리는 프레드릭 터먼(Frederick Emmons Terman: 1900~1982) 교수가 있었다. 전기공학을 전공한 프레드릭 터먼 교수는 제자들의 기술개발과 창업을 지원하고, 스탠퍼드대학교의 우수한 연구역량이 산학협력을 통해 실리콘밸리에서 산업의 기반을 다지는 데 큰 역할을 했다. 프레드릭 터먼 교수는 학생들에게 창업을 장려하고, 지적 재산권 이양, 기술 자문 등을 통해 초창기 벤처기업들이 뿌리를 내리는 데 결정적인 역할을 했다.

노스캐롤라이나주의 리서치 트라이앵글 파크(RTP: Research Triangle Park)는 1950년대만 해도 미국에서 1인당 주민 소득이 가장 낮고, 학생과 청년들은 초중고교를 졸업하면 다른 주로 떠났지만, 이제 이 지역은 미국 최고의 첨단기술 연구단지로 변신하게 되었다. 인구 130만 명의 연구도시가 만들어진 것이다. 그리고 이러한 변화의 이면에는 노스캐롤라이나대, 듀크대, 노스캐롤라이나주립대 등 주변 대학들과의 산학협력이 있었다. 이외에도 쇠퇴했던 철강 도시 피츠버그와 클리블랜드의 부활에도 지역 대학들의 역할이 컸다.

한편 제2장에서 살펴본 바와 같이 리차드 플로리다(Richard Florida)는 소위 창조계급(creative class)이 도시발전에 결정적인 역할을 한다는 사실을 미국 도시들을 대상으로 한 연구에서 밝혀냈다. 아울러 도시 간 경쟁에서 승자가 되느냐 패자가 되느냐의 관건은 인재를 끌어들일 수 있는 능력에 달려 있다고 보았다. 그리고 에드워드 글레이저(Edward Glaeser)는 고학력자가 도시의 발전을 이끈다는 사실을 미국 도시들을 대상으로 한 연구에서 밝혀냈다. 아울러 그는 몇몇 대기업이 지배하는 도시보다 크고 작은 많은 기업이 분업과 협력 관계를 유지하면서 함께 경쟁하는 도시가 대체로 기업가정신(entrepreneurship)이 살아 있고, 상대적으로 발전 가능성이 크다고 주장했다.

이러한 경험적 사실과 연구 결과를 종합해 볼 때 21세기 도시는 인재가 도시의 변화를 이끄는 가장 중요한 동력이 될 것으로 보인다. 도시발전을 위해 일자리가 먼저인지 사람(인재)이 먼저인지에 대한 논쟁은 오래전부터 있었지만, 하이테크 산업을 위주로 산업구조가 바뀔수록 인재가 더 중요하다는 사실을 알 수 있다.

출처: WIKIPEDIA(en.wikipedia.org)

제임스 와트(James Watt)에 의해 발명된 증기기관

산업혁명 당시 증기기관으로 운전되는 방적기가 설치된 공장

인터넷과 네트워킹, 도시의 새로운 변화를 이끌다

산업자본주의는 20세기 중후반에 들면서 새로운 전환점을 맞이했다. 컴퓨터와 인터넷의 보급으로 새로운 시대가 열리기 시작했다. 여기서 필자의 경험을 잠시 이야기하겠다. 필자는 1980년대 중반 한국에서 3년 반의 연구원(정부 출연 연구원) 생활을 그만두고 박사과정을 하기 위해 미국 유학을 떠났다. 당시 한국에서는 개인용 컴퓨터(PC)가 보급되지 않아 PC를 이용할 기회가 없었다. 각종 통계분석은 직장 내 전산실에 있는 대형 컴퓨터에 의존했다.

그러나 미국 도착 후 첫 번째 충격은 컴퓨터로부터 시작되었다. 당시 미국에서는 워드프로세서와 간단한 통계분석은 PC에 의존하고 있었다. 수업 시간에 미국인 교수가 컴퓨터 실습을 위해 플로피 디스켓(5. 25인치)을 지참하라는 지시가 있었다. 한국에서 PC와 플로피 디스켓을 구경조차 하지 못했던 터라 걱정이 컸지만, 어렵지 않게 극복할 수 있었다. 당시 미국 대학에서도 막 컴퓨터가 활용되기 시작했던 시기였고, 대학의 전산센터에서 학점으로 인정하지 않는 소프트웨어 활용 교육이 많아서 컴맹을 어렵지 않게 탈출할 수 있었다. 여기에다 컴퓨터 활용과정에서 나타나는 실수나 어려움을 해결해주는 상담 서비스가 대학에서 제공되어 어려움을 탈출하는 데 큰 도움이 되었다.

박사학위 논문을 쓸 때도 컴퓨터의 활용에 번거로움이 있었다. 박사학위 논문을 쓰기 위해 <LIMDEP>라는 고급 통계분석 소프트웨어를 사용하게 되었다. 당시 <LIMDEP>는 용량이 적은 PC로는 돌아가지 않았다. 그래서 집에서 전화선에 모뎀(Modem: MOdulator and DEModulator)으로 연결해서 대학의 대형 컴퓨터를 활용했다. 그리고 통계분석 결과는 대학의 전산센터에 있는 선반에서 찾았다. 지금 생각하면 격세지감이 들 뿐이다.

그리고 당시만 해도 <LIMDEP>는 특수한 통계분석을 하는 소프트웨어여서 사용자가 극히 드물었다. 물론 소프트웨어 사용 매뉴얼(user manual)을 정독(精讀)하면 대부분 문제는 해결할 수 있었지만, 소프트웨어가 개발된 지 오래되지 않아 매뉴얼도 오류가 있었다. 결국 소프트웨어 개발자에게 이메일을 보내 해답을 찾곤 했다. <LIMDEP>의 개발자는 뉴욕대 경영대학원(NYU Stern School of

Business)의 계량경제학 교수였던 윌리엄 그린(William H. Greene)이었고, 그와 이메일을 주고받으며 문제를 해결했다.

이제 20세기 중후반에 나타난 컴퓨터와 인터넷의 보급이 미친 사회적 영향을 생각해보자. 컴퓨터와 인터넷의 보급은 디지털 혁명으로 이어졌고, 인류는 산업혁명 이후 가장 큰 변화를 경험했다. 제러미 리프킨(Jeremy Rifkin)은 그의 저서 <소유의 종말>(The Age of Access, 2000)에서 컴퓨터와 인터넷의 보급으로 소유의 시대는 끝나고, 접속의 시대로 가고 있다고 진단한다. 그리고 접속의 시대의 미래를 다음과 같이 설명한다(이희재 옮김, 2002, pp. 9－27).

자산의 역할이 급격히 달라지고 있다. 실제 자본주의 경제는 자산을 시장에서 교환한다는 발상 위에서 성립한다는 것이다. 그러나 소유의 시대에서 접속의 시대로 넘어오면서 자산이 시장에서 교환되는 빈도는 크게 줄어들고, 자산을 가진 공급자는 자산을 빌려주고 사용료를 물린다는 것이다. 또는 입장료, 가입비, 회비를 받고 단기간 사용할 수 있는 권리를 준다. 19세기와 20세기에 걸쳐 일어난 산업자본주의에서는 보기 어려웠던 현상이다. 판매자와 구매자의 자산 교환은 네트워크 관계로 형성된 서버(server)와 고객(client)의 단기 접속으로 바뀐다. 이런 이유로 시장은 여전히 살아남겠지만, 사회에서 교환을 위한 시장이 차지하는 비중은 점점 줄어들 것으로 제러미 리프킨은 보고 있다.

네트워크 경제에서 기업은 물적 자산이건 지적 자산이건 교환하기보다는 접속하는 쪽을 선택한다. 그리고 기업은 물적 자본을 자산이 아닌 단순한 경상비로 취급하게 된다. 반면에 지적 자본은 새로운 시대를 이끌어가는 원동력이 된다. 그래서 네트워크 경제에서는 물건이 아니라, 개념, 아이디어, 이미지가 부(富)의 원천이 된다. 부는 인간의 상상력과 창의성에서 나온다. 그리고 지적 자본은 쉽게 교환되지 않으며, 지적 자본의 소유자(공급자)는 제한적으로 임대하거나 사용권을 빌려준다는 것이다. 요즘 볼 수 있는 프랜차이즈도 이러한 사례로 볼 수 있고, 벌써 우리의 일상으로 들어온 구독경제도 마찬가지다.

접속을 중심으로 하는 네트워크 경제에서 기업의 성공은 시장에서 그때그때 팔아치우는 상품의 양이나 매출액보다는 고객과 장기적 유대관계를 맺을 수 있느냐 없느냐에 따라 좌우된다. 이런 이유로 애프터 서비스(A/S)를 통해 고객과 장기적 관계를 맺겠다는 계산으로 상품을 아예 공짜로 제공하는 기업도 늘어나고 있다. 과학기술이 급속하게 발전하고 경제활동이 빠르게 진행되는 세상에서 소유에 집착하는 것은 자멸하는 길이다. 주문 생산이 일반화되고 제품의 수명이 점점 단축되는 세상에서 모든 물건이 하루아침에 구식 유물이 될 수 있다는 것이다.

제러미 리프킨이 전망하는 또 하나의 큰 변화는 산업구조의 변화이다. 그는 산업생산 시대가 가고 문화생산 시대가 오고 있다고 주장한다. 따라서 세계무역에서 상품을 교역하는 제너럴 모터스(GM), 엑슨모빌(ExxonMobil)과 같은 산업생산 시대의 거대 기업은 월트 디즈니(Walt Disney), 마이크로소프트(Microsoft), 타임워너(Time Warner)와 같은 문화자본주의의 거대 기업에 밀리기 시작했다는 것이다. 그래서 고용 창출도 산업생산에 비해 문화생산으로 비중이 옮겨가고 있다는 점을 강조한다.

제러미 리프킨은 현실 공간에서 가상 공간으로, 산업자본주의에서 문화자본주의로, 그리고 소유에서 접속으로 이동하는 거대한 역사적 흐름은 계속될 것임을 강조한다. 제러미 리프킨이 전망하는 세상은 이미 오래전에 시작되었고, 최근에는 디지털 전환(digital transformation)이라는 이름으로 우리 앞에 다가왔다. 그리고 디지털 전환은 하루가 다르게 가속화되고 있다.

그럼 디지털 전환이 도시에 미치는 영향은 어떨까. 피터 홀(Peter Hall)은 그의 저서 <내일의 도시>(Cities of Tomorrow, 2002)에서 20세기 말까지의 경험적 증거를 보면 예상과 달리 정보화와 디지털 전환이 도시의 쇠퇴를 초래하지 않았다는 것을 강조한다. 예컨대 로스앤젤레스(LA)의 할리우드 스튜디오 부근, 뉴욕의 소호(SoHo) 지구 등 전통적인 산업도시 지역에서 문화산업의 싹을 틔웠다는 것이다. 이러한 문화산업과 활동은 도시의 활력을 지켜주는 새로운 동력이라는 것이다. 피터 홀은 이것 외에도 여러 사례를 들며, 비록 단정적으로 말할 수는 없을지라도 도시는 쇠퇴하지 않을 것이라고 주장한다(임창호, 안건혁 옮김, 2005, pp. 500−503).

에드워드 글레이저(Edward Glaeser)와 데이비드 커틀러(David Cutler) 역시 비슷한 전망을 하고 있다. 그들이 최근에 함께 쓴 저서 <도시의 생존>(Survival of the City, 2021)에서 도시의 미래에 대해 대체로 낙관적인 전망을 제시하고 있다. 디지털 전환이 특정 분야에는 영향을 미치겠지만, 대부분의 도시 근로자는 대면 소통이 필요한 업무에 더 많이 종사할 것이고, 도시에서 사무실 공간은 없어지지 않을 것으로 보고 있다(이경식 옮김, 2022, p. 291).

피터 홀, 그리고 에드워드 글레이저와 데이비드 커틀러는 도시의 미래에 대해 대체로 낙관적인 전망을 하고 있다. 그러나 그들의 주장은 도시의 미래에 대한 거시적 전망에 관한 것이다. 이처럼 도시의 미래에 대한 낙관적인 전망에도 불구하고 인터넷과 네트워킹이 디지털 전환을 가속화하고 있고, 이것이 도시공간의 변화를 이끄는 것은 현재 진행형이다. 재택근무와 유연근무제의 확대, 전자상거래의 확산, 온라인 민원 서비스의 확대, 온라인 교육의 확대 등은 서서히 도시공간의 모습을 바꿔가고 있다. 따라서 이러한 변화에 대한 전망을 바탕으로 도시공간계획을 수립하고 추진하는 노력이 필요하다.

시장 vs. 계획

<국부론>(The Wealth of Nations, 1776)의 저자인 애덤 스미스(Adam Smith: 1723~1790)가 '보이지 않는 손'(invisible hands)의 효율성을 강조한 이래 자본주의 국가에서 시장(市場)은 자원 배분을 위한 최선의 메커니즘으로 간주되어 왔다. 애덤 스미스에 의하면 다수의 수요자(소비자)와 공급자(생산자)가 자신들의 이기심(self-interests)에 따라 행동하면 그들의 이익은 물론이고, 사회 전체의 이익도 극대화된다는 것이다. 이런 이유로 애덤 스미스는 시장이야말로 자원 배분의 효율성을 담보할 수 있는 최선의 메커니즘으로 보았다.

따라서 자본주의 국가에서는 시장에서 거래되는 상품과 서비스의 생산과 거래에 정부가 개입하는 일은 많지 않다. 그러나 정부의 개입이 정당화되는 경우가 있다. 바로 시장이 실패하는 경우다. 이른바 '시장의 실패'(market failure)로 불리는 외부효과(externalities), 공공재(public goods), 규모의 경제로 인한 자연독점(natural monopoly)의 세 가지 경우가 여기에 해당한다.

그럼 도시에서는 왜 계획이 정당화될까. 도시공간에서 시장의 실패가 나타날 수 있기 때문이다. 예컨대 주택가에 도축장이 들어오면 어떻게 될까. 도축장으로 인해 주택가 주민들은 악취를 비롯한 여러 가지 피해를 볼 것이고, 그로 인해 주택가격도 하락할 것이다. 이것이 이른바 외부효과의 한 예다. 그리고 이러한 외부효과를 막기 위해 용도지역제(zoning)의 도입이 정당화된다.

공공재도 도시에 많다. 공원, 도로, 교량, 도서관, 초등학교 등 수많은 공공재가 도시에 있다. 그리고 이런 공공재들은 여러 가지 이유로 민간이 공급할 수 없다. 그래서 공공(公共)이 계획을 수립하고, 공급할 수밖에 없다.

규모의 경제로 인해 자연독점이 나타나는 경우도 마찬가지다. 예컨대 지하철과 대중교통 서비스가 여기에 해당한다. 지하철의 경우 많은 건설비와 운영비가 들어간다. 따라서 지하철 노선이 늘어나고 노선연장이 길어질수록 평균비용이 감소한다. 이렇게 되면 자연스럽게 하나의 업체나 기관이 독점 운영하게 되고, 결과적으로 평균비용을 줄일 수 있다. 이때 민간이 독점 운영하게 되면 문제가 생긴다. 독점의 폐해가 나타나는 것이다. 예컨대 높은 요금의 책정이나 독점적 지위로 인한 서비스수준의 저하 등이 나타날 수 있다. 따라서 이 경우에도 공공이 계획을 수립하고, 건설과 운영을 담당하는 것이 바람직하다.

원래 계획(planning)은 사회주의 국가에서 상대적으로 더 발달했다. 사회주의 국가는 시장원리를 신봉하지 않고 기본적으로 계획경제에 의존한다. 그래서 사회주의 국가에서는 자원 배분이 국가에 의해 이루어진다. 이런 이유로 사회주의 국가에서는 도시계획도 국가의 의지대로 마음대로 할 수 있다. 계획의 수립도 그렇고, 자원의 동원도 마찬가지다.

그러나 시장경제에 의존하는 자본주의 국가는 다르다. 자본주의 국가는 도시의 토지와 건물이 대부분 사유재(私有財)이고, 도시개발의 주체도 대부분 민간이다. 그만큼 도시계획의 수립과 집행이 어렵다. 그리고 이상적(理想的)인 도시를 만드는 것도 어렵다. 왜냐하면 도시의 토지와 건물은 시민(개인)의 자산이기 때문이다. 그래서 자본주의 국가에서 도시계획은 여러 경제주체가 참여하는 일종의 게임과 같이 굴러가는 경우가 많다.

자본주의 국가들마다 국가나 지방정부가 관여하는 도시계획의 내용적 범위와 제도, 집행수단들이 다르다. 그러한 차이는 개별 국가의 자원이 다르고, 문화적 배경, 산업구조, 도시의 발전 수준 등도 다르기 때문이다.

그러나 살기 좋은 도시를 만들고자 하는 열망은 아마 같을 것이다. 그리고 세계가 함께 풀어야 할 과제도 있다. 예컨대 기후 위기 극복, 즉 탄소중립 도시 실현이 그것이다. 그리고 전 세계가 모두 마주하는 새로운 기술혁신과 경제활동의 변화도 있다. 디지털 혁명과 공유경제의 확대가 바로 그것이다. 이러한 변화에 따라 도시도 변화를 도모해야 한다. 그렇다고 새로운 상품을 만들 듯이 새로운 도시를 금방 만들 수 있는 것도 아니다. 오늘의 도시는 과거와 현재가 축적된 공간이고, 여기에 새로운 미래를 심어야 하기 때문이다.

그럼 시장원리가 작동하는 자본주의 도시에서 계획은 어느 정도의 힘을 가져야 할까. 결론적으로 이야기하면 '적절한' 힘을 가져야 한다. 미국 도시들과 유럽 도시들을 비교해 보면 쉽게 알 수 있는 것이 있다. 미국 도시들은 제2차 세계대전 이후 자동차의 대량 보급과 도로 투자의 확대로 급속한 교외화와 도시공간의 외연적 확산을 경험했다. 그리고 직주분리의 확대로 도심(CBD)은 높게 치솟은 초고층 빌딩들로 채워졌고, 밤이 되면 유령의 도시가 되었다. 낮에는 사람들이 밀물처럼 도심으로 들어왔다가, 밤에는 썰물처럼 빠져나가는 현상이 보편화되었다. 여기에다 도심 인근 주거지역은 저소득 계층의 슬럼(slum)으로 변했다.

이에 비해 유럽 도시들은 다소 다르다. 도심은 야간에도 활력을 유지하는 곳이 많고, 직주분리도 미국 도시처럼 심각하지 않다. 도시의 교외화와 외연적 확산도 미국 도시들과 비교하면 문제가 아니다. 프랑스 파리를 가본 사람들이라면 파리의 도시 풍경을 다시 한번 떠올려 보라. 미국의 뉴욕이나 보스턴, 그리고 시카고 같은 도시에 있는 초고층 빌딩을 떠올리지 못할 것이다. 오래된 건물들도 많지만, 그래도 고쳐서 쓴다. 도심의 건물들과 도로도 대체로 휴먼스케일을 유지하고 있고, 대중교통 인프라(예: 지하철)도 잘 갖춰져 있다. 그리고 대중교통, 특히 지하철의 수송 분담률도 매우 높다. 다른 유럽 도시들도 사정은 비슷하다.

도시계획의 집행수단은 규제(regulation)를 근간으로 한다. 유럽 도시들이 상대적으로 잘 관리되고 있는 것은 적절한 도시성장관리 정책과 세심한 규제가 있었기 때문이다. 예컨대 영국에서 「도시 및 농촌계획법」(Town and Country Planning Act, 1947)을 제정하면서 도입된 개발권 국유화와 계획허가제(Planning Permission)는 오늘날까지 영국 도시계획제도의 근간을 이루면서 도시공간의 계획적 관리에 기여하고 있다. 독일도 마찬가지다. 1960년대 지구상세계획 제도의 도입으로 '선 계획 후 개발' 체계를 확립함으로써 모든 개발행위에 대해 필지 단위의 공적 통제가 가능하게 되었다(최병선, 2011, p. 136).

물론 미국 도시들과 유럽 도시들의 차이의 이면에는 다른 이유도 있다. 미국은 국토가 넓고 가용토지가 많은 것은 물론이고, 석유 자원도 풍부하다. 실제 미국의 휘발유 가격은 우리나라보다 훨씬 싸다. 그러나 과거의 식민지를 모두 잃은 유럽은 사정이 다르다. 자원이 상대적으로 풍부하지 못하고, 국토자원도 마찬가지다. 유럽 도시들이 상대적으로 휴먼스케일을 유지하고 있는 것도, 그리고 도심의 길거리에서 보행자들의 모습을 상대적으로 많이 볼 수 있는 것도 미국 도시들과는 다소 다른 도시계획 제도와 규제가 있었기 때문이다.

리처드 플로리다(Richard Florida)는 그의 저서 <도시는 왜 불평등한가>(The New Urban Crisis, 2017)에서 도시의 토지이용과 주택건설에 대한 급진적인 탈규제(deregulation)는 속담 속에 나오는 황금알을 낳는 거위를 죽이는 위험을 초래할 수 있음을 경고한다. 토지이용에 대한 극단적인 탈규제는 도시를 죽어버린 빌딩 숲으로 변질시켜 혁신적인 도시지역을 손상할 수 있음을 강조한다. 그리고 도시에서 부족한 것을 정확하게 말하면 복합용도 지역이라고 밝히고 있다(안종희 옮김, 2018, pp. 291－292).

우리나라에서 '규제는 나쁘다'는 신화가 팽배해 있다. 그러나 도시계획 규제는 꼭 그렇지는 않다. 대표적인 시장실패가 나타나는 영역이기 때문이다. 나쁜 규제는 솎아내야 하지만, 좋은 규제는 살리고 강화해야 한다. 나쁜 규제와 좋은 규제를 구분하는 일은 쉽지는 않지만, 공익(public interests)의 증진을 가장 중요한 목표로 설정하면 쉽게 가려질 수 있다. 토지이용계획에서 고려되는 공익의 요소는 보건성과 안전성, 편리성, 효율성과 에너지 보존, 환경의 질, 사회적 형평성, 쾌적성 등이 있다. 나쁜 규제는 솎아내고 좋은 규제는 살려야 자본주의 시장경제원리의 창시자 애덤 스미스(Adam Smith)도 좋아하지 않을까.

고층 건물로 가득 찬 뉴욕 맨해튼 전경

맨해튼 스카이라인

보스턴 중심부 전경

보스턴 중심부 스카이라인

미국 대도시와는 건축 밀도가 다소 다른 파리 시가지 전경

탄소중립, 도시는 어떻게 변화해야 하나

탄소중립은 인류가 봉착한 가장 큰 시대적 과제이다. 탄소중립은 배출하는 탄소와 흡수하는 탄소를 합쳐 순 배출량을 제로(0)로 만드는 것이다. 2015년 세계 정상들은 유엔 파리협약을 통해 지구 온도의 상승 폭을 1.5°C로 유지하는 데 합의했다. 합의서는 1.5°C를 유지하기 어려운 상황이라도 최소 2°C까지 제한하는 것을 목표로 하고 있다. 그러나 전 세계의 기후 위기 대응 노력에도 불구하고 이러한 목표는 지켜지지 못하고 있다. 실제로 기온 상승을 1.5°C로 유지하기 위해서는 10년 안에 전 세계 탄소 배출량의 절반을 줄여야 한다(이은엽, 2023, p. 3).

선진국들은 우리나라보다 먼저 탄소중립을 선언하였고, 우리나라도 2020년대 들어 탄소중립을 중요한 국가적 과제로 제시하였다. 탄소의 배출은 다양한 부문에서 이루어지지만, 기본적으로 인간의 활동 그 자체가 탄소의 배출을 수반한다고 볼 수 있다. 우리나라의 경우 교통(수송)부문 탄소의 배출은 코로나 사태가 발생하기 직전에 전체의 14% 정도를 차지하는 것으로 나타났고, 이 가운데 도로 부문에서 발생하는 탄소배출이 95%를 훨씬 상회하는 것으로 나타났다. 따라서 도로 부문에서 발생하는 탄소배출을 줄이는 것이 중요한 과제임을 알 수 있다.

인간의 활동에 필요한 필수통행의 통행거리와 통행시간을 근본적으로 줄이기 위해 직주근접, 압축도시 개발, 대중교통 지향형 개발(TOD)의 구체적 방안을 개별 도시들마다 모색해야 한다. 프랑스 파리가 추진하는 '15분 도시'도 이러한 관점에서 주목할 필요가 있다.

탄소중립은 이제 피할 수 없는 과제가 되었다. 따라서 개별 지방자치단체가 수립하는 각종 공간계획에서도 탄소중립을 실현하기 위한 구체적인 전략을 포함해야 한다. 결국 탄소배출 저감과 흡수량 증진을 위한 기술과 정책들이 도시 공간이라는 플랫폼에 구현되어야 탄소중립을 실현해 나갈 수 있다(이은엽, 2023, p. 3).

아울러 개별 지방자치단체가 수립하는 중장기 공간계획의 성과척도 역시 탄소중립도시의 실현을 목표로 하여 개발되고 활용되어야 한다. 예컨대 녹지공간 확충, 대중교통 수송 분담률 제고, 통근 통행시간 감소 등을 목표로 공간계획의 성과척도를 개발하고 활용해야 한다. 지금이야말로 탄소중립도시 실현을 위해 도시계획 패러다임이 변해야 할 시점이다.

디지털 전환, 도시는 어떻게 변화해야 하나

4차 산업혁명이 가져온 디지털 전환은 제조와 생산, 서비스 영역이 분리되어 수직적·종속적으로 움직였던 근대 이후의 산업구조를 바꾸기 시작했다. 디지털 전환의 중심에 있는 기술 기반 기업들은 생산방식과 제품의 변화뿐만 아니라, 가치사슬 단계의 변화를 불러일으키고 있다(윤서연, 2022, p. 21).

디지털 전환은 온라인과 오프라인의 경계를 허물면서 공간과 시간의 제약을 뛰어넘어 도시공간의 변화를 추동하고 있다. 디지털 전환은 지금까지 대면접촉을 통해 받았던 많은 서비스를 디지털 공간에서 받을 수 있도록 했고, 앞으로 이러한 경향은 더욱 가속화될 것이다. 예컨대 교육매체로서 메타버스(meta-verse)의 활용이 확대될 가능성이 크고, 원격의료 서비스의 도입과 확대도 전망되고 있다. 여기에다 공연과 영화 등 문화예술 분야에서도 디지털 전환이 가속화될 것으로 보인다.

디지털 전환은 도시에서 공간 수요의 변화를 주도하고 있다. 전자상거래의 활성화로 인해 상업 공간의 수요는 계속 감소할 것이다. 그리고 업무공간에 대한 수요(규모, 입지)도 다양하게 변할 것이다. 디지털 전환이 가져온 재택근무와 유연근무제의 확산은 주택의 기능을 바꾸고 있고, 근린주구 단위의 생활권계획에서 포함해야 할 시설과 인프라의 유형과 규모를 바꿀 것이다. 앞으로도 디지털 전환은 더욱 빠른 속도로 확대될 것이고, 공간적 파급효과도 더욱 확대될 것이다. 디지털 전환에 발 빠르게 대응할 수 있는 도시계획이 필요한 이유도 바로 이것 때문이다.

도시계획에서 디지털 전환의 가속화와 함께 중요하게 고려되어야 할 부분은 주거지 주변 근린 생활권계획에서 다양한 구성요소가 포함되어야 한다는 점이다. 과거에는 시민들이 도심에 있는 직장에 출퇴근하면서 쇼핑과 여가 및 친교를 위해 도심에서 시간을 보냈지만, 재택근무와 유연근무제의 확대로 주거지 주변에서 많은 시간을 보낼 가능성이 크다. 그리고 인간관계도 직장이 아닌 커뮤니티 중심으로 변할 가능성이 크다.

그렇게 되면 주거지 주변 소생활권의 상권(골목상권)이 살아날 가능성도 있다. 최근 동네마다 크고 작은 카페들이 성업하는 것을 보면 도심의 중심상업지구(CBD)의 쇠퇴와 함께 시사하는 바가 크다. 여기에다 최근에는 소확행(小確幸)을 추구하는 국민이 늘어나면서 소생활권과 골목상권이 '생활의 질'에 많은 영향을 미치고, 부동산 가치에도 영향을 미치고 있다.

이런 이유로 소생활권과 같은 작은 공간 단위 도시계획의 제도화도 적극적으로 검토되어야 한다. 현재 소생활권 단위의 도시계획은 거의 없을 뿐만 아니라, 혹시 필요에 따라 수립되더라도 법적 구속력이 없거나 단기적인 사업계획(예: 지구단위계획)과 같은 성격을 가진 것이 전부다. 그러나 장래에는 소생활권 단위 도시계획에 대한 사회적 요구가 더욱 커질 것이다. 따라서 생활밀착형 소생활권 단위 도시계획의 제도화가 필요하다.

인구구조 변화, 도시는 무엇을 준비해야 하나

인구구조의 측면에서 보면 우리나라는 초고령사회가 가속화되고 있고, 가구구성의 측면에서 보면 1인 가구의 지속적인 증가가 전망된다. 고령자와 1인 가구에 가장 필요한 사회적 인프라는 값싸고 편리하면서 공동체의 혜택과 서비스를 누릴 수 있는 주거공간이다.

이를 위해 고령자와 1인 가구가 주거지에서 사회적 교류가 가능한 공간을 충분히 마련해 주어야 한다. 고령자와 1인 가구는 정신적으로나 신체적으로, 그리고 경제적으로 어려움이 많을 수 있다. 따라서 충분한 환경적 쾌적성(amenity)을 갖춘 근린공원의 확충이 매우 중요하다. 이들이 짧은 시간 내에 도보로 접근할 수 있는 장소에 근린공원을 확충해서 건강 도시의 기반을 다져야 한다. 특히 고령자와 1인 가구가 많은 지역은 근린공원을 중심으로 근린주구계획을 수립해야 할 필요가 있다. 궁극적으로 근린공원을 통해 소셜 믹스(social mix)를 추구함으로써 이들 가구가 여러 가지 어려움을 극복할 수 있도록 해야 한다.

특히 고령자는 신체적 노화 과정을 거치면서 다양한 공간수요가 발생한다. 주거공간 주변에서 활기찬 노후를 보낼 수 있도록 각종 복지서비스와 의료서비스를 받을 수 있어야 하고, 건강 상태에 따라 다양한 유형의 주거서비스를 받을 수 있도록 주거공간 확보는 물론이고, 도시계획 차원의 검토도 필요하다.

아울러 향후 지속적인 인구감소가 전망되는 도시들의 경우 도시공간의 지리적 확산은 최소화하고, 축소 지향적 도시계획과 함께 쇠퇴가 진행되고 있는 도시공간에 대한 계획적 관리가 필요하다. 인구가 증가했던 시기에는 주택공급을 위해 도시 외곽에 신도시를 개발했지만, 인구가 감소하게 되면 시가화 지역에도 군데군데 빈집과 공터가 생길 것이다. 따라서 빈집과 공터의 활용과 함께 도시재생에 대한 수요도 증가할 것이다.

그리고 인구가 감소하면 노후 주택과 아파트의 재건축 및 재개발 필요성은 증가해도 부동산시장의 여건이 마련되지 않아 실제로 재건축이나 재개발로 이어지기 어려울 수도 있다. 특히 노후 아파트의 경우 용적률이나 건폐율의 상향 없이는 재건축이나 재개발사업의 수익성이 확보되기 어렵다. 따라서 이에 대한 중장기 대책을 마련해야 하고, 도시계획 차원의 세부적인 대책도 필요하다. 만약 재건축이나 재개발을 위한 용적률이나 건폐율의 상향이 주기적으로 계속 이루어진다면 도시의 주거환경은 갈수록 열악해질 수밖에 없기 때문이다.

코로나 팬데믹이 바꾼 도시

몇 해 전 발생한 코로나 팬데믹으로 시민들의 활동은 크게 위축되었고, 도시의 모습에도 큰 변화가 나타났다. 시민들의 이동을 위한 교통수요는 크게 감소했다. 특히 대중교통수요가 줄어들면서 도시철도와 버스는 깊은 적자운영의 늪에 빠졌다. 그러나 전자상거래와 배달주문의 활성화로 물류와 택배는 증가하고, 언택트 산업은 호황을 누렸다. 그리고 재택근무의 증가로 말미암아 주택이 주거 기능뿐만 아니라 사무공간의 기능도 함께 수행했다. 심지어 미국 뉴욕이나 샌프란시스코와 같은 세계적인 대도시들은 재택근무의 영향으로 대도시 '엑소더스'와 함께 임대료가 싸고 주거환경이 좋은 교외 지역으로의 주거이전도 눈에 띄게 나타났다.

이 모든 것들이 코로나 팬데믹 시대의 새로운 도시 모습이기는 하지만, 코로나 사태와 관계없이 이미 오래전에 미래학자들이 전망했던 도시의 모습이기도 하다. 최근 수십 년 사이에 가장 획기적인 기술혁신과 실용화가 이루어진 분야가 정보통신 기술임에 반해, 획기적인 발전에도 불구하고 아직도 극복하지 못한 영역이 많은 분야가 바이오(의료) 기술이다. 바로 이러한 현실을 상기한다면 최근 우리가 겪어온 코로나 시대 도시의 모습들은 현재의 정보통신 기술과 바이오(의료) 기술의 수준을 매우 적절하게 반영하고 있다고 볼 수 있다. 이러한 이유로 최근 우리가 경험하고 있는 도시의 모습은 미래학자들이 전망했던 것보다 좀더 빨리 우리에게 다가왔을 뿐이다.

코로나 사태를 겪으면서 우리가 경험한 가장 큰 변화는 모임과 이동의 통제로 인한 전반적인 교통수요의 감소와 버스나 도시철도와 같은 대중교통수단의 이용 기피이다. 코로나 팬데믹이 심각한 단계에서는 대중교통수단을 이용한 대량 수송 위주의 교통정책에서 탈피해서 시민들의 보건과 안전을 최우선으로 하는 교통정책으로의 전환이 불가피함을 알 수 있다. 결국 효율성 위주의 교통정책에서 탈피해서 다른 가치와 목표에 대한 고민이 필요함을 일깨워준다. 아울러 증가하는 물류와 택배 수요를 충족시키기 위해 물류 인프라를 확충하고, 비대면 택배 송수신 생태계를 조성하는 데 힘써야 한다.

한편 코로나 팬데믹을 겪으면서 우리가 경험한 또 하나의 큰 변화는 재택근무의 증가이다. 평소에는 재택근무에 대해 부정적 입장을 가졌던 공공기관과 기업들도 재택근무의 새로운 가능성을 살펴볼 수 있는 기회를 갖게 되었다. 코로나 사태 이전에 직장인들에게 주택은 단지 퇴근 후 잠시 쉬고 잠만 자는 공간에 불과했으나, 재택근무를 하면서 주택이 사무공간으로도 활용되고 있다. 재택근무로 인해 통근 대신 통신이 더욱 중요한 역할을 하게 되었고, 인간관계의 중심도 직장에서 주거지역과 온라인 커뮤니티로 변하고 있다.

재택근무와 전자상거래의 증가로 주거공간 수요는 늘어나는 반면, 상업시설의 수요는 줄어들고 있다. 주택이 주거공간으로서의 기능뿐만 아니라 워크스테이션(work station)으로서의 기능도 가지게 되면서 주택의 실내공간과 주거단지의 구성도 변화를 모색해야 한다. 아울러 도시의 주요 기능도 단순히 상품과 서비스의 생산과 소비의 장소에서 벗어나, 문화의 생산과 소비, 그리고 교류의 장소로 변화를 모색할 가능성이 크다. 그리고 결국 인간의 주거공간은 분산된 집중의 형태로 재편될 가능성이 커질 것이다. 이처럼 예견되는 전망을 바탕으로 도시공간의 재구조화(restructuring)가 필요하다.

도시는 유기체이다. 도시는 단순히 물리적 구조물이 아니라, 생명력을 갖고 있어서 진화할 수도 있고 사멸할 수도 있다. 역사적으로 보면 도시의 흥망성쇠는 사회적 재난에 어떻게 대처하느냐에 따라 좌우되었고, 도시계획 사조(思潮)와 제도도 사회적 재난을 겪으면서 변해 왔다. 서구사회에서 근대적 의미의 도시계획에 대한 입법은 대부분 산업혁명 이후 도시로 대량 이주해 들어오기 시작한 노동자들의 비위생적이고 불량한 주거환경 개선에 초점을 두었다. 이뿐만이 아니라 도시계획의 집행수단인 용도지역제(zoning)도 사실은 주민들의 위생과 보건에 관심을 두고 만들어진 제도이다.

코로나 팬데믹을 겪으면서 도시는 새로운 진화를 모색하고 한다. 전염병을 비롯한 사회적 재난에 강한 도시를 만드는 데 우리 모두의 관심과 노력이 필요하다. 왜냐하면 도시는 유기체이고, 언제든지 사멸할 수도 있고 진화할 수도 있기 때문이다.

미래의 팬데믹, 어떻게 대비해야 하나

코로나 팬데믹이 인류에게 안겨준 공포는 아직도 우리들의 뇌리에 생생하다. 세계가 공포에 주눅이 들었고, 개인은 마스크를 구하지 못해 언론을 통해 제공되는 정부의 방침과 정보에 따라 며칠에 한 번씩 마스크를 사려고 약국 앞에 줄을 서서 기다렸다. 그리고 국가 간 이동 제한과 도시의 봉쇄도 보아왔다. 인간이 미약한 존재라는 사실을 다시 한번 깨닫는 계기가 되었다.

역사 속에서 인류는 수많은 팬데믹을 경험했다. 중세의 흑사병(페스트), 산업혁명기의 수많은 전염병(결핵, 콜레라 등)을 경험했다. 20세기 들어서도 스페인독감이 수많은 인간의 생명을 앗아갔다. 1918년경 유럽과 미국 등에서 나타난 스페인독감은 약 1억 명 이상의 희생자를 냈다. 실제 스페인독감으로 인한 희생자는 제2차 세계대전으로 인한 희생자보다 더 많은 것으로 알려진다(대한국토·도시계획학회, 2021, p. 40).

21세기 들어 인류는 코로나 팬데믹을 맞으면서 새로운 변화를 경험했다. 학교에서는 등교 대신 비대면 수업이 진행되었고, 회의와 세미나 등은 줌(Zoom)을 이용함으로써 디지털 전환을 앞당기기도 했다. 그리고 스포츠 경기와 예술공연도 무관중으로 대체되거나 위축되었다. 그리고 식당, 술집, 예식장, 여행사, 항공사 등은 큰 타격을 입었고, 일부 업종은 폐업이 속출하면서 경제적 양극화는 더욱 심화되었다.

코로나 팬데믹으로 인류는 많은 어려움을 겪었지만, 다른 한편으로 새로운 경험과 함께 교훈도 얻었다. 코로나 팬데믹으로 재택근무의 효율성에 대한 사회적 실험을 할 수 있었다. 일부 업종의 경우 평상시에도 재택근무가 효율적인 업무수행에 큰 지장이 없는 것으로 확인되었다. 따라서 주거지역에서 증가하는 재택근무자의 활동 수요를 충족시킬 수 있는 시설과 공간계획이 필요하다. 그리고 배달문화가 확대되면서 음식점과 상점들의 입지도 중장기적으로 변화할 가능성이 크다. 따라서 도시계획 차원에서 이에 대응도 필요하다.

새로운 팬데믹이 나타날 때 어떻게 신속한 대응을 해야 할까. 그리고 우리는 어떻게 대비해야 할까. 최근에 우리가 경험한 코로나 팬데믹과 마찬가지로 초기 통제와 규제는 피할 수 없을 것이다. 새로운 팬데믹 위기에 대한 신속한 대응은 평소의 효율적인 도시관리시스템만 잘 유지된다면 가능할 것으로 보인다. 지난번 초기 코로나 팬데믹 발생 시에는 확진자의 접촉과 이동 경로를 그들의 신고와 진술에 의존하여 파악했다. 그러나 빅데이터와 다양한 스마트 기술(정보통신 기술, 원격의료 기술 등)을 활용하면 과거와 다른 모습으로 대응이 가능할 것이다.

스마트 기술은 평소에도 효율적인 도시관리의 수단으로 활용을 확대해야 한다. 예컨대 원격의료 기술은 평소에도 거동이 불편한 장애인이나 노약자를 위한 서비스 제공 수단으로 활용할 수 있도록 해야 한다. 그리고 근린생활권에서 스마트워크센터와 같은 공유오피스가 평소에도 일정 부분 운영되다가, 새로운 상황 발생 시 확대될 수 있는 여건을 마련해야 한다. 예컨대 행정복지센터(주민자치센터)나 공공도서관을 활용할 수도 있고, 아파트단지 내에 있는 공동이용시설을 활용할 수도 있을 것이다.

미래의 팬데믹은 언제 우리 앞에 다가올지 모른다. 그리고 위기관리는 도시관리에서 가장 중요한 부분이다. 위기관리 능력이야말로 도시의 회복력을 가늠하는 가장 중요한 잣대다. 따라서 미래의 팬데믹에 선제적으로 대응할 수 있도록 스마트 기술을 활용한 위기관리 시스템이 구축되어야 한다.

새로운 산업공간, 도시는 무엇을 준비해야 하나

미래의 도시는 미래의 인간 활동을 담을 수 있는 공간으로 탈바꿈해야 한다. 그럼 미래의 도시공간에서 나타날 수 있는 인간 활동의 중요한 변화는 무엇이 있을까. 도시에서 나타날 수 있는 산업의 변화를 주목해야 한다. 산업은 도시를 먹여 살리는 영양소와 같다. 훌륭한 산업생태계를 갖추지 않고는 도시는 지속 가능하지 않다.

도시의 규모나 입지와 같은 특성에 따라 다소 다르겠지만, 도시공간에서 전통적인 제조업의 비중은 점차 줄어들 것임이 분명하다. 특히 항만을 끼고 있는 도시에서는 자동차, 조선, 철강 등 중후장대한 제조업이 일정 부분 유지되겠지만, 많은 도시는 경박단소(輕薄短小)한 제품을 생산하는 첨단 제조업과 비즈니스 서비스업 중심의 산업구조로 바뀔 것이다.

특히 서울과 같은 세계적인 거대도시는 비싼 토지가격과 임대료로 인해 비즈니스 서비스업 중심의 산업구조가 더욱 심화될 것이다. 아울러 소위 플랫폼 산업으로 불리는 업종 위주로 산업구조가 변할 것이다. 첨단 제조업의 경우에도 연구개발(R&D) 기능이 주로 도시공간에서 자리를 차지할 것이다. 첨단산업은 기술의 융합을 수반하는 것들이 많아 다양한 고급인력의 고용이 가능한 대도시를 선호하기 때문이다.

하루가 다르게 나타나는 기술혁신, 산업구조의 변화, 그리고 급변하는 사회적 수요로 인해 나타나는 새로운 업종의 출현은 창업으로 이어지고, 스타트업을 위한 창업 공간의 수요는 커질 것이다. 이런 이유로 도시마다 다소 차이는 있겠지만, 비용이 저렴한 창업 공간의 공급이 필요하다.

특히 스타트업들은 자금과 인력이 취약하다. 따라서 스타트업 종사자들의 출퇴근이 용이하고 창업 생태계의 조성이 가능한 입지에 이들을 위한 창업 공간의 계획적 공급이 필요하다. 테헤란밸리, 판교밸리, 서울디지털산업단지가 창업 공간으로 관심을 끄는 이유는 훌륭한 대중교통 접근성, 그리고 좋은 문화적 토양과 창업 생태계가 조성되어 있기 때문임을 주목할 필요가 있다.

미래 도시에서 새로이 제공되어야 할 산업공간은 24시간 움직이는 역동적인 공간이어야 한다. 도시형 첨단산업이나 스타트업 종사자들은 대체로 자유로운 생각과 시공간을 초월하는 활동을 즐기고, 문화적 욕구도 대체로 크다. 따라서 이들의 공간적 수요를 충족시킬 수 있도록 새로운 형태의 공간 배치와 토지이용이 필요하다. 그리고 언제 어디서든지 일할 수 있는 여건을 마련해야 하고, 일과 삶의 균형이 이루어질 수 있는 공간을 조성하는 것이 무엇보다 중요하다.

최근에 공유오피스 시장이 폭발적으로 성장하고 있는 것도 스타트업의 공간수요 확대와 관련이 있다. 공유오피스가 기존의 임대사무실이나 비즈니스 센터와 다른 것은 사무실 공간만을 임대하는 것이 아니라, 스타트업들의 소통과 정보교환을 위한 커뮤니티를 만들고, 지원 서비스를 함께 제공한다는 점이다. 공유오피스는 법률, 특허, 금융, 홍보, 마케팅 등의 지원 서비스를 제공하고, 다양한 프로그램을 운영함으로써 좋은 반응을 얻기도 한다(이승아, 2019, p. 34).

스타트업을 위한 공유공간(오피스)은 단순한 물리적 공간에서 벗어나 다양한 서비스와 콘텐츠를 기반으로 사람들을 연결하고 부가가치를 창출하는 플랫폼으로 꾸준히 진화해야 한다. 그래서 궁극적으로 스타트업 인큐베이터와 클러스터로서 기능을 다 할 수 있도록 하는 노력과 함께 공공의 지원대책도 필요하다.

도시공간, 획일성에서 다양성으로

제인 제이콥스(Jane Jacobs)는 그의 저서 ＜미국 대도시의 죽음과 삶＞(The Death and Life of Great American Cities, 1993)에서 도시가 만들어내는 다양성의 중요성을 강조하였다. 제인 제이콥스는 도시의 작은 요소(상점, 제조업체, 문화시설, 근린공원 등)들이 소규모로 다양성을 유지하면서 모여 있어야 도시가 활력을 유지할 수 있다고 강조하였다. 그리고 그는 도시의 거리와 지구(블록)에서 풍부한 다양성을 만들어내기 위해서는 다음의 네 가지 조건이 필요하다고 주장했다(유강은 옮김, 2010, pp. 210－211).

첫째, 하나의 지구나 소지역은 두 개 이상의 중요한 기능을 함께 가져야 한다. 그렇게 되어야 많은 시설을 이용할 수 있는 사람들이 언제나 확실하게 존재할 수 있다.

둘째, 대부분 블록이 작아야 한다. 다시 말해 거리의 모퉁이(코너)를 돌 기회가 많고, 가로(街路)가 많이 있어야 한다.

셋째, 오래된 건물과 새로운 건물, 그리고 상태가 다른 건물들이 지구 내에 섞여 있어야 한다. 그리고 많이 섞여 있을수록 바람직하다.

넷째, 사람들이 충분히 오밀조밀 모여 있어야 한다. 단순히 주거의 목적으로 모여 있는 경우에도 마찬가지다.

그러면 우리나라 도시들은 어떤지 살펴보자. 모든 도시를 일률적으로 평가할 수는 없지만, 도시의 대체적인 모습을 보면 쉽게 판단할 수 있다. 제인 제이콥스가 제시한 네 가지 조건을 중심으로 살펴보면 다음과 같다.

첫째, 지난 수십 년간 도시계획의 일반적 관행이 용도지역의 엄격한 분리로 치달아 도시공간 이용의 비효율성이 커졌다. 혼합적 토지이용과 복합용도개발을 위한 제도적 장치의 미흡으로 인해 블록 단위로 단일 용도 토지이용이 보편화되었다. 여기에다 도시공간 정책보다는 주택정책에 치중한 정책의 추진으로 도시의 황폐화는 더욱 심화되었다. 특히 대도시 외곽의 신도시 개발 및 택지개발로 인해 직주분리(職住分離)가 심화되면서 시민들의 이동수요(교통수요)도 증가하였다. 결과적으로 시민들의 통행거리와 통행시간이 함께 늘어나게 된 것이다.

둘째, 1960대 이후 대도시의 주택난(주택부족 문제)을 빠르게 해결하기 위한 아파트 위주의 주택공급과 신도시 개발은 대단지 아파트의 건설로 이어졌다. 업무·상업지구도 마찬가지다. 자본력을 가진 사업자들의 수익성 위주의 사업 추진으로 대규모·대형화가 대세를 이루면서 휴먼스케일과는 거리가 먼 개발이 추진된 것이다. 이런 이유로 작은 블록의 가로(길)가 많은 도시는 실현될 수 없었다. 도시에서 갈수록 골목길이 사라지는 이유도 여기에 있다.

셋째, 우리나라 도시에서 오래된 건물과 새로운 건물이 시가지에 공존하지 않는 이유는 수익성과 경제 논리에 입각한 재건축과 재개발 때문이다. 그리고 콘크리트 건물의 노후화와 상하수도관 등 설비의 노후화도 한몫을 하고 있다. 이런 이유로 쉽게 부수고 통째로 바꾸는 철거 위주의 도시개발이 대세를 이룬 것이다.

넷째, 우리나라 도시에서 주택들은 대체로 오밀조밀 모여 있다. 그러나 아파트 위주의 주거문화로 인해 개인들은 단절되고 고립되어 있다. 이런 이유로 제인 제이콥스가 주장하는 다양성과는 거리가 멀다. 아파트 중심의 획일적 주거문화가 주는 다양한 문제점의 보완과 주거 형태의 다양화에 대한 폭넓은 논의가 필요한 이유도 여기에 있다.

이제 우리나라 도시도 '획일성'에서 '다양성'으로 변화를 모색해야 한다. 우리나라 도시는 어느 도시할 것 없이 같은 브랜드의 대단지 아파트가 비슷하게 들어서 있다. 도시 내에서 다양성을 찾아보기 힘든 것은 물론이고, 도시 간에도 차이를 발견하기 힘들다.

따라서 우선 주거공간의 다양성을 추구할 수 있는 제도적인 보완책을 찾아야 한다. 대단지(대규모) 아파트 위주로 추진되는 재건축과 재개발에 대한 성찰과 함께 개선책을 마련해야 한다. 최근에는 주거용 오피스텔과 주상복합건물이 환경이 열악한 주택을 양산하는 요인이 되기도 한다. 그리고 소규모로 추진되는 가로주택정비사업도 열악한 주거환경으로 귀착될 가능성이 크다. 이제 주거환경의 선진화를 도모할 수 있는 다양한 대안을 찾아야 한다. 예컨대 중소규모 아파트단지도 충분한 공공공간을 갖추면서 수준 높은 주거공간이 조성될 수 있는 제도적 방안을 찾아야 한다. 현재 부동산개발의 수익성 논리로만 결정되는 주택공급에 대한 종합적인 개선대책을 마련하는 것이 무엇보다 중요하다.

도시공간의 다양성을 도모하기 위해 추진해야 할 또 다른 과제는 혼합적 토지이용과 복합용도개발의 활성화이다. 전통적인 용도지역제는 도시 내 산업이 공해, 소음, 악취와 같은 나쁜 외부효과(externalities)를 수반할 경우는 적절할지 몰라도, 도시의 산업구조 자체가 첨단산업과 지식산업으로 전환되는 마당에 전통적인 용도지역제의 획일적인 운영은 바람직하지 않다. 도시 기능과 토지이용의 혼합과 분리에 대해서는 일률적인 기준을 제시하기는 힘들지만, 기능적인 연계가 많으면서 나쁜 외부효과가 없는 기능은 함께 입지할 수 있도록 하는 것이 바람직하다. 특히 도시 내 활력을 유지하기 위해서는 일과 삶의 균형이 무엇보다 중요한 만큼, 이를 위한 도시공간의 재구조화(restructuring)에 대한 폭넓은 논의와 대안의 마련이 필요하다.

＜도시에 살 권리＞(2020)의 저자인 카를로스 모레노(Carlos Moreno)는 기존 시설이나 공간의 사용을 최적화하기 위해 동일한 시설이나 장소가 하루의 시간대나 일주일의 요일 등에 따라 제각기 다른 용도로 사용될 수 있도록 해야 한다고 주장한다(양영란 옮김, 2023, p. 141). 그의 생각은 기능과 시설을 시간대별로 구분하여 공유하는 것이다. 이른바 다기능 건물과 시설의 제안이다. 사실상 이러한 개념은 현재도 일부 실현되고 있다. 예컨대 공공시설의 주말 및 야간 주차개방이 한 예이다. 아무튼 이 역시 공간의 효율적 활용을 위한 대안이 될 수 있는 만큼, 확대될 수 있는 방법을 찾아야 한다. 먼저 공공시설에서 이를 위한 구체적인 방안을 찾고, 민간부문으로 확대가 가능할 것이다.

도시공간의 다양성을 도모하기 위해서는 역사적 가치와 미래 가치를 모두 살릴 수 있어야 하고, 이를 위해 새로운 개발뿐만 아니라, 오래된 문화유산의 보존도 필요하다. 따라서 개발과 보존이 함께 이루어질 수 있는 제도적 방안을 찾아야 한다. 그중의 하나가 개발권이양제(TDR: Transfer of Development Right)이다. 개발권이양제는 역사적 건물의 보존을 위해 고안된 제도로서 미국에서 1970년을 전후해서 활용되기 시작했다. 개발권이양제는 어떤 토지(획지)에 대해 허용된 용적률 기준 가운데 미이용되고 있는 부분만큼을 다른 토지에 이전하여 다른 토지의 개발허용 한도와 합쳐 실현하는 권리라고 할 수 있다. 즉 개별획지에 대해서 적용이 가능한 개발 총량을 규제하는 대신 당해 획지에 있어서 미이용된 개발 가능 용량을 다른 획지로 이전하는 것을 허용하는 제도이다. 개발권이양제는 미국과 일본, 그리고 유럽 국가들에서 도입되어 활용되고 있다. 개발권이양제는 역사적 건물의 보존을 위해서는 의의가 있지만, 개발권(용적률)이 주변의 건물에 이양됨에 따른 주변 건물의 고층화로 인해 결국 역사적 건물의 경관, 채광, 통풍 등의 측면에서 보존의 의미를 퇴색시킬 수 있다는 우려가 제기되기도 한다. 따라서 이러한 우려를 극복할 수 있는 보완책도 찾아야 한다.

개발권이양제(TDR)가 역사적 가치가 있는 개별 건물의 보존을 위한 제도라면, 역사적 가치가 있는 지구(블록) 단위의 보존과 관리 방안도 찾아야 한다. 예컨대 프랑스 파리의 도심부는 휴먼스케일의 오래된 건물들을 그대로 간직하고 있는 반면에 현대적 신도시의 모습은 파리 외곽의 라데팡스(La Defense)에서 찾아볼 수 있다. 도시는 역사적 가치와 미래 가치를 모두 살릴 수 있어야 하는 만큼, 이를 위한 구체적인 방안을 도시마다 찾아야 한다. 왜냐하면 현재의 도시는 과거와 미래를 잇는 공간이기 때문이다.

축소도시, 어떻게 만들까

축소도시(shrinking city)는 인구감소를 겪고 있는 도시가 과거 성장기의 패턴대로 외연적 확산을 계속 추구할 것이 아니라, 도시의 지속가능성을 높이기 위해 축소 지향적 도시공간구조와 도시개발을 모색하자는 취지에서 대두된 개념이다. 따라서 축소도시는 인구가 감소하더라도 도시 규모의 적정화, 공공서비스의 재배치, 압축적인 도시개발을 통해 시민들의 편리성과 '삶의 질'을 높이고, 도시의 유지관리비용도 줄일 수 있는 도시개발과 관리를 유도하기 위한 것으로 볼 수 있다.

쇠퇴하는 도시(축소도시)에서 나타나는 문제점은 심각한 인구감소를 겪고 있으면서도 다른 한편으로는 성장기의 개발수요에 맞추어 건설된 주택과 인프라가 여전히 과잉 공급된 상태에 있는 것이다. 이에 대한 처방 중 하나가 축소도시이다. 따라서 축소도시의 정책목표는 물리적 도시 규모의 적정화와 공공서비스스의 효율화를 통해 시민들의 '삶의 질'을 높이는 것이다.

최근 지방도시들은 인구의 감소뿐만 아니라, 젊은 노동력의 유출과 인구의 고령화로 어려움이 많다. 따라서 과거 성장기의 패턴대로 도시의 외연적 확산을 추구할 것이 아니라, 똑똑하고 강한 축소도시로 변신해야 한다. 특히 인구가 감소하는 중소도시에서는 원도심이나 구도심의 공동화가 문제이다. 따라서 인구의 감소와 산업의 쇠퇴에 따른 고용 감소가 계속되는 상황에서 도심 공동화에 대한 효과적인 대처가 무엇보다 중요하다.

선진국들은 우리나라보다 앞서 도시의 성장과 쇠퇴를 경험했고, 특히 미국 도시들은 일찍이 교외화와 도심 공동화를 경험했으며, 젠트리피케이션도 경험했다. 이런 이유로 뉴어바니즘(new urbanism)이라는 새로운 도시계획 사조도 나타났다.

우리나라의 많은 도시가 직면하고 있는 인구와 고용의 감소에 따른 도심 공동화를 극복하고 효율적인 도시공간구조를 만들기 위해서는 다양한 노력이 필요하다. 먼저 현재 많은 도시에서 시행되고 있는 도시재생사업과 빈집정비사업을 축소도시 정책과 연계할 필요가 있다. 그리고 공공서비스의 효율적 공급을 위해 공공시설의 재배치와 함께 공공서비스의 전달체계도 새로운 변화를 시도해야 한다. 예컨대 다른 행정구역과 공공서비스 공동이용 방안도 검토할 수 있다. 아울러 근린생활권 단위의 도시계획을 강화해서 인구가 소멸하는 소지역의 지역공동체를 활성화해야 한다.

그리고 중장기적으로는 스마트 도시성장, 압축도시, 혼합적 토지이용, 대중교통 지향형 개발(TOD)을 추진해야 한다. 여기에다 인구의 감소와 산업의 쇠퇴가 일어나는 도시는 도시기본계획 단계부터 축소도시 정책을 담을 수 있도록 제도적 장치가 필요하다.

메가시티 vs. 15분 도시

지역발전을 위한 공간적 단위로 메가시티(mega-city)가 주목을 받기 시작한 것은 최근의 일만은 아니다. 메가시티는 핵심 도시를 중심으로 기능적으로 연결된 대도시권 혹은 거대도시를 말한다. 메가시티는 1,000만명 이상의 인구를 가진 대도시권을 지칭하며, 핵심 도시는 물론이고 이와 기능적으로 연결되어 1일 생활권이 형성된 주변 도시도 모두 포함한다.

메가시티가 가진 경쟁력 우위의 이론적 논거는 수확체증(increasing returns to scale)의 원리로부터 찾을 수 있다. 공간경제학자들은 밀도가 높고 경제활동의 근접성이 있으면서 집적이 많이 이루어져 있으면 수확체증이 발생한다고 강조한다.

메가시티 지역이 가진 경쟁력 우위의 경험적 논거(사례)는 우리나라의 경우 수도권에서 찾아볼 수 있다. 서울, 인천, 경기도를 포함한 수도권은 인구의 50%가 몰려 살고 있고, 경제력 집중은 더욱 심각한 수준이다. 이러한 현상 모두 정치경제 권력과 중추관리 기능이 서울을 비롯한 수도권에 집중되어 나타난 결과이다. 이처럼 메가시티가 가진 경쟁력 우위의 논거가 명확한 상황에서 소멸위기에 처한 지방의 생존과 발전을 위해서 메가시티 전략은 선택이 아닌 필수이다. 그리고 메가시티 전략은 국토 전체로 보면 '분산된 집중'(decentralized concentration)의 공간구조를 지향해야 한다.

메가시티를 추진할 수 있는 정책수단은 다양하지만, 그중에 핵심은 광역철도이다. 수도권(서울, 인천, 경기도)이 1일 생활권, 통근권, 경제권이 가능하도록 묶어주는 가장 확실한 인프라는 수도권 광역철도이다. 수도권 광역철도가 서울에서 아산(충청남도)까지 연결되면서 인적·물적 교류가 확대되고, 하나의 생활권, 통근권, 경제권이 만들어질 수 있었기 때문이다.

도시는 인간의 삶과 경제활동을 담는 그릇이다. 따라서 도시공간은 그 도시의 산업생산을 효율적으로 뒷받침할 수 있어야 한다. 산업생산을 위한 도시공간의 조성에서 가장 핵심적으로 고려해야 할 요소는 집적경제(agglomeration economies)의 효율성을 높이는 것이다. 집적경제는 유사한 업종이나 산업 연관관계가 높은 업종을 인접한 공간에 집적시켜 시너지 효과를 내는 것이 핵심이다. 메가시티가 갖는 경쟁력 우위도 궁극적으로 집적경제와 인접지역과의 공간적 분업체계에서 나온다고 볼 수 있다.

한편 삶의 공간으로서 도시가 경쟁력을 가지기 위해서는 시민들의 활동

(activity)에 통행시간과 통행비용이 적게 드는 도시공간을 만드는 것이 무엇보다 중요하다. 2014년 파리시장에 취임한 안 이달고(Anne Hidalgo)는 파리시민들의 '15분 도시' 실현을 정책공약으로 제시하고, 자신의 공약을 실현하기 위해 주거지와 인접한 곳에 문화·체육·의료·상업시설의 배치를 추진하여 호응을 받은 바 있다.

<도시에 살 권리>(2020)의 저자인 카를로스 모레노(Carlos Moreno)는 시민들의 시간 소비를 줄이기 위해 지금까지와는 다른 방식으로 살고, 소비하고, 일하는 도시를 '15분 도시'로 축약해서 제안하였다. 그리고 시민들의 '삶의 질'은 그들이 사용할 수 있는 삶의 시간과 직결되는 만큼, 이동의 시간을 줄일 수 있는 도시계획의 필요성을 강조하였다. 그만큼 효율적인 도시공간의 조성이 현실적으로도 중요한 과제임을 알 수 있다.

따라서 효율적인 도시공간을 만들기 위해 직주근접, 혼합적 토지이용, 압축도시 개발, 다핵분산도시(多核分散都市) 전환, 대중교통 지향형 개발(TOD)의 구체적 방안을 모색해야 한다. 이러한 노력을 통해 시민들의 통행시간과 통행비용을 줄이고, 궁극적으로는 에너지 소비를 줄이는 도시공간구조와 교통 시스템을 구축하는 것이 도시의 경쟁력을 높이는 길이다. 아울러 자족적 생활이 가능한 근린주구(neighborhood) 단위의 생활권계획의 중요성을 다시 되새길 필요가 있다.

메가시티와 '15분 도시'는 상호대체적인 개념이 아니라, 함께 추구할 수 있는 목표이다. 이런 이유로 메가시티와 '15분 도시'는 도시의 발전을 추구하면서 시민들의 '삶의 질'도 함께 높일 수 있는 도시계획의 새로운 이정표가 되어야 한다. 그러한 측면에서 보면 '분산된 집중' 형태의 공간구조를 지향하면서 대중교통 네트워크가 효율적으로 구축되는 것이 바람직하다. 따라서 압축도시 개발과 대중교통(도시철도 등)을 통한 연결, 그리고 교통수단 간 효율적인 환승 시스템의 구축이 무엇보다 중요하다.

제13장

미래의 도시, 어떻게 만들까

도시계획, 긴 호흡과 짧은 호흡이 함께 해야

도시는 오랜 과거로부터 오늘날까지 인간이 만들어온 축적의 공간이다. 그래서 도시는 과거의 역사가 응축된 공간이면서 오늘날의 시민들이 생활하는 공간이다. 아울러 오늘의 도시는 현재 살아있는 세대의 생활 터전이자, 미래 세대가 살아가야 하는 삶의 공간이다. 이런 이유로 오늘의 도시는 현세대의 삶을 풍요롭게 하면서 동시에 미래 세대에게 좋은 도시공간을 물려줄 수 있도록 가꾸어져야 한다.

대부분의 선진국과 마찬가지로 우리나라의 도시계획도 계획의 위상에 따라 세 단계로 나누어진다. 최상위계획인 도시기본계획은 전 국토를 대상으로 하는 국토계획의 지침을 수용하고 발전시켜 도시의 장기적인 발전 방향과 미래상을 제시하는 성격을 가진다. 도시기본계획은 20년 장기계획으로 도시의 개발 방향 및 하위 도시계획 수립을 위한 지침을 제시하는 데 목적이 있다. 도시기본계획의 내용은 물리적 측면뿐만 아니라 인구, 산업, 사회개발, 도시재정 등의 사회경제적 측면을 모두 포함함으로써 종합적인 계획의 면모를 갖추고 있다고 볼 수 있다.

도시관리계획은 도시기본계획에서 제시된 도시의 발전 방향을 도시공간에 구체적으로 적용하는 중기계획으로, 도시기본계획과 각종 사업 시행계획의 교량적 역할을 한다. 도시기본계획이 20년 후의 미래상을 제시하는 것이 목적이라면, 도시관리계획은 하위 계획인 사업 시행계획의 지침제시와 건축행위의 규제를 목적으로 한다. 따라서 도시기본계획은 시장과 군수에게만 구속력을 갖는 반면, 도시관리계획은 개별 시민에게 법적 구속력을 가진다. 그리고 도시관리계획은 용도지역·지구·구역의 지정과 변경, 도시기반시설의 설치·정비·개량, 도시개발·정비사업, 지구단위계획 등을 포함한다.

도시계획 시행계획은 도시기본계획과 도시관리계획의 지침을 수용하여 수립되며, 크게 도시계획시설과 도시계획사업에 관한 계획의 두 가지로 구분할 수 있다. 도시계획시설에 관한 계획은 도로, 주차장, 광장, 공원, 시장, 운동장 등 도시기반시설의 설치, 정비, 개량에 관한 계획을 말한다. 도시계획사업에 관한 계획은 주택지 조성사업, 공업용지 조성사업, 재개발사업 등 개별 사업의 시행에 관한 계획을 말한다.

이처럼 우리나라 도시계획제도는 외견상 제도적 틀은 잘 갖추어진 것으로 볼 수 있다. 그럼에도 불구하고 우리나라 도시의 공간적 환경이 선진국에 비해 현저하게 열악한 것은 급속하게 진행된 도시화 과정에서 나타난 도시계획제도 자체의 허점과 운영의 미숙에 원인이 있다. 이를 구체적으로 살펴보면 다음과 같다(최병선, 2011, pp. 144-146).

첫째, 우리나라의 도시계획제도는 형식적으로는 선진국 제도와 비슷한 것처럼 보이지만, 실제로는 선진국 제도의 본질을 흡수하지 못했다. 예컨대 개발권 국유화와 함께 시행되고 있는 영국의 계획허가제(Planning Permission)와 달리, 우리나라에서 시행되고 있는 개발행위 허가제는 개발권의 국유화를 수반하지 않음으로써 한계가 있을 수밖에 없다. 또 다른 예로, 독일의 지구상세계획 제도는 집단적 개발이 예상되는 모든 지역에 적용되지만, 우리나라의 지구단위계획 제도는 대규모 개발사업에만 적용할 수 있다. 아울러 우리나라는 다양한 특별법으로 인해 도시계획제도의 근간이 흔들리기도 한다.

둘째, 우리나라 도시계획제도는 골격은 대체로 잘 갖추어져 있지만, 집행수단이 충분히 마련되어 있지 않다. 예컨대 가장 구체적인 계획에 해당하는 지구단위계획도 규제 수단이 건폐율과 용적률로 제한되어 있어 사실상 실효성 있는 효과를 거두기 어렵다. 아울러 각종 개발사업에서 제도적으로는 공공의 재정지원이 가능하지만, 실제로는 재정지원이 거의 이루어지지 않고 있다. 이런 이유로 개발사업의 수익성 확보를 위해 고밀도 난개발이 판을 치고 있다. 예컨대 도시기반시설이 미흡한 채 각종 개발사업이 추진되고 있다.

셋째, 도시계획제도가 허술하고 집행수단이 불충분해도 시민참여를 통한 감시가 활성화되면 도시공간의 질적 환경이 적절하게 유지되거나 개선될 수 있지만, 이것 또한 매우 미흡하다. 현재 공청회와 공람의 방법으로 시민참여의 길이 열려 있지만, 이 또한 형식적으로 운영되는 경우가 다반사다. 여기에다 시민정신의 미성숙으로 시민들 스스로 참여를 회피하는 경우가 많다.

도시계획은 도시가 당면한 현안에 대해 시의적절한 대응도 해야 하고, 다른 한편으로 미래 세대들을 위해 주춧돌을 놓는 역할도 해야 한다. 이런 이유로 도시계획은 긴 호흡과 짧은 호흡이 함께 해야 실효성이 있다. 이를 위해 최상위계획인 도시기본계획과 중기계획인 도시관리계획, 그리고 시행계획의 연계성을 강화하는 것이 매우 중요하다. 따라서 이들 계획의 연계를 강화할 수 있도록 도시계획제도가 운영되어야 한다. 특히 도시기본계획은 강제적인 구속력이 미흡해 좋은 취지에도 불구하고 무시되는 경우도 많다. 따라서 이에 대한 보완책도 필요하다.

한편 도시의 미래는 여러 가지 이유로 불확실성(uncertainty)이 많다. 과학혁명과 기술혁신이 인간의 노동 형태(예: 재택근무, 유연근무)와 정주(定住)는 물론이고, 산업입지, 상업입지, 쇼핑행태 등에 다각적인 영향을 미칠 수 있기 때문이다. 미래가 확실하게 예측될 수 있는 상황에서는 전통적인 합리적·종합적 계획(rational-comprehensive planning)을 근간으로 도시계획을 수립하면 된다. 합리적·종합적 계획의 과정은 과학적 지식과 방법론을 동원해서 계획 목표를 달성하기 위한 수단을 합리적으로 찾아내는 이상주의적 접근방법이다.

그러나 급변하는 환경 속에서 미래가 불확실할 때 다른 계획방식을 찾아야 한다. 그 방식 가운데 하나가 혼합주사형 계획방식(mixed scanning planning approach)이다. 혼합주사형 계획방식은 정책결정을 위한 대안 탐색과 분석에서 기본적 결정과 부분적 결정의 혼합적 방법을 사용하는 계획방식이다. 아미타이 에치오니(Amitai Etzioni)에 의해 제시된 혼합주사형 계획방식은 기본적 결정에서는 중요한 대안의 중요한 결과만을 고려하고, 그 기본적 결정의 테두리 안에서 세부적인 결정을 하는 것이다. 따라서 미래의 여건이 불확실한 상황에서 장기적 안목에서 기본적인 계획을 수립하고, 여건의 변화에 따라 융통성 있는 세부 계획의 수립이 가능하다. 이렇게 해야 미래를 위한 여백(餘白)이 있는 도시계획이 가능하고, 현세대와 미래 세대를 함께 고려할 수 있다. 그리고 긴 호흡과 짧은 호흡이 함께 가능한 도시계획이 될 수 있다.

도시개발사업, 계획적 관리가 필요하다

도시 재개발과 재건축을 포함한 모든 도시개발사업은 사업지구별로 도시계획위원회의 심의를 거치거나, 허가 절차를 거친다. 그러나 염려스러운 것은 도시 전체에 대한 건축 밀도나 경관에 대한 검토 없이 개별 사업지구별로 개별 사업자와 지주들의 이윤 동기에 따라 도시개발사업이 마구잡이로 추진되고 있다는 점이다. 바로 이러한 이유로 도시 곳곳에서 난개발로 인한 부작용이 나타나고 있다.

최근에는 민간 개발사업자의 이윤 동기에 따른 무분별한 개발로 인해 도시기반시설의 확충 없이 개발이 추진되는 사례도 많이 나타나고 있다. 그리고 주변의 도로용량이나 스카이라인 등을 고려하지 않고 개별 사업지구별로 개발이 추진되는 바람에 계획적인 도시관리가 미흡하고, 도시의 장래에 악영향을 미칠 우려까지 제기된다.

장기적인 도시개발의 방향을 제시하는 도시기본계획이나 중기적인 도시개발의 방향을 제시하는 도시관리계획이 법정계획으로 수립되고 있기는 하지만, 이들 계획은 도시의 공간영역별로 대체적인 개발 방향만 제시하고 건폐율, 용적률, 건물 층수 등에 대한 최소한의 기준만 적용하여 규제하고 있다.

현재 많은 도시에서 건설이 추진 중인 주상복합 건축물의 경우 주상복합의 원래 취지를 충족시키지 못하고, 실제로는 대부분이 주거용으로 건설되고 있어 허울뿐인 주상복합에 불과하다. 많은 도시에서 수많은 도시개발사업이 추진되고 있음에도 불구하고 지방정부의 도시개발 청사진은 없고, 부동산개발업자들의 이윤추구와 시민들의 부동산투기와 재산증식만이 관심사로 전락하고 있다.

도시는 다른 생명체와 마찬가지로 유기체이다. 그리고 도시는 한번 개발되고 나면 최소한 수십 년은 돌이킬 수 없는 상태로 구조화되는 특성을 가진다. 왜냐하면 도시의 토지이용은 불가역적(不可逆的)인 특성을 가지기 때문이다. 이러한 이유로 도시개발은 시장원리에 맡겨두어서는 바로 시장이 실패하는 영역에 속하고, 공공의 개입과 계획이 정당화된다. 이러한 관점에서 볼 때 규제 완화가 대세를 이루는 풍토 속에서도 도시개발에 관련된 사업들은 오히려 지방자치단체가 더욱 구체적인 계획을 수립하여 추진하고, 세부적인 규제 지침을 마련하는 것이 바람직하다.

최근 많은 도시에서 주택 재개발 혹은 재건축 위주의 도시개발이 개별 사업지구별로 경쟁적으로 추진되는 데는 민간사업자의 이윤 동기만이 있을 뿐이고, 도시경쟁력 향상을 위한 '살고 싶은 도시 만들기'와는 거리가 멀다. 도로, 학교, 공원용지 등 도시기반시설의 용량은 무시한 채 민간사업자들의 이익만을 고려하여 재개발과 재건축이 추진되는 것은 바람직하지 않다.

특히 도심과 도심 인근의 일부 지역은 개별 지주들과 민간사업자가 결합하여 이윤추구에만 집착한 나머지, 공익에 대한 고려 없이 도시기반시설의 용량을 초과하는 도시개발을 추진하기도 한다. 따라서 이들 지역에는 각종 기능이 무질서하게 섞여 있고, 노후 저층 건물과 신규 고층 건물이 뒤섞여 있으며, 재개발과 방치가 뒤섞여 있는 현상이 나타나고 있다.

도시의 노후화는 자연스럽게 도시 재개발과 재건축에 대한 수요를 낳는다. 도시건축물의 재건축과 도시기반시설의 확충은 도시 재개발에 대한 세부적인 지침(청사진) 아래 계획적으로 추진되어야 한다. 개별 건축물의 재건축과 개별 지구의 재개발은 도시기반시설의 용량을 충분히 고려하여 추진될 수 있도록 강력한 제도적 장치가 마련되어야 한다.

과거의 도시개발이 시민의 주택공급과 저소득층의 불량주택 재개발 그 자체에 초점을 두었다면 미래의 도시개발은 도시 기능체계의 연계성을 강화하고, 에너지의 소비를 줄이는 도시구조를 만들고, 도시경관을 고려하여 추진되어야 한다. 이제는 주택의 양적(量的) 공급만을 목표로 삼을 것이 아니라, '살고 싶은' 도시공간을 창출하여 도시의 경쟁력을 높이는 것이 도시개발의 우선적인 목표가 되어야 한다.

이제 도시가 갖는 기능적 측면과 심미적 측면을 동시에 고려할 수 있는 도시개발이 계획적인 청사진이나 세부적인 지침 아래 추진되어야 한다. 우리나라 도시들도 기존의 도시기본계획이나 도시관리계획과는 별개로 도시 내 공간영역별로 도시개발의 세부적인 청사진이나 지침이 마련되어야 하고, 이에 따라 개별 사업지구의 도시개발도 추진되어야 한다. 아울러 생활권 단위 공간계획도 제도화되어야 한다.

교통영향평가, 제도적 틀은 살리면서 운영의 묘를 기해야

교통영향평가제도를 규제의 일종으로 보는 시각도 있지만, 교통영향평가제도는 공익(public interests)을 증진하는 효과가 분명하다. 시장경제원리가 국가경제를 부강하게 만드는 최선의 대안이라는 사실은 모두가 인정한다. 그리고 일반적으로 보면 정부의 개입이나 규제가 없어야만 효율적인 자원배분이 가능한 것도 사실이다. 그럼에도 불구하고 일정 규모 이상의 개발사업으로 인해 나타나는 교통문제를 완화하려는 목적을 가진 교통영향평가제도는 외부효과(externalities)를 내부화시키고, 공공재(public goods)를 적절하게 공급하는 효과를 가진다. 즉 교통영향평가제도는 시장경제체제하에서도 정부의 개입이 꼭 필요한 영역에 속하는 것이다.

교통영향평가제도의 집행과정에서 접근로와 진출입로의 확충 등과 같은 교통 인프라의 확충은 사업주의 입장에서 보면 사업비의 증가요인으로 작용할 수 있지만, 국민에게는 교통소통과 안전성을 개선하는 효과를 가진다. 개발사업으로 인한 교통투자를 사업주가 하지 않는다면 정부가 국민의 세금으로 충당해야 하며, 이렇게 되면 수익자 부담의 원칙에도 어긋나게 된다.

교통영향평가제도는 여러 가지 간접적 효과도 가진다. 교통영향평가제도의 집행과정에서 동선의 원활화, 도로 및 주차장의 충분한 확보 등을 통해 시설이용자의 편리성이 커지면 사업주에게도 간접적인 편익이 발생한다. 또한 대형할인점, 예식장 등과 같은 교통유발시설이 도심의 혼잡지역에 건설될 때 나타날 수 있는 부작용을 예방하는 효과도 있다.

이처럼 교통영향평가제도는 새로운 개발사업으로 인해 나타날 수 있는 주변지역의 교통문제를 종합적으로 점검하고 이를 개선할 수 있는 기회를 제공한다. 이러한 이유로 인해 교통영향평가제도는 우리나라뿐만 아니라 많은 선진국에서도 운영되고 있다.

이와 같은 교통영향평가제도의 필요성과 긍정적 효과에도 불구하고 제도의 운영과정에서 나타나는 문제가 전혀 없는 것은 아니다. 교통영향평가제도의 실효성과 공정성의 측면에서 보면 현재처럼 사업주가 교통영향평가 업체를 선정하고 교통영향평가를 수행하도록 하는 것은 바람직하지 않다. 왜냐하면 사업주가 교통영향평가 업체를 선정하고 비용을 지불하면 교통영향평가 업체는 사업주의 생각에 과도하게 휘둘릴 수밖에 없다. 그리고 사업주의 편에 서서 분석하고 대안을 제시할 것이다.

따라서 교통영향평가의 공익성과 공정성을 확보하기 위해서는 사업주가 평가비용을 지방자치단체에 공탁(供託)하고, 지방자치단체가 업체를 선정하는 것이 바람직하다. 이렇게 되면 평가업체가 사업주의 입장에 휘둘리지 않고, 공정한 교통영향평가가 가능하게 된다. 교통영향평가제도 운영과정에서 제기된 문제들은 운용의 묘를 기하기 위해 일부 보완을 거친다면 교통영향평가제도의 순기능은 더욱 커질 것이다.

광역계획기구(MPO) 필요하다

1970년대와 1980년대를 거치면서 도시의 광역화가 급속히 진행됨에 따라 광역도시권의 관리는 도시계획의 중요한 과제로 대두되었다. 이에 따라 1991년 도시계획법 개정 시 광역도시계획 제도를 도입하였다. 그러나 광역시설의 설치와 관리에만 중점이 두어져 있었고, 제도 도입 이후 활성화되지 못했다. 따라서 광역도시권의 장기발전 방향을 제시하는 계획으로 성격을 명확히 할 필요가 있어 2000년 도시계획법의 전문개정을 통해 새롭게 구성하여 「국토의 계획 및 이용에 관한 법률」에 계승되었다(대한국토·도시계획학회 편저, 2016, pp. 146-147).

광역도시계획은 계획기간 20년을 단위로 하는 장기 전략계획으로, 광역도시권의 장기적인 발전 방향을 제시하는 것을 중요한 목적으로 한다. 광역도시계획은 광역시설의 체계적 정비를 통한 규모의 경제 확보, 투자의 효율성 제고 및 중복투자 방지, 광역도시권의 성장관리, 도시의 무질서한 확산 방지 등을 목적으로 하며, 광역도시권의 공간구조와 기능 분담, 광역시설의 배치·규모·설치에 관한 사항 등의 내용을 포함한다.

이처럼 광역도시계획이 갖는 좋은 취지에도 불구하고 도시기본계획과 마찬가지로 장기발전 방향을 제시하는 데 초점을 둠으로써 법적 구속력은 없다. 여기에다 도시기본계획은 법적 구속력이 있는 하위 도시계획(도시관리계획 등)이라도 있지만, 광역도시계획은 그렇지도 못하다. 그럼에도 불구하고 광역도시권에서 해결해야 하는 문제는 갈수록 증가하고 있다. 그중에는 중장기적으로 해결해야 하는 문제도 있지만, 단기적으로 해결해야 하는 문제도 많다. 예컨대 행정구역을 넘어서는 광역철도와 도시철도의 계획과 운영, 버스노선의 계획과 운영, 그리고 택시 영업구역의 제한과 요금체계로 인한 이용자의 불편, 도시 간에 걸친 그린벨트의 활용 등은 단기적으로 해결해야 하는 과제들이다.

이런 문제들을 해결하기 위한 새로운 대안으로 광역계획기구의 설치가 필요하다. 광역계획기구는 현재 미국의 많은 도시권에서 설치되어 운영 중인 MPO (Metropolitan Planning Organization)를 생각하면 된다. 미국의 MPO는 인구 5만 명 이상의 도시지역에 설치되어 운영되고 있는 교통정책 의사결정기구로 연방정부의 행정적·재정적 지원을 받고 있다. MPO는 1962년 연방정부의 고속도로법(Highway Act)에 따라 도입되었으며, 광역도시권의 교통계획 수립과 집행 과정에서 연방정부와의 협조와 조율의 기능을 주로 담당한다.

MPO의 거버넌스 구조는 전문직 직원(professional staff)과 다양한 위원회를 포함한다. MPO는 광역도시권의 장·단기 교통계획의 수립과 집행을 주로 담당하지만, 일부 지역에서는 추가적인 기능을 수행하기도 한다. 예컨대 광역도시권의 성장관리와 토지이용계획 수립, 주택개발(주거단지)의 공간적 배분, 대중교통 서비스의 운영 등의 기능을 수행하고 있다. MPO는 미국의 연방정부법에 따라 도입되었지만, 주(州)별로 특성화되어 발전되어 왔다.

미국에서 가장 규모가 큰 MPO는 서던 캘리포니아 정부연합(SCAG: Southern California Association of Governments)으로, 로스앤젤레스 카운티(Los Angeles County)를 포함해서 모두 6개의 카운티를 포함하고 있다. 서던 캘리포니아 정부연합(SCAG)은 1,850만 명 이상의 인구를 포함하는 MPO로, 교통, 광역도시권 성장관리, 폐기물 관리, 대기오염 등 다양한 업무를 수행하고 있다.

우리나라의 경우 한때 수도권 교통조합(수도권 교통본부)이 미국의 MPO와 유사한 기능을 담당하였으나, 현재는 국토교통부 대도시권광역교통위원회가 그 기능을 수행하고 있다. 그러나 국토교통부 대도시권광역교통위원회는 미국의 지방정부 단위에서 설립되어 운영되는 MPO와는 여러 가지 기능적인 차이가 있다.

이제 한국형 MPO(광역계획기구)의 구성과 운영에 대한 광범위한 검토가 필요하다. 광역계획기구(MPO)는 광역도시권의 대중교통계획 수립과 운영으로부터 택시의 영업구역 제한으로 인한 이용자의 불편까지, 그리고 공동 이용이 가능한 공공시설(예: 문화예술회관, 쓰레기 처리시설, 화장장)의 활용이나 여러 도시에 걸친 그린벨트의 활용까지 모든 광역적 이슈들을 효율적으로 처리할 수 있어야 한다.

성장거점도시 육성해야: 앨버트 허쉬만(Albert O. Hirschman)의 생각

앨버트 허쉬만(Albert O. Hirschman: 1915~2012)은 불균형성장론으로 널리 알려진 경제학자이다. 그는 소위 '빈곤의 악순환'이 저개발국의 경제발전을 가로막고 있는 근본적인 장애요인이라는 일반적 관점에서 탈피하여 불균형성장론을 전개하였다. 그는 경제학자이면서도 불균형성장론을 공간지리학적인 측면에서 조명하고 그 정책적 의미를 설명함으로써 경제학자뿐만 아니라 국토 및 지역계획을 다루는 계획가들(planners)에게도 정신적인 지주가 되고 있다.

앨버트 허쉬만은 그의 대표적 저서인 <경제개발의 전략>(The Strategy of Economic Development, 1958)에서 전통적인 균형성장론을 비판하고 새로운 개발전략으로 불균형성장론을 제안하였다. 나아가 그는 어떻게 경제성장이 한 지역으로부터 다른 지역으로 파급되는지 검토하였다.

아울러 한 국가의 경제가 더욱 높은 소득수준에 이르려면 그 경제 자체 내에 한 개 혹은 몇 개의 경제력 집중지역을 개발하여야 함을 강조하였다. 즉 경제발전과정에서 성장거점(growth poles)을 출현시켜야 하며, 따라서 지리적 의미에서 경제성장은 불균형성장일 수밖에 없다고 주장하였다.

앨버트 허쉬만은 1915년 독일 베를린에서 태어났다. 명문 소르본(Sorbonne) 대학과 런던경제대학(London School of Economics)에서 수학하고, 1938년 이탈리아의 트리에스테대학교(University of Trieste)에서 경제학 박사학위를 받았다. 그 후 그는 유럽에서 반파시즘 운동에 참여하다가 1941년 초에 미국으로 건너갔다.

제2차 세계대전 후 그는 미국 연방준비위원회(Federal Reserve Board)의 경제 전문가로 1952년까지 근무하였다. 1952년부터 1956년 사이에 콜롬비아에서 경제고문으로 활약하다 미국으로 돌아와 예일대학교, 컬럼비아대학교, 하버드대학교, 프린스턴대학교의 교수를 역임하였다. 특히 그는 콜롬비아의 경제고문 역할을 담당하면서 당시의 경험이 경제발전과 성장에 관한 이론을 정립하는 데 큰 영향을 미쳤다.

앨버트 허쉬만은 경제발전을 위해서는 행정, 교육, 보건, 교통, 전력, 농업, 공업, 도시개발 등 여러 분야에 걸쳐서 소득의 흐름에 유리한 영향을 미칠 수 있는 일련의 투자사업을 추진해야 한다고 주장하였다. 그는 투자를 사회간접자본(SOC: Social Overhead Capital)에 대한 투자와 직접적 생산활동(DPA: Directly Productive Activity)에 대한 투자로 구분하고, SOC에 대한 투자는 특정 사업의 성장을 목적으로 하지 않고 일반적인 경제성장을 목적으로 하는 다변적 투자(diversified investment)라는 이유에서 DPA에 대한 투자에 비해 어느 정도 '안전한' 투자라고 보았다.

그는 SOC와 DPA의 균형성장은 저개발국에 있어서는 실현 불가능한 것일 뿐만 아니라 설령 실현되더라도 바람직하지 않다고 주장하였다. 그는 개발도상국들의 급속히 발전하는 신흥도시와 특혜지역에서는 대개 기업가들이 언제나 투자할 용의가 있기 때문에 SOC의 충분한 확충은 DPA에 대한 투자를 효율적으로 유도하는 역할을 할 것임을 강조하였다.

그는 한 국가의 경제가 더욱 높은 소득을 얻기 위해서는 우선 그 경제 자체 내에 한 개 혹은 몇 개의 경제력 집중지역을 개발해야 한다고 강조하였다. 그에 의하면, 경제발전과정에서 성장거점의 도입에 따른 경제성장의 지역적 불균등은 성장 그 자체에 불가피하게 수반되는 것이며, 또한 성장의 조건이라는 것이다. 따라서 지리적 차원에서 보면 경제성장은 반드시 불균형성장일 수밖에 없다는 것이다.

앨버트 허쉬만은 불균형성장의 공간적 파급을 누적효과(trickling-down effect)와 성극화효과(polarization effect)로 설명하였다. 그는 경제발전의 초기에는 성장을 위하여 성장지역이 주변 지역의 자원을 흡수하는 성극화현상이 일어나지만, 성장이 이루어지고 나면 산업의 연관을 통하여 성장의 효과가 낙후지역으로 확산되어 나가는 소위 누적효과가 발생한다고 주장하였다. 그는 누적효과를 긍정적인 효과로, 그리고 성극화효과는 부정적인 효과로 간주하면서 궁극적으로는 누적효과가 성극화효과를 압도할 것으로 확신하였다. 그의 불균형성장론은 경제학자와 국토 및 지역계획 분야에 종사하는 많은 계획가의 관심을 받아왔으며, 대부분의 후진국이나 개발도상국에서 표준적인 개발모형으로 채택되어 왔다.

앨버트 허쉬만은 지역경제성장에 영향을 미칠 수 있는 가장 확실한 정부의 정책수단은 공공투자의 지역적 배분이라고 강조하면서 공공투자의 지역적 배분 유형을 분산형, 성장지역 집중형, 낙후지역 발전촉진형의 세 가지로 구분하였다. 그리고 그는 경제발전의 단계에 따라 정부는 각기 다른 유형의 공공투자의 지역적 배분책을 선택할 것으로 보았다. 아울러 그는 낙후지역의 발전을 촉진하기 위해서는 사회간접자본(SOC)에 대한 투자 외에 낙후지역의 직접적 생산활동(DPA)이 자생적으로 발전할 수 있도록 정부가 정책수단을 동원해야 한다고 강조하였다.

앨버트 허쉬만의 불균형성장론은 공간적으로 성장거점전략의 채택을 불가피하게 한다. 성장거점전략은 제한된 자원의 효율적 이용과 투자의 효율성 제고, 그리고 대도시 인구집중의 완화를 이룰 수 있고, 궁극적으로는 누적효과를 통해 지역의 균형발전을 유도할 수 있다는 이론적 장점 때문에 많은 개발도상국에서 채택되어 왔다.

공공투자, 국가 백년대계를 생각해야

민간투자는 시장경제원리에 따라 민간기업의 의사결정에 따라 결정된다. 그러나 대부분의 사회간접자본(SOC)은 공공투자의 대상이며, 중앙정부나 지방정부가 투자에 대한 의사결정을 한다. 특히 총사업비가 일정 규모 이상이면서 국가의 재정지원 규모가 일정액을 넘는 대형 공공 투자사업은 예비타당성조사를 거쳐야 한다.

예비타당성조사 제도는 대형 공공 투자사업의 정책적 의의와 경제성을 판단하고, 사업의 효율적이고 현실적인 추진방안을 제시하는 데 목적이 있다. 예비타당성조사 제도는 수요가 없거나 경제성이 낮은 사업의 무리한 추진을 방지하고, 재정 운영의 효율성을 확보하기 위해 면밀한 사전검토를 하기 위한 것이다.

예비타당성조사 제도는 1999년 예산회계법 시행령을 개정하여 근거 조항을 신설함으로써 처음으로 도입되었고, 2003년 기금관리기본법 개정을 통해 관련 조항을 신설하였다. 그리고 2006년 국가재정법 제정을 계기로 제도의 기본 운영 틀이 법제화되었다.

예비타당성조사는 크게 경제성 분석과 정책성 분석으로 나누어 실시되고 있다. 경제성 분석을 통해 수요 및 편익 추정, 비용 추정, 경제성 및 재무성 평가, 민감도 분석이 이루어지고, 정책성 분석을 통해 지역경제 파급효과, 지역균형개발, 사업추진 위험 요인, 정책의 일관성 및 추진 의지, 국고지원의 적합성, 재원 조달 가능성, 상위계획과의 연관성, 환경성이 검토된다.

예비타당성조사 제도는 1999년 최초로 도입된 후 2019년 제도 개편 이전까지 20년 동안 수도권과 비수도권에 동일한 잣대를 적용하여 경제성 35~50%, 정책성 25~40%, 지역균형발전 25~35%의 가중치를 부여하였다. 그러다가 2019년 예비타당성조사 제도 개편 때 수도권의 경우에는 지역균형발전 항목을 아예 없애고 경제성의 비중을 60~70%로 대폭 높였으며, 비수도권의 경우에는 경제성의 비중은 다소 낮추면서 지역균형발전의 비중은 다소 높였다.

예비타당성조사에서 경제성 분석은 비용(costs)과 편익(benefits)을 비교하는 것이고, 편익(benefits)의 크기는 대부분 시설이용자의 수에 따라 결정된다. 따라서 같은 사업이라도 전국 인구의 절반에 가까운 인구가 모여 사는 수도권의 경우에는 경제성이 높게 나오지만, 지방도시나 인구 과소지역은 경제성이 낮게 나올 수밖에 없다. 이런 이유로 어떤 투자사업이든 사람들이 많이 모여 사는 수도권은 비수도권에 비해 상대적으로 예비타당성조사를 쉽게 통과할 수 있는 반면에 비수도권은 예비타당성조사의 문턱을 넘기 힘 드는 것이 현실이다.

한편 기반시설(SOC)에 대한 투자는 그 자체가 새로운 수요를 창출할 가능성도 크다. 공급이 새로운 수요를 창출하는 것도 많기 때문이다. 바로 이러한 이유로 인해 현재의 지역 여건을 감안하여 평가된 경제성만으로 공공 투자사업의 추진 여부를 판단하는 것은 과거를 보고 미래의 투자 여부를 결정하는 것이다. 그리고 정부의 정책 의지를 반영할 수 없는 한계도 있다.

애덤 스미스(Adam Smith: 1723~1790) 이후 프리드리히 하이에크(Friedrich August von Hayek: 1899~1992)를 거쳐 오늘날로 이어지는 자유주의 경제학자들은 시장이 모든 문제를 해결할 수 있다고 생각했고, 정부의 개입을 매우 부정적으로 보았다. 그러나 존 메이너드 케인스(John Maynard Keynes: 1883~1946)는 정부의 적극적 개입과 역할이 매우 중요함을 강조했다. 존 메이너드 케인스는 인간이 시장에 의해 지배받는 동물이 아니라, 스스로 시장에 영향력을 행사할 수 있고 미래를 개척할 수 있음을 강조했다. 존 메이너드 케인스의 이론적 공헌이 없었다면 자본주의는 멸망까지는 아니더라도, 지금처럼 강력한 체제로 거듭나지는 못했을 것이라는 의견이 많다. 이러한 측면에서 보면 과거의 성과를 기초로 추정된 미래의 기반시설(SOC) 수요를 근거로 미래의 투자를 결정하는 문제에 대한 근본적인 성찰이 필요하다. 일반적으로 기반시설(SOC)의 경우 인구와 이용자가 많아야 수요가 많아지는데, 앨버트 허쉬만이 강조한 성장거점전략을 채택하기 위해서는 기반시설(SOC)에 대한 선제적인 투자가 필요한 경우도 많다.

물론 수도권집중에 대해서는 다양한 의견이 있다. 수도권에 인구와 산업이 집중하는 것은 시장원리에 따른 자연스러운 현상이므로 국가의 SOC 투자도 이에 발을 맞추어야 한다는 주장도 일견 설득력이 있다. 이러한 주장은 자유방임주의에 기초를 둔 시장원리의 신봉에서 나온 것이다. 그러나 SOC는 대부분 사적재(私的財)가 아닌 공공재(公共財)이고, 시장이 실패하는 영역에 속한다. 그래서 SOC 투자의 경우 정부의 정책 방향이 무엇보다 중요하다.

특히 최근에는 수도권집중의 사회적 비용이 계속 증가해 왔고, 지방의 쇠퇴가 지속되어 급기야는 국가균형발전에 국가의 명운(命運)을 걸 수밖에 없는 시점에 왔다. 따라서 정부의 정책 기조를 다시 검토하고, 공공투자의 방향에 대한 광범위한 논의와 함께 관련 제도에 대해서도 면밀한 검토가 필요하다.

일부 공공투자(SOC 투자) 사업의 경우 수요에 바탕을 둔 경제성에 따라 추진 여부를 결정해도 무리가 없는 것들도 있으나, 일부 공공 투자사업의 경우에는 국가균형발전이라는 정책목표를 달성하기 위해서 지방에 대한 뚜렷한 배려가 있어야 하는 것들도 있다. 특히 지방의 경쟁력을 강화하는 데 절대적으로 필요한 기반시설(예: 공항, 항만, 철도)의 경우에는 수도권과는 다른 경제성 평가기준을 적용하거나 보완적인 평가기준을 별도로 적용하는 것이 바람직하다.

그렇지 않고는 지방도시에서 각종 기반시설 확충이 현실적으로 어렵고, 이렇게 될 경우 인구와 산업의 수도권집중은 세계에서 그 유례를 찾을 수 없는 수준까지 진행될 것이다. 그리고 수도권과 비수도권 모두 경쟁력 없는 공간으로 전락하게 될 것이다.

민간부문의 의사결정은 수요와 공급의 시장원리에 따라야 효율적인 자원배분이 가능하다. 그러나 공공 투자사업은 시장이 실패하는 영역을 대상으로 하는 만큼, 사업의 추진 여부를 수요의 크기에 바탕을 둔 경제성을 중심으로 판단해서는 곤란하다.

거시경제원리를 따른다면, 한계생산성이 높은 지역에 대한 지원과 투자가 바람직하다. 이러한 관점에서 본다면 3대 생산요소(자본, 노동, 토지)의 투입에 따른 한계생산성이 높은 지역에 공공투자가 함께 이루어지는 것이 과거가 아닌 미래에 투자하는 길이다. 수도권의 비대화와 지방쇠퇴 문제의 인식과 대안의 선택은 글로벌경제의 관점에서 조망되어야 하지만, 바로 눈앞의 경제적 득실이 아니라 먼 장래의 국토 공간구조와 국가경쟁력을 바라보는 중장기적 시각에서 이루어져야 한다. 이것이 바로 국가 백년대계를 고려한 중앙정부의 정책 수립과 제도 개편이 필요한 이유다.

계획가를 키워야

과거의 지방정부는 중앙정부에 기대어 국비 예산의 확보와 각종 공모사업에 매달려 왔음에 비해, 시간이 갈수록 지방정부 스스로 역량을 모아서 계획을 세우고 이를 지역발전의 청사진으로 삼고자 하는 노력이 커지고 있다.

지방정부 차원에서 수립하는 각종 개발계획, 도시계획, 교통계획, 산업발전계획 등은 부문별로 지역발전의 청사진을 제시하는 매우 중요한 계획이다. 그런데 이들 계획이 계획의 집행주체인 지방정부에 몸담고 있는 인력에 의해 수립되는 것이 아니라, 전적으로 외부 용역기관에 의해 수립되고 있는 것이 우리의 현실이다. 물론 지방정부의 행정책임자들은 공무원들의 역할은 행정 집행이 중심이며, 전문영역별로 미래의 비전을 제시하고 계획을 수립하는 일은 외부 전문가를 적극적으로 활용하면 가능할 것이라는 안일한 생각을 가질 수 있다. 더 나아가 지방정부 조직의 슬림화를 위해서는 전통적으로 공무원들이 담당했던 업무조차 민간에게 넘겨주어야 한다는 생각에 정책당국자들이 빠져 있을 수도 있다.

지방정부가 맡고 있는 매우 단순한 집행 기능의 민간이양은 민간부문의 효율성을 적극적으로 활용할 수 있다는 점에서 바람직하다. 그러나 지방정부의 명운(命運)을 결정하는 각종 중장기 계획들을 수립할 때 전적으로 외부 용역기관에만 의존하는 것은 바람직하지 않다. 왜냐하면 아무리 공무원들이 계획수립을 위한 정책 기조와 지침을 외부 용역기관에 준다고 하더라도 용역기관에 종사하는 전문가들은 기술적인 분야에 익숙한 전문가들이기 때문에 공익을 생각하고 장기적인 비전을 제시하거나, 어떤 계획의 실현 가능성(feasibility)에 대해서까지 고민하는 데는 한계가 있다.

계획가(planner)라는 용어는 우리 사회에서 매우 생소하게 들리지만, 선진국에서는 그 역할과 기능이 명확히 정착된 전문가집단에 속한다. 계획가는 대체로 기술자(technician)와 정치가(politician)의 기능을 동시에 가져야 하는 고유한 전문가집단이다. 이런 이유로 계획가를 길러내는 미국의 전문대학원(professional graduate school)들은 다양한 학문영역을 교육함으로써 이들 두 가지 기능을 동시에 수행할 수 있도록 인재들을 교육하고 훈련한다.

우리나라의 경우 계획가가 지방정부에 고용되어 고유한 역할을 수행하는 것은 현실적으로 매우 제한되어 있지만, 미국의 경우 공무원 조직 내에 계획가 집단이 확고하게 자리 잡고 있다. 그래서 지방정부가 세우는 중장기 계획들은 대부분 공무원으로 채용된 계획가들에 의해 수립되고 집행된다. 우리나라처럼 공무원들이 해야 할 두뇌의 역할까지 외부에 전적으로 의존하지는 않는다. 그렇게 함으로써 공공부문에 소속된 계획가들이 평소에도 당면한 문제들에 대해 꾸준히 연구하고, 실현 가능성까지 고려한 계획을 수립하고 집행할 수 있게 된다.

일본도 지방정부에 소속된 공무원들이 계획가의 역할을 하면서 민간전문가와 함께 계획에 직접 참여하는 것이 일반적이다. 예컨대 각종 도시계획 수립 시 도시계획직 공무원과 외부 전문가들이 함께 모여 연구하면서 계획을 수립하는 것이 일반화되어 있다.

이제 우리도 지방정부의 모든 중장기 계획을 외부 용역기관에 일괄 발주하여 지방정부의 두뇌 기능까지 외부로부터 빌리려는 발상은 하루빨리 불식되어야 한다. 그래서 계획 따로 집행 따로 진행되는 일이 사라져야 한다. 공공부문에 계획가가 없으면 장기적인 비전의 제시가 어렵고, 업무의 연속성과 책임성이 결여된다. 순환보직에 따라 계속 자리가 바뀌면 업무의 연속성과 전문성도 기대하기 힘들다. 따라서 우선 지방정부에서 계획가가 자리 잡을 수 있도록 직제의 개편이 필요하다. 또한 지방정부 내에서 계획가를 키우거나 지방정부가 잘 훈련된 계획가를 고용하여 다시는 두꺼운 계획보고서가 지방정부의 캐비넷에 사장(死藏)되지 않도록 하는 것이 매우 중요하다.

에필로그

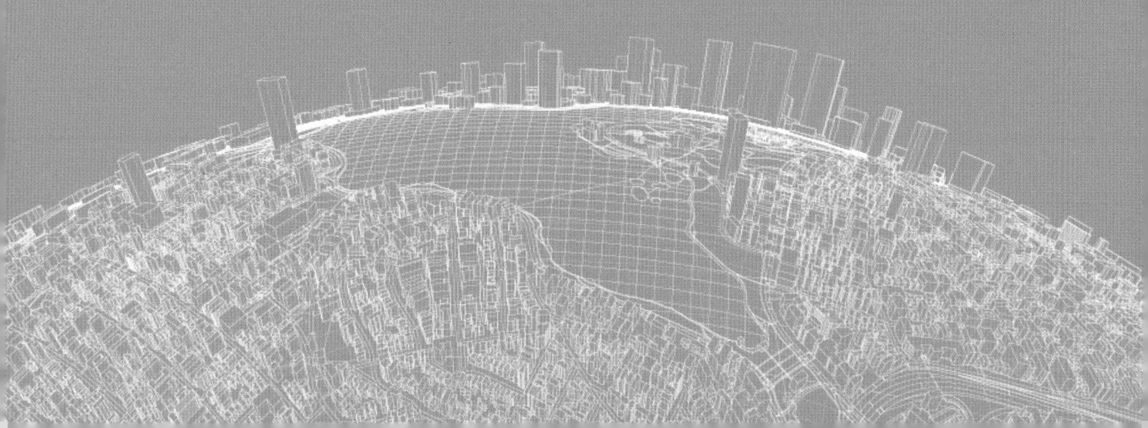

에필로그

‘도시의 미래’라는 키워드를 생각의 중심에 두고 새로운 책을 쓰기 시작할 때 흥미로운 작업이 될 것 같다는 설렘은 있었지만, 마음 한구석에는 막연함과 두려움이 함께 있었다. 그리고 이 책의 집필을 마무리하는 이 순간에도 그러한 막연함과 두려움이 모두 가시지 않는 것은 도시의 미래가 예측과 전망의 영역만은 아니라는 생각 때문이다. 오히려 도시의 미래는 대응의 영역에 속하는 것이 더 많을 수도 있다는 생각이 들기도 한다. 그만큼 도시의 미래는 불확실성(uncertainty)이 클 것으로 예측되기 때문이다.

중세에 인류가 경험했던 흑사병이나 산업혁명기에 경험했던 결핵, 콜레라, 장티푸스 등과 같은 전염병은 최근 인류가 경험했던 코로나 팬데믹과 다소 차이는 있겠지만 본질적으로는 비슷한 종류의 충격이었을 것이다. 물론 정도의 차이는 있겠지만, 역사가 반복된다는 것은 사실이다.

이 책의 집필을 마무리하면서 도시의 미래를 확실하게 전망하는 것은 어렵다는 깨우침을 얻었다. 그만큼 도시의 미래는 불확실성을 내포하고 있기 때문이다. 과거에 그랬던 것처럼 인류를 위협하는 새로운 전염병은 언제든지 출현할 수 있고, 기후 위기로 인한 재앙은 인류가 직면한 새로운 위협요인이다. 여기에다 하루가 다르게 발전하는 인공지능(AI)과 로봇 기술은 문명의 이기(利器)로 사용될 수도 있지만, 인류의 생존을 위협하는 흉기로 쓰일 수도 있다.

<도시의 승리>(Triumph of the City, 2011)라는 그가 쓴 책 제목이 보여주듯이 도시의 유용성을 찬양했던 에드워드 글레이저(Edward Glaeser)도 최근에는 데이비드 커틀러(David Cutler)와 함께 쓴 저서 <도시의 생존>(Survival of the City, 2021)에서 도시에 닥칠 위험에 대해서도 언급하고 있다. 그는 최근(2021년) 펴낸 저서에서 10년 전(2011년)과 비슷하게 도시의 유용성과 함께 도시의 미래에 대한 장밋빛 전망과 논조(論調)를 유지하면서도 도시에 닥칠 위험의 실체는 인정하고 있다.

수많은 미래 전망서를 펴내 베스트셀러로 만든 제러미 리프킨(Jeremy Rifkin)은 최근 쓴 그의 저서 <회복력 시대>(The Age of Resilience, 2022)에서 회복력(resilience)의 중요성을 강조하고 있다. 지금까지 인류는 효율성을 높이는 데 치중한 결과 회복력의 약화를 초래했고, 기후 위기로 지구상에서 생명체의 멸종을 바라보고 있다고 경고한다.

도시의 미래를 둘러싼 불확실성은 과학적 예측과 전망을 바탕으로 한 중장기 대안의 마련 못지않게 갑자기 찾아오는 재난이나 위협에 대응하는 능력이 더 중요할 수 있다는 위기감으로 우리에게 다가오고 있다. 장래에 대한 예측과 전망은 언제나 불확실하므로 도시의 미래를 완벽하게 대비하는 것은 불가능한 일이다. 그리고 도시는 하루아침에 만들어질 수도 없고, 오늘을 사는 우리 세대도 살지만 미래 세대의 생활 터전이기도 하다. 이 책을 쓰는 내내 필자를 괴롭혔던 생각은 잘못된 전망으로 잘못된 길로 유도하면 안 된다는 것이었다. 그만큼 도시의 미래를 전망하는 설렘과 심적 부담이 함께 교차하곤 했다.

이 책을 쓰기 전에 필자는 다수의 전문 서적을 펴냈다. 지금까지 필자가 펴낸 많은 책은 대학 전공교재로 쓰이는 것으로, 이론이나 계량분석 방법론에 관한 것이었다. 그만큼 기존이론이나 계량분석 방법론을 독자들이 잘 이해할 수 있도록 설명하는 데 초점을 두었다. 그러나 이 책은 전문적인 내용을 다루기는 하지만 이론이 아닌 실체를 다루고, 사례를 중심으로 현상을 바라보고 미래를 전망하는 것이 핵심이다. 따라서 이론을 바탕으로 해야 하지만, 통찰력이 무엇보다 요구되는 작업이다. 그렇다고 필자의 생각만을 소설처럼 풀어쓸 수는 없었다. 그래서 도시의 미래와 관련된 국내외 전문 서적과 문헌들을 참고했다. 그리고 미래 전망과 주장의 근거를 제시하고자 했으나, 미흡한 점은 여전히 많다. 그러나 이러한 문제는 모든 미래 전망서가 가지는 근본적인 한계가 아닐까 생각한다.

이 책은 '도시의 미래'라는 주제를 다루되 '현상과 전망, 그리고 처방'이라는 부제를 달았다. 현상은 과거와 현재를 다루고, 전망은 어김없이 다가올 도시의 미래를 다루었다. 그리고 도시는 시장의 실패와 관련된 영역이 많아서 중앙정부와 지방자치단체의 정책적 개입이 필요한 만큼, 새로운 처방을 제시하려고 시도하였다. 이 책에서는 도시의 현상과 전망, 그리고 처방을 다루었지만, 이들을 깔끔하게 구분하여 집필하는 데는 한계가 있었다. 왜냐하면 도시의 과거와 현재는 연결되어 있고, 미래 역시 현재의 바탕으로 하기 때문이다.

이 책은 이론이 아닌 현실과 사례를 주로 다루고 있어서 현실에 접목할 수 있는 여지는 많지만, 이 책에서 제시한 전망과 처방을 모든 도시에 일률적으로 적용하는 데는 한계가 있을 수밖에 없다. 도시마다 인구 규모, 입지적 특성, 지형구조, 자연환경, 인문환경 모두 다르다. 개별 도시의 문제는 개별 도시의 차원에서 여건을 충분히 검토한 후 구체적인 대안과 처방이 마련되는 것이 바람직하다. 이런 점에서 보면 이 책에서 제시한 전망과 처방은 다소 일반론일 수밖에 없는 한계가 있다.

당초 이 책의 집필은 '도시의 미래'에 관심을 가진 일반인들이 쉽게 읽을 수 있는 대중서를 쓰기 위해 시작되었다. 따라서 이 책은 관련 전공을 공부하는 대학생과 대학원생들뿐만 아니라 일반인들도 쉽게 읽을 수 있도록 집필하는 것이 필자의 중요한 목표였다. 이러한 목표를 달성하기 위해 책의 내용도 사례 중심으로 구성하고, 사진도 포함하여 독자들의 이해를 돕고자 하였다. 그리고 전문 용어의 사용은 줄이고 쉬운 표현을 주로 사용하고자 하였다. 아울러 책의 구성도 전통적인 전문 서적과 달리 독자들이 부담 없이 읽을 수 있도록 노력하였다. 이러한 노력에도 불구하고 여전히 딱딱한 부분이 남아 있을 수 있다. 이는 오롯이 필자의 책임이다.

이 책은 도시의 미래를 위해 무엇을 준비할 것인지, 그리고 미래의 도시를 어떻게 만들 것인지 생각하는 사람들에게 사고(思考)의 힘을 길러주는 데 도움을 줄 수 있다면 더 이상의 바람이 없다. 이 책이 세상을 이롭게 하는 데 다소나마 도움이 되길 희망한다.

참고문헌

제 1 장

강홍빈(1995), "도시학의 창시자 패트릭 게데스", 국토정보, 1995년 7월호(통권 165호), 국토개발연구원, pp. 74－79.

김선범(1995), "20세기 미국 최대의 도시 이론가 루이스 멈포드", 국토정보, 1995년 6월호(통권 164호), 국토개발연구원, pp. 85－90.

네이버 지식백과.

안종희 옮김(2018), 도시는 왜 불평등한가, Richard Florida 지음, 매경출판㈜.

유강은 옮김(2010), 미국 대도시의 죽음과 삶, Jane Jacobs 지음, 그린비출판사.

이진원 옮김(2011), 도시의 승리, Edward Glaeser 지음, 해냄출판사.

한상연 옮김(2014), 반란의 도시, David Harvey 지음, 에이도스출판사.

Gallion, Arthur B. and Simon Eisner(1975), *The Urban Pattern*, Third Edition, D. Van Nostrand Company.

제 2 장

김형국(1983), 국토개발의 이론연구, 박영사.

네이버 지식백과.

원제무(2008), 마음으로 읽는 도시, 삶의 공간을 가꾸는 도시계획, 도서출판 조경.

이원호, 이종호, 서민철 옮김(2008), 도시와 창조계급, Richard Florida 지음, 푸른길.

이은경 옮김(2013), 리버스 이노베이션, Vijay Govindarajan and Chris Trimble 지음, 도서출판 정혜.

이진원 옮김(2011), 도시의 승리, Edward Glaeser 지음, 해냄출판사.

전지혜, 이철우(2018), "구미 국가산업단지의 진화과정의 특성과 그 동인", 한국경제지리학회지, 제21권 제4호, pp. 303－320.

Drennan, M. p.(1993), "The Changing Industrial Structure of New York and Its Implication for Public Policy", 서울산업경제구조 변천과 발전방향에 관한 국제세미나 발표논문, 서울시정개발연구원, 6월 30일.

제 3 장

고영호(2022), "노인은퇴자 공동체마을 조성 가능성과 의미", 국토, 2022년 11월호(Vol. 493), 국토연구원, pp. 35-41.

김주영 외(2020), 모빌리티 빅데이터 기반의 국민 사회·경제활동 분석, 한국교통연구원.

민범식 옮김(2017), 도시 접어두기: 인구감소시대를 디자인하는 도시계획, 아이바 신 지음, 국토연구원.

양영란 옮김(2023), 도시에 살 권리, Carlos Moreno 지음, 정예씨 출판사.

윤서연(2022), "디지털전환 시대, 시민 생활 변화에 따른 도시공간의 변화와 전망", 국토, 2022년 8월호(Vol. 490), 국토연구원, pp. 20-25.

이희재 옮김(2002), 소유의 종말, Jeremy Rifkin 지음, ㈜민음사.

파이낸셜뉴스, 2023. 1. 8.

제 4 장

네이버 지식백과.

대한국토·도시계획학회 편저(2008), 도시개발론, 전정판, 보성각.

매경이코노미, 제2197호, 2023. 2.

유현준(2021), 공간의 미래, 을유문화사.

전상인(2009), 아파트에 미치다, 이숲.

조선일보, 2023. 3. 2.

제 5 장

윤대식(2011), 도시모형론: 분석기법과 적용, 제4판, 홍문사.

이상욱(2019), "라이프 스타일의 변화에 대응하는 공유공간, 공유도시", Land & Housing Insight, Vol. 33, 한국토지주택공사 토지주택연구원, pp. 20-33.

제 6 장

김용창(2018), "남대문·동대문시장: 100여 년의 변신, 그리고 세계의 시장으로", 서울의 공간경제학, 나남, pp. 243-273.

네이버 지식백과.

박봉규(2010), 다시, 산업단지에서 희망을 찾는다, 박영사.

복득규 외(2003), 한국 산업과 지역의 생존전략, 클러스터, 삼성경제연구소.

이원호(2018), "테헤란밸리의 인터넷산업", 서울의 공간경제학, 나남, pp. 427-445.

제 7 장

경신원(2022), "탈산업화 시대의 소비공간 이태원", 국토, 2022년 3월호(Vol. 485), 국토연구원, pp. 70－77.

네이버 지식백과.

박태원(2020), "한국의 젠트리피케이션 현상과 도시계획적 대응 방안", Land & Housing Insight, Vol. 37, 한국토지주택공사 토지주택연구원, pp. 22－31.

안종희 옮김(2018), 도시는 왜 불평등한가, Richard Florida 지음, 매경출판㈜.

이기훈, 이수기, 천상현(2018), "서울시 상업 젠트리피케이션 발생 주거지역의 입지적 요인과 변화 특성 분석", 지역연구, 제34권 제1호, 한국지역학회, pp. 31－47.

이두현(2022), "젊은이들의 문화 해방구, 서교동·동교동 홍대거리", 국토, 2022년 12월호(Vol. 494), 국토연구원, pp. 86－93.

제 8 장

네이버 지식백과.

윤대식(1998), "윌리엄 비커리의 교통혼잡가격이론", 국토, 1998년 12월호, 국토개발연구원, pp. 63－66.

윤대식(2000), "교통정책의 새로운 패러다임을 위하여", 교통, 2000년 11월호, 교통개발연구원, pp. 44－47.

윤대식(2018), 교통계획, 박영사.

윤서연 외(2016), 융합 빅데이터를 활용한 교통수요 추정 개선 연구, 국토연구원.

한상진(2017), "교통 빅데이터 플랫폼 구축 및 활용", 교통, 2017년 5월호(Vol. 231), 한국교통연구원, pp. 13－14.

황기연(2022), "통합 모빌리티 서비스(MaaS)의 성공조건", KOTI 모빌리티 전환 브리프, 2022년 5월호(창간호), 한국교통연구원, pp. 4－7.

Ewing, Reid(1993), "Transportation Service Standards", *Transportation Research Record* 1400, pp. 10－17.

Lindquist, Eric(1998), "Moving Toward Sustainability: Transformation a Comprehensive Land Use and Transportation Plan", *Transportation Research Record* 1617, pp. 1－9.

Lyons, William M.(1995), "Policy Innovations of the US Intermodal Surface Transportation Efficiency Act and Clean Air Act Amendments", *Transportation* 22, pp. 217－240.

Richardson, Barbara C.(1999), "Toward a Policy on a Sustainable Transportation System", Paper presented at the 78th Annual Meeting of Transportation Research

Board, January 10－14, Washington, D.C.
Shrouds, James M.(1995), "Challenges and Opportunities for Transportation: Implementation of The Clean Air Act Amendments of 1990 and The Intermodal Surface Transportation Efficiency Act of 1991", *Transportation* 22, pp. 193－215.
U.S. Department of Transportation(1998), *A Summary of Transportation Equity Act for the 21st Century.*

제 9 장

김규옥(2015), "자동차와 도로의 자율협력주행을 위한 도로 운영 방안", 교통, 11월호(Vol. 213), 한국교통연구원, pp. 19－25.
신희철(2019), "공유교통의 현재와 미래", Land & Housing Insight, Vol. 33, 한국토지주택공사 토지주택연구원, pp. 34－44.
윤대식(2018), 교통계획, 박영사.
이백진, 김광호(2017), "자율주행차 도입과 도시교통 정책방향", 국토, 6월호(제428호), 국토연구원, pp. 27－34.
최성택(2019), "전동 스쿠터(Electric scooter), 미국 도심의 새로운 교통수단 대안으로 떠오르다", 도로정책 Brief, No. 140, 국토연구원 도로정책연구센터.

제10장

김태환(2010), "진화하는 경제 · 문화도시, 빌바오(Bilbao)", 국토, 2010년 9월호(Vol. 347), 국토연구원, pp. 58－63.
서준교(2006), "문화도시전략을 통한 도시재생의 순환체계 확립에 관한 연구: Glasgow의 문화도시전략을 중심으로", 한국거버넌스학회보, 제13권 제1호, pp. 207－232.
윤대식(2011), 도시모형론: 분석기법과 적용, 제4판, 홍문사.
이희재 옮김(2002), 소유의 종말, Jeremy Rifkin 지음, ㈜민음사.
Friedmann, John(1973), *Urbanization, Planning, and National Development,* Sage Publications.

제11장

국토개발연구원(1981), 지역지구제 합리화방안에 관한 연구.
권태준(1982), "도시계획의 대상과 범위: 도시계획학의 전문영역의 설정을 위해서", 환경논총, 제11권, 서울대학교 환경대학원, pp. 40－59.
김경환, 서승환(2006), 도시경제, 제3판, 홍문사.

김제국, 구지영(2008), 영국 계획허가제 운용에서 도시기본계획의 위상과 역할에 관한 연구, 경기개발연구원.

김현주, 신진동(2015), "도시 방재력(Urban Resilience) 개념을 적용한 도시방재계획", 국토, 2015년 2월호(Vol. 400), 국토연구원, pp. 17－24.

대한국토 · 도시계획학회 편저(2016), 도시계획론, 6정판, 보성각.

안진환 옮김(2022), 회복력 시대, Jeremy Rifkin 지음, ㈜민음사.

유재천 역(1981), 제3의 물결, Alvin Toffler 저, 문화서적.

이경식 옮김(2022), 도시의 생존, Edward Glaeser and David Cutler 지음, 한국경제신문 한경 BP.

이영호 옮김(2007), 노동의 종말, Jeremy Rifkin 지음, ㈜민음사.

임창호, 안건혁 옮김(2005), 내일의 도시, Peter Hall 지음, 개정판, 한울아카데미.

정일훈(2001), "하워드의 전원도시 구상", 국토연구원 엮음, 공간이론의 사상가들, 한울, pp. 183－193.

Gallion, Arthur B. and Simon Eisner(1975), *The Urban Pattern*, Third Edition, D. Van Nostrand Company.

제12장

대한국토 · 도시계획학회(2021), 도시의 미래: 포스트 코로나 도시가 바뀐다, 기문당.

네이버 지식백과.

안종희 옮김(2018), 도시는 왜 불평등한가, Richard Florida 지음, 매경출판㈜.

양영란 옮김(2023), 도시에 살 권리, Carlos Moreno 지음, 정예씨 출판사.

유강은 옮김(2010), 미국 대도시의 죽음과 삶, Jane Jacobs 지음, 그린비출판사.

윤서연(2022), "디지털전환 시대, 시민 생활 변화에 따른 도시공간의 변화와 전망", 국토, 2022년 8월호(Vol. 490), 국토연구원, pp. 20－25.

이경식 옮김(2022), 도시의 생존, Edward Glaeser and David Cutler 지음, 한국경제신문 한경 BP.

이승아(2019), "스타트업 생태계에서 코워킹 스페이스의 역할과 전망", 국토, 2019년 10월호(Vol. 456), 국토연구원, pp. 32－38.

이은엽(2023), "기후위기 시대, 근거 기반의 탄소중립과 도시", 도시정보, 2023년 2월호(통권 491호), 대한국토 · 도시계획학회, p. 3.

이희재 옮김(2002), 소유의 종말, Jeremy Rifkin 지음, ㈜민음사.

임창호, 안건혁 옮김(2005), 내일의 도시, Peter Hall 지음, 개정판, 한울아카데미.

최병선(2011), "영 · 미 · 독의 도시계획제도 비교 연구", 국토연구, 제71권, 국토연구원, pp. 133－148.

Gallion, Arthur B. and Simon Eisner(1975), *The Urban Pattern*, Third Edition, D. Van Nostrand Company.

제13장

네이버 지식백과.

대한국토·도시계획학회 편저(2016), 도시계획론, 6정판, 보성각.

윤대식(2001), "허쉬만의 불균형성장론", 국토연구원 엮음, 공간이론의 사상가들, 한울, pp. 357-366.

최병선(2011), "영·미·독의 도시계획제도 비교 연구", 국토연구, 제71권, 국토연구원, pp. 133-148.

Hirschman, Albert O.(1958), *The Strategy of Economic Development*, Yale University Press.

저/자/소/개

윤 대 식

영남대 도시공학과 교수를 지냈고, 정년퇴직 후 현재 영남대 명예교수로 있다. 미국 오하이오 주립대학교(The Ohio State University) 도시 및 지역계획학과에서 박사학위(Ph. D)를 받았다. 주요 연구분야는 교통계획, 교통수요분석, 계량도시분석, 도시경제학이다. *Transportation Research–B*, *Socio–Economic Planning Sciences*, *ASCE Journal of Transportation Engineering*, 대한국토 · 도시계획학회지, 대한교통학회지, 지역연구, 국토연구, 교통연구 등 국내외 저명학술지에 많은 논문을 실었다. 교통계획(박영사), 도시모형론(홍문사), 지역개발론(공저, 박영사) 등 다수의 저서가 있으며, 대한교통학회 학술상(저술부문, 2019), 경상북도 문화상(학술부문, 2020)을 수상했다.

국토교통부 중앙도시계획위원회 위원, 대도시권광역교통위원회 위원, 신공항건설심의위원회 위원, 중앙물류단지계획심의위원회 위원, 전략환경평가위원회 위원, 정책자문위원회 위원 등 다수의 정부위원회 위원을 지냈다. 대한국토 · 도시계획학회 학술위원장과 교재편찬위원장, 대한교통학회 부회장과 고문, 한국지역학회 부회장 등을 지냈다.

수십 년간 도시와 교통계획 관련 연구와 함께 정부와 지방자치단체를 대상으로 하는 자문과 심의를 통해 현장을 익혔다. 이러한 연구와 경험을 바탕으로 도시와 교통 관련 현상에 대한 미래 전망과 함께 새로운 대안을 모색하는 데 관심을 기울여 왔다.

도시의 미래 -현상과 전망 그리고 처방-

초판발행 2023년 11월 30일

지은이 윤대식
펴낸이 안종만 · 안상준

편 집 양수정
기획/마케팅 장규식
표지디자인 Ben Story
제 작 고철민 · 조영환

펴낸곳 (주) 박영사
서울특별시 금천구 가산디지털2로 53, 210호(가산동, 한라시그마밸리)
등록 1959. 3. 11. 제300-1959-1호(倫)
전 화 02)733-6771
f a x 02)736-4818
e-mail pys@pybook.co.kr
homepage www.pybook.co.kr
ISBN 979-11-303-1876-9 93350

정 가 26,000원